AF545527

Khalil Gibran

Sämtliche Werke in 5 Bänden

Band 3

Khalil Gibran

Sämtliche Werke in 5 Bänden

Übersetzt, mit Nachwort versehen
und herausgegeben
von Ursula und S. Yussuf Assaf

Band 3

Patmos

Für die Schwabenverlag AG ist Nachhaltigkeit ein wichtiger Maßstab ihres Handelns. Wir achten daher auf den Einsatz umweltschonender Ressourcen und Materialien. Dieses Buch wurde auf FSC®-zertifiziertem Papier gedruckt. FSC (Forest Stewardship Council®) ist eine nicht staatliche, gemeinnützige Organisation, die sich für eine ökologische und sozial verantwortliche Nutzung der Wälder unserer Erde einsetzt.

www.patmos.de

Umschlaggestaltung: Finken & Bumiller, Stuttgart
Druck: CPI – Ebner & Spiegel, Ulm
Hergestellt in Deutschland

ISBN 978-3-8436-0174-0

Inhalt

Die Nymphen der Täler 7

Der Reigen 55

Erde und Seele 95

Sand und Schaum 237

Der Wanderer 281

Der König und der Hirte 331

Bibliografie 345

Gesamtverzeichnis *Sämtliche Werke* 347

Die Nymphen der Täler

Inhalt

Der Staub der Jahrhunderte und das ewige Feuer
11

Martha aus Ban
23

Johannes der Narr
34

Der Staub der Jahrhunderte und das ewige Feuer

I

Herbst im Jahre 116 vor Christus

Die Nacht war still, und alles Leben schlief in der Stadt der Sonne.[1] In den Häusern, die um die großen Tempel inmitten von Öl- und Lorbeerbäumen verstreut lagen, waren die Lampen schon lange erloschen. Der Mond beschien die hohen, weißen Marmorsäulen, die in der lautlosen Nacht wie riesige Wachposten vor den Schreinen der Götter standen. Stolz blickten sie auf die Burgen des Libanon, die sich in fernen Höhen auf zerklüftetem Gelände erhoben.

In dieser weihevollen Stunde, die zwischen den Geistern des Schlafes und den Träumen der Unendlichkeit schwebt, betrat Nathan, der Sohn des Priesters, den Tempel der Astarte. In seiner Hand trug er eine Fackel, mit der er die Lampen und Weihrauchkessel des Tempels anzündete. Bald erfüllte süßer Duft von Weihrauch, Myrrhe und Zedernharz den Raum und hüllte das Bild der Göttin in einen zarten Schleier – dem Schleier der Sehnsucht gleich, der das menschliche Herz umhüllt. Er warf sich vor den mit Gold und Elfenbein verkleideten Altar nieder, hob seine Arme im Gebet und blickte mit tränenfeuchten Augen zum Himmel. Mit kummervoller Stimme seufzte er:

»Erbarme dich, große Astarte! Erbarme dich, Göttin der Liebe und Schönheit! Hab Mitleid mit mir, und entferne die Hand des Todes von meiner Geliebten, die meine Seele

1 Baalbek

erwählte, um deinen Willen zu erfüllen. Die Heilkünste und Heilmittel der Ärzte haben ihr nicht geholfen, und die Zauberformeln der Priester und Weisen waren vergebens. Nun bleibt mir nur noch, deinen heiligen Namen anzurufen und dich um Beistand zu bitten. Schau auf mein bußfertiges Herz und erhöre mein Gebet! Lass die Geliebte, die ein Teil meiner Seele ist, leben, damit wir uns an den Geheimnissen deiner Liebe erfreuen und über die Schönheit der Jugend frohlocken, dir zum Ruhm und zur Ehre. Aus der Tiefe meiner Seele rufe ich zu dir, heilige Astarte. In der Dunkelheit dieser Nacht suche ich den Beistand deiner Huld und Gnade. Höre mein Rufen! Ich bin dein Diener Nathan, der Sohn deines Priesters Hiram, der sein Leben für den Dienst an deinem Altar geopfert hat. Ich liebe ein Mädchen und habe sie zur Gefährtin meines Lebens erwählt. Doch die Djinnenbräute waren eifersüchtig auf uns und hauchten ihr eine seltsame Krankheit ein. Sie schickten ihr den Boten des Todes, damit er sie in ihre Hexenhöhlen brächte. Wie ein hungriger Tiger liegt er neben ihrem Bett, breitet seine schwarzen Schwingen über sie und streckt seine schmutzigen Hände nach ihr aus, um sie meinem Herzen zu entreißen. Deshalb komme ich zu dir, große Astarte. Erbarme dich meiner, und lass sie leben! Sie ist eine Blume, die den Sommer ihres Lebens noch nicht gekostet hat; sie ist ein Vogel, dessen fröhliches Morgenlied unversehens zum Schweigen gebracht wird. Rette sie aus den Krallen des Todes, und wir werden gemeinsam dein Lob singen und dir zu Ehren Rauchopfer darbringen. Wir werden erlesene Opfergaben auf deinen Altar legen und deine heiligen Gefäße mit köstlichem Wein und duftenden Ölen füllen, und die Vorhalle deines Tempels werden wir mit Rosen und Jasmin schmücken. Weihrauch und Aloeholz werden wir vor deinem Bild verbrennen. Rette uns, du wundertätige Göttin, und lass die Liebe den Tod besiegen, denn du bist die Herrin über beide, über den Tod und über die Liebe.«

Vom Kummer überwältigt schwieg er eine Weile, dann fuhr er fort: »Weh mir, heilige Astarte, meine Träume sind vertrieben, und mein Leben liegt in den letzten Zügen. Mein Herz erstirbt in mir, und die Tränen verbrennen meine Augen. Komm mir zu Hilfe mit deinem Erbarmen, und rette meine Geliebte!«

In diesem Moment trat einer seiner Sklaven ein, näherte sich ihm zögernd und flüsterte ihm ins Ohr: »Sie hat ihre Augen geöffnet, mein Herr, und sucht Euch mit ihren Blicken, ohne Euch zu finden. Nun ruft sie unablässig nach Euch, und ich komme, Euch zu holen.«

Nathan erhob sich und folgte seinem Sklaven mit eiligen Schritten. Er erreichte seinen Palast, betrat den Raum der Kranken und beugte sich über sie. Behutsam nahm er ihre schmale Hand in die seine und küsste ihre Lippen, als wollte er ihr neues Leben einhauchen in ihren abgezehrten Körper. Sie wandte ihm ihr Gesicht zu, das tief in seidene Kissen versunken war und öffnete ihre Augenlider ein wenig. Auf ihren Lippen erschien der Schatten eines Lächelns, alles was ihr schöner Körper noch an Leben besaß, der letzte Lichtstrahl einer scheidenden Seele, das Echo der Stimme eines Herzens, das sich mit schnellen Schritten seinem Ende nähert. Immer wieder nach Atem ringend – wie ein verhungerndes Kind – flüsterte sie:

»Die Götter rufen mich, Bräutigam meiner Seele, und der Tod kommt, uns zu trennen. Klagt nicht, denn der Wille der Götter ist heilig, und die Forderungen des Todes sind gerecht. Ich gehe jetzt, aber die Kelche der Liebe und der Jugend bleiben gefüllt in unseren Händen, und der Weg eines gemeinsamen Lebens liegt noch vor uns. Ich entferne mich zu den Gefilden des Geistes, Geliebter, aber ich werde in diese Welt zurück kehren! Die große Astarte bringt die

Seelen der Liebenden in dieses Leben zurück, wenn sie in die Ewigkeit gerufen werden, bevor sie die Wonnen der Liebe und das Glück der Jugend geschmeckt haben. Wir werden uns wieder sehen, Nathan, und zusammen den Morgentau aus den Kelchen der Narzissen schlürfen und uns mit den Vögeln der Felder unter der Sonne erfreuen. Auf Wiedersehen, Geliebter!«

Ihre Stimme wurde immer leiser, und ihre Lippen zitterten wie Blütenblätter im Morgenwind. Nathan liebkoste ihr Gesicht und benetzte es mit seinen Tränen. Als seine Lippen ihren Mund berührten, fand er ihn frostig und erstarrt. Er schluchzte, zerriss sein Gewand und warf sich neben ihren leblosen Körper, während sein gequälter Geist zwischen den Tiefen des Lebens und den Abgründen des Todes schwankte.

In der Stille dieser Nacht zitterten die Augenlider der Schlafenden; die Frauen der Umgebung klagten, und die Seelen der Kinder fürchteten sich, denn die Dunkelheit wurde zerrissen von lautem Wehgeschrei und bitterem Weinen, das aus dem Palast des Priesters der Astarte drang. Als der Morgen dämmerte, wollten die Nachbarn Nathan in seinem Leid trösten, aber sie fanden ihn nicht. Einige Tage später, als eine Karawane aus dem Osten eintraf, berichtete ihr Führer, dass er Nathan gesehen habe, wie er mit einer Schar Gazellen in der Wüste umherirrte.

Jahrhunderte vergingen, und die Füße der Zeit zertraten die Werke von Generationen. Die Götter verließen das Land, und andere Götter traten an ihre Stelle, Götter des Zornes, die Verfall und Zerstörung stifteten. Sie zertrümmerten den prächtigen Tempel der Stadt der Sonne und ihre herrlichen Paläste. Die grünen Gärten vertrockneten, und die fruchtbaren Felder verbrannten. Nichts blieb in diesem Tal übrig als zerfallene Ruinen, welche die Geister von gestern ins Gedächtnis zurückrufen, und das Echo der

Psalmen, die zu Ehren einer vergangenen Macht gesungen wurden.
Doch die Jahrhunderte, die vorübergehen und die Werke der Menschheit zerstören, sind nicht im Stande, ihre Träume und Gefühle zu vernichten. Die Träume und Gefühle bleiben bestehen wie der allumfassende, unsterbliche Geist, auch wenn sie manchmal verborgen bleiben wie die Sonne beim Anbruch der Nacht oder der Mond beim Sonnenaufgang.

II

Im Frühling des Jahres 1890 nach der Ankunft Jesu des Nazaräers

Der Tag neigte sich, und das Licht verblasste, als ob die Sonne ihre strahlenden Gewänder nach und nach aus den Ebenen Baalbeks einsammeln wollte. Ali al-Husseini zog mit seiner Herde zu den Ruinen des Tempels und ließ sich in der Nähe der zertrümmerten Säulen nieder. Sie glichen Rippen eines verschollenen Soldaten, die in einer Schlacht zerbrochen und von den Elementen entblößt wurden. Die Schafe scharten sich um ihren Hirten und schienen den Melodien seiner Rohrflöte zu lauschen.
Mitternacht nahte, und der Himmel streute die Saat für den kommenden Tag in die Tiefen der Dunkelheit. Alis Augenlider waren schwer von den Bildern durchwachter Stunden, und sein Geist war erschöpft vom vorüberziehenden Reigen der Traumerscheinungen, die durch die verfallenen Mauern geisterten. Müdigkeit überfiel ihn, und er stützte sich auf seinen Arm. Er horchte in sein verborgenes Selbst, das angefüllt war mit Inseln der Seligen und Visionen, welche die Lehren und Gesetze der Menschen weit

hinter sich zurücklassen … Zum ersten Mal fühlte Ali al-Husseini beim Anblick der Tempelruinen ein merkwürdiges Empfinden in sich erwachen: eine verwirrende Erinnerung an Weihrauch, der aus Kesseln emporsteigt, eine beschwörende Eingebung, die unablässig auf seinen Sinnen spielte, wie die Fingerspitzen eines Musikers auf seiner Laute. Eine neue Wahrnehmung tauchte aus dem Nichts auf – oder vielleicht doch von irgendwoher? Sie bemächtigte sich seiner, bis sie sein ganzes Sein umfing und seine Seele in Ekstase versetzte …

Ali blickte auf den zerstörten Tempel, und seine Müdigkeit machte einem Erwachen des Geistes Platz. Er sah den Altar und die Mauern des zerstörten Tempels klar und deutlich vor sich. Seine Augen wurden starr, und sein Herz klopfte heftig. Wie jemand, der blind war und plötzlich sein Augenlicht zurück erhält, sah er alles vor sich. Er überlegte, und aus den Schwingungen der Gedanken und den Bewegungen des Geistes wurden in seiner Seele die Schatten der Erinnerung geboren. Er entsann sich dieser Säulen, wie sie stolz und aufrecht standen. Er erinnerte sich an Silberlampen und Weihrauchgefäße, die das Bild einer Ehrfurcht einflößenden Göttin umgaben. Er erinnerte sich an ehrwürdige Priester, die ihre Opfergaben vor einen Altar legten, der mit Gold und Elfenbein verkleidet war, an Mädchen, die auf Tamburinen spielten, und an Jünglinge, die der Göttin der Liebe und Schönheit zu Ehren sangen. All diese Erscheinungen erstanden deutlich vor seinem inneren Auge. Er fühlte die Eindrücke schlummernder Bilder, die sein Innerstes erregten. Doch die Erinnerung bringt uns nichts zurück als schattenhafte Umrisse aus der Vergangenheit unseres Lebens, und sie lässt unsere Ohren nur das Echo der Stimmen von einst vernehmen. Was aber bedeuteten diese beschwörenden Erinnerungen eines Jünglings, der zwischen Zelten aufgewachsen war, und der

seine Zeit damit verbracht hatte, seine Schafe in der Wildnis zu weiden.
Ali erhob sich und ging zwischen den Ruinen und zertrümmerten Steinen umher. Die fernen Erinnerungen nahmen den Schleier des Vergessens von seinem inneren Auge, wie ein Spinngewebe, das eine Frau von ihrem Spiegelglas entfernt. Als er das Innere des Tempels erreicht hatte, stand er still, als ob eine magnetische Kraft im Boden ihn anziehe. Da sah er vor sich eine zerbrochene Statue liegen. Unwillkürlich fiel er vor ihr nieder. Ungeahnte Gefühle überströmten ihn wie Blut aus einer offenen Wunde. Sein Herz klopfte bald heftig, bald stockend im Rhythmus der Gezeiten des Meeres. Er senkte seinen Blick und seufzte tief, denn er fühlte eine Einsamkeit, die ihn verwundete und eine unüberbrückbare Entfernung zwischen seinem Geist und der schönen Seele, die an seiner Seite stand, bevor er dieses Leben betreten hat. Er fühlte sein innerstes Wesen als Teil einer lodernden Flamme, die Gott vor Beginn der Zeit von ihm getrennt hatte.
Dann spürte Ali das leichte Flattern zarter Flügel zwischen seinen brennenden Rippen, und in den Windungen seines Gehirns wuchs ein starkes Gefühl der Liebe, das von seinem Herzen und seiner Seele Besitz ergriff. Jene Liebe, die die Geheimnisse des Geistes dem Gedanken offenbart und die durch ihr Wirken die Welt des Geistes von jener Welt trennt, die nur in Maßen und Mengen rechnet. Jene Liebe, die spricht, wenn die Lippen schweigen, und die wie eine Feuersäule erscheint, wenn die Dunkelheit alles andere unter ihrer Decke verbirgt. Diese göttliche Liebe überflutete in dieser Stunde Ali Husseinis Geist und weckte in ihm zugleich bittere und süße Gefühle, ebenso wie die Sonne Blüten und Dornen hervorbringt …
Doch was bedeutet diese Liebe, und woher kommt sie? Ist sie ein Gefühl, das beduinische Schönheiten in sein Herz

säten, ohne dass seine Sinne es bemerkten? Ist es ein helles Licht, das vom Nebel verschleiert war und das nun hervor bricht, um die Leere seiner Seele zu erfüllen. Oder ist es ein Traum, der im Schweigen der Nacht entsteht, um sich über ihn lustig zu machen, oder ist es eine Wahrheit, die seit Anbeginn war und bis zum Ende der Zeiten sein wird? …

Mit einer Stimme, die sich kaum von einem Seufzer unterschied, sagte Ali: »Wer bist du, die du meinem Herzen so nah und meinen Blicken so fern bist, die mich von meinem Ich trennt und meine Gegenwart mit längst vergessenen Jahrhunderten verknüpft? Bist du ein Geist, der aus der Welt der Unsterblichen kommt, um mir die Nichtigkeit des Lebens und die Vergänglichkeit des Fleisches vor Augen zu führen, oder bist du die Dschinnenkönigin, die aus den Eingeweiden der Erde kommt, um meine Sinne zu betören und mich zur Zielscheibe des Spottes für die Jünglinge meines Stammes zu machen. Wer bist du? Welcher Art ist die Faszination, die mich zugleich belebt und zerstört? Was für Gefühle sind das, die mich mit Feuer und Licht erfüllen? Wer bin ich, und wer ist das unbekannte Wesen, das ich ›Ich‹ nenne, obwohl es mir fremd ist? Habe ich mit der Brise des Frühlings den Tau des Lebens getrunken und bin nun ein Engel, der alle Geheimnisse hört und sieht? Oder bin ich betrunken von einem Gebräu des Teufels und dabei blind geworden für die Wirklichkeit?«

Nach kurzem Schweigen fuhr er fort: »O du, die meine Seele mir offenbart und nahe rückt und welche die Nacht mir verbirgt und entfernt – Du schöner Geist, der in den Gefilden meiner Träume schwebt, du wecktest in meinem Innern Gefühle, die wie Blumen unter einer Schneeschicht schlummerten. Wie ein leichter Windhauch zogst du vorüber und berührtest meine Sinne, dass sie wie die Blätter eines Baumes zittern. Lass mich sehen, ob du mit dem Kleid der Materie bekleidet bist! Und wenn du nicht von dieser Erde bist, so befiehl dem Schlaf, meine Lider zu schließen, damit ich dir in meinen Träumen begegne! Lass mich dich berühren! Lass mich deine Stimme hören! Zerreiß den Schleier, der mein Sein umgibt, und zerstöre das Gewebe, das meine Göttlichkeit verhüllt! Gib mir Flügel, um zu den Versammlungsplätzen der Überirdischen zu fliegen, wenn du zu denen gehörst, die dort wohnen! Berühre mit deiner Zauberkraft meine Augen, und ich werde dir an die geheimen Plätze der Dschinnen folgen, wenn du eine ihrer Bräute bist! Leg deine unsichtbare Hand auf mein Herz, und führe mich zu dir, wenn es in deiner Macht steht, diejenigen zu dir zu holen, von denen du es wünschst!«

So flüsterte Ali in die Ohren der Dunkelheit Worte, die aus dem Echo einer Melodie in den Tiefen seines Herzens geboren wurden. Zwischen seiner Vision und der ihn umgebenden Realität schwebten die Schatten der Nacht wie Weihrauch, der aus seinen heißen Tränen aufstieg, und an den Mauern des Tempels erschienen zauberhafte Bilder in den Farben des Regenbogens.

Wie ein Prophet auf eine göttliche Offenbarung wartet, so erwartete Ali al-Husseini den Morgen. Er atmete schneller; seine Seele verließ ihn, schwebte um ihn herum und kehrte zu ihm zurück, als ob sie in den Ruinen eine verlorene Geliebte suche.

Der Morgen dämmerte, die göttliche Stille zitterte beim Vorbeiziehen der Morgenbrise und veilchenfarbenes Licht strömte in die leichte Luft. Die Erde lächelte das Lächeln eines Schlafenden, der im Traum das Bild seiner Geliebten sieht. Die Vögel kamen aus den Mauerspalten hervor, flogen zwitschernd über Säulen und Ruinen und kündigten den neuen Tag an. Ali stand auf, legte die Hand auf seine heiße Stirn und schaute sich um. Und er sah alles, was ihn umgab, mit staunenden Blicken, wie Adam, nachdem Got-

tes Hauch ihm die Augen geöffnet hatte. So ging er zu seinen Schafen, die sich erhoben, schüttelten und langsam hinter ihm her zu den grünen Feldern trotteten.
Ali ging seinen Schafen voraus und schaute mit großen Augen in die heitere, sonnenbeschienene Landschaft. Am Bach setzte er sich auf eine Bank unter einer Weide, deren Zweige bis zum Wasser herunterhingen, als wollten sie sich an seinem köstlichen Nass laben. Die Schafe weideten, und der Morgentau glänzte auf ihrer weißen Wolle.
Ali fühlte sein Herz heftig klopfen und seine Seele erzittern. Wie ein Schläfer, den die Sonnenstrahlen geweckt hatten, schaute er sich nach allen Seiten um. Da sah er ein Mädchen hinter den Bäumen hervor treten, die einen Tonkrug auf ihrer Schulter trug. Langsam näherte sie sich dem Bach. Ihre bloßen Füße waren feucht vom Tau. Als sie den Bach erreicht hatte und sich hinunter beugte, um ihren Krug zu füllen, erblickte sie die Bank auf der gegenüber liegenden Seite, und ihre Augen begegneten den Blicken Alis. Sie stieß einen leichten Schrei aus, warf ihren Krug auf den Boden und wich einen Schritt zurück wie jemand, der einen alten Bekannten wieder sieht, den er aus den Augen verloren hatte.
Minuten vergingen, und ihre Sekunden waren wie Lichter, die den Weg zwischen ihren beiden Herzen erhellten und aus der Stille seltsame Melodien hervor zauberten, die in ihren Seelen das Echo verklungener Erinnerungen weckten und einander in veränderter Umgebung zeigten, inmitten von Figuren, die nichts gemein hatten mit diesem Bach und diesen Bäumen. Sie schauten einander mit forschenden Blicken an, und beide fanden Wohlgefallen in den Augen ihres Gegenübers, und jeder vernahm die Seufzer des Anderen mit dem Gespür der Liebe.
In allen Sprachen des Geistes kommunizierten sie miteinander, und als ein tiefes Wissen und volles Einverständnis

ihre beiden Seelen erfüllt hatten, überquerte Ali den Bach, von unsichtbaren Mächten angezogen. Er näherte sich dem Mädchen, umarmte sie und küsste ihre Lippen, ihren Hals und ihre Augen. Sie bewegte sich nicht in seinen Armen, als ob die Süße der Zärtlichkeit sie ihres Willens beraubt hätte und die Sanftheit der Berührung ihr alle Kraft genommen hätte. Sie gab sich hin, wie der Duft des Jasmin sich den Winden überlässt. Wie ein Erschöpfter, der endlich Ruhe gefunden hat, legte sie ihren Kopf an seine Brust und seufzte tief. Ein Seufzer, der die Geburt des Glücks in einem gemarterten Herzen und die Bewegung des Lebens kundtut, das bisher in ihr geschlummert hatte und nun erwachte. Sie erhob ihren Kopf und nahm in seinen Augen den Blick eines schweigenden Mannes wahr, der die Sprache gering schätzt, die dem gewöhnlichen Menschen zur Verständigung dient, den Blick von jemandem, der es nicht billigt, dass die Seele der Liebe in einem Körper der Worte gefangen ist. Die beiden Liebenden schritten umschlungen unter den Weidenbäumen, und die Harmonie ihrer Bewegungen spiegelte ihre innere Übereinstimmung. Sie waren ein Ohr, das in der Stille den Eingebungen der Liebe lauschte, und ein Auge, das die Wunder des Glückes wahr nahm. Die Schafe folgten ihnen, sich an Blumen und Gras labend, und die Vögel flogen über ihnen her und erfüllten die Luft mit ihrem Gezwitscher.

Als sie ans Ende des Tales gelangten, war die Sonne vollends aufgegangen und hatte um die Gipfel einen goldenen Mantel geworfen. In der Nähe eines Felsens setzten sie sich nieder inmitten der Veilchen, die in seinem Schatten Schutz suchten. Nach einer Weile schaute das Mädchen in Alis dunkle Augen, während der Morgenwind mit ihren Haaren spielte. Sie fühlte verzauberte Fingerspitzen ihre Zunge und Lippen berühren, und ihr Wille war wie gefangen genommen, als sie sagte:

»Astarte hat unsere beiden Seelen in dieses Leben zurückgebracht, damit uns die Wonnen der Liebe und das Glück der Jugend nicht untersagt seien, mein Geliebter!«

Ali schloss seine Augen, denn die Musik ihrer Worte hatte die Schatten eines Traumes in ihm wach gerufen, den er viele Male geträumt hatte. Er fühlte, wie unsichtbare Flügel ihn von diesem Ort davontrugen und ihn in einem Raum mit fremdartigem Dekor absetzten. Er stand dort am Bett einer wunderschönen Frau, deren Schönheit der Tod mit der Wärme ihrer Lippen hinwegraffte. Beim Gewahren dieser Szene stieß er einen lauten Schrei aus. Dann öffnete er seine Augen und sah das Mädchen an seiner Seite; auf ihren Lippen las er das Lächeln der Liebe, und in ihrem Blick leuchtete der Glanz des Lebens. Sein Gesicht entspannte sich, und sein Geist war erfrischt. Die schrecklichen Visionen waren zerstreut, und er vergaß beides – die Vergangenheit und die Zukunft.

Martha aus Ban

I

Marthas Vater starb, als sie noch in der Wiege lag, und bevor sie das zehnte Lebensjahr erreicht hatte, starb auch ihre Mutter. Ein armer Nachbar, der mit seiner Frau und seinen Kindern in einem abgelegenen, ärmlichen Bauernhaus in der beeindruckenden Gebirgslandschaft des Libanon wohnte und von den Früchten des Feldes lebte, nahm die Waise bei sich auf.

Bei seinem Tod hatte Marthas Vater nichts als seinen guten Namen hinterlassen und ein Häuschen, das zwischen Weiden und Walnussbäumen stand. Der Tod der Mutter hatte Martha schwer getroffen. Er hinterließ eine Leere in ihrem Herzen und überließ sie dem traurigen Los einer Waisen. Ihr Geburtshaus im Schatten hoher Bäume wurde ihr fremd.

Barfuß und in abgetragenen Kleidern führte sie täglich eine Kuh auf die Weide. Tagsüber saß sie unter einem Baum, sang mit den Vögeln und weinte mit dem Bach. Sie betrachtete die Blumen und beneidete die Kuh um ihre reiche Kost.

Wenn der Abend anbrach und sich der Hunger bemerkbar machte, kehrte sie ins Haus ihres Vormunds zurück und setzte sich mit seiner Familie an den Tisch, auf dem ein kärgliches Abendessen bereitet war, das aus Maisbrot, Oliven und getrockneten Früchten bestand. Sie schlief in einem Bett aus Stroh, und ihr Arm diente ihr als Kopfkissen. Vor dem Einschlafen betete sie, dass ihr Leben ein nie endender Schlaf sein möge.

Bei Tagesanbruch weckte sie ihr Vormund, damit sie die Hausarbeit erledigen konnte, bevor sie die Kuh auf die Weide führte. Aus Furcht vor seinem Zorn tat sie, was ihr befohlen wurde.
Auf diese Weise vergingen entbehrungsreiche Jahre, und Martha wuchs auf wie ein junger Baum. Wie der Duft in Blüten und Blumen, so entwickelte sich in ihr ein stilles, heiteres Gemüt. Sie überließ sich ihren Träumen und ihrer Phantasie und folgte ihnen wie die Schafe dem Fluss, an dessen Wassern sie ihren Durst stillen. Ihr Gemüt glich einem jungfräulichen Land, auf dem Verstand und Wissen noch keine Saat ausgestreut hatten, und ihre Seele war wie ein Schatten Gottes, der nichts anderes zu tun hatte, als zwischen Erde und Sonne zu verweilen.
Wir Städter, die wir inmitten der Anregungen und Ablenkungen der Städte leben, wissen so gut wie nichts vom Alltag der Dorfbewohner im Gebirge. Wir werden mitgerissen vom Strom des städtischen Getümmels, bis wir den Rhythmus des einfachen Lebens auf dem Lande vergessen, das im Frühling heiter lächelt, im Sommer keine Mühen scheut, im Herbst die Früchte dieser Mühen erntet und im Winter ruht. An Gold und Silber sind wir wohlhabender als sie, sie aber sind reicher an Würde und Ehre. Was wir ernten, säen wir nicht; sie aber ernten, was sie säen. Wir sind Sklaven unseres Gewinnstrebens geworden, und sie sind Kinder der Zufriedenheit. Unser Schluck aus dem Becher des Lebens ist mit Bitterkeit und Verdruss vermischt, sie aber stillen ihren Durst an reinem Lebensnektar.
Mit ihren sechzehn Jahren war Marthas Seele wie ein klarer Spiegel, der eine liebliche Landschaft reflektiert, und ihr Herz war wie ein tiefes Tal, in dem alle Stimmen widerhallen.
An einem Herbsttag saß sie an der Quelle und schaute auf die fallenden, bunten Blätter, die ein Windhauch von den

Zweigen gelöst hatte, so wie der Tod die Seelen vom Baum des Lebens pflückt. Sie betrachtete die vertrockneten Blumen, die ihre Samen dem Schoß der Erde anvertrauten, wie es Frauen mit ihrem Schmuck in Kriegszeiten zu tun pflegen.

Während sie bei der Betrachtung der Blumen und Bäume in Gedanken versunken war, hörte sie das Aufschlagen von Pferdehufen. Sie drehte sich um und erblickte einen Reiter, der sich näherte. Als er die Quelle erreicht hatte, und sie sein Gesicht und seine Kleidung sehen konnte, die seinen Wohlstand zum Ausdruck brachte, stieg er von seinem Pferd und grüßte sie mit galanten Worten, wie sie nie zuvor an ihr Ohr gedrungen waren. Dann fuhr er fort:

»Ich habe mich verirrt, junge Dame. Hätten Sie die Güte, mir den Weg zur Küste zu zeigen?« Sie entgegnete zögernd: »Ich bedaure, Ihnen den Weg nicht zeigen zu können, da ich mich nie von diesem Platz entfernt habe. Doch ich kann meinen Vormund fragen. Er kann ihnen gewiss helfen.«

Sie errötete vor Scham, als sie mit dem Fremden sprach, was ihr Gesicht noch zarter und schöner erscheinen ließ. Als sie weggehen wollte, um ihren Vormund zu holen, hielt er sie zurück und bat: »Geh nicht weg!«

Eine seltsame Macht in der Stimme dieses Mannes ließ sie unbeweglich verharren. Als Martha zu ihm aufblickte, bemerkte sie, wie er sie mit Interesse und Wohlgefallen musterte. Sie konnte seine Blicke nicht deuten. Er lächelte sie an und betrachtete ihre bloßen Füße, ihre anmutigen Arme, ihren zarten Nacken und ihre glänzenden Haare; er sah ihre sonnengewärmten Wangen und ihr wohlgeformtes Gesicht. Sie saß bewegungslos da und brachte kein einziges Wort hervor.

Die Kuh kehrte an diesem Abend alleine in ihren Stall zurück. Marthas Vormund suchte das ganze Tal nach ihr ab, ohne sie zu finden. Er rief nach ihr, doch er hörte nichts als sein eigenes Echo. Seine Frau weinte die ganze Nacht; am Morgen sagte sie: »Letzte Nacht sah ich Martha im Traum in den Klauen eines wilden Tieres, das sie tötete, während Martha zugleich lächelte und weinte.«

Das war alles, was ich von Marthas Leben im Gebirge in Erfahrung gebracht hatte. Ich erfuhr es von einem alten Dorfbewohner, der sie seit ihrer Kindheit kannte, bis sie plötzlich verschwunden war und nichts zurück gelassen hatte als die Tränen einer Frau und sporadische Erinnerungen, die am Morgen mit den leichten Winden durchs Tal ziehen.

II

Im Herbst des Jahres 1900 kehrte ich aus dem Nordlibanon – dort hatte ich meine Ferien verbracht – nach Beirut zurück. Bevor das Semester an der Universität begann, verbrachten meine Kameraden und ich noch eine Woche damit, durch Beirut zu bummeln. Wir genossen die geschenkte Freiheit, die wir im Internat entbehren mussten, und wir glichen Vögeln, deren Käfig geöffnet wird, damit sie nach Belieben ein- und ausfliegen können. Die Jugendzeit ist ein schöner Traum, dessen Leuchtkraft unter dem Staub der Bücher leidet. Wird jemals der Tag kommen, an dem der Weise die Freuden des Wissens mit den Träumen der Jugend verknüpft? Wird der Tag kommen, an dem die Natur der Lehrmeister der Menschen sein wird, die Menschlichkeit ihr Lehrbuch und das Leben ihre Schule?

An jenem Tag wird sich der Traum der Jugend verwirklichen. Unser Aufstieg zur Vergeistigung vollzieht sich so schleppend, weil wir uns den Eifer der Jugend zu wenig zunutze machen.

Als ich eines Abends das Gedränge in den Beiruter Straßen beobachtete und betäubt war vom Geschrei der Straßenhändler, bemerkte ich unter ihnen einen etwa fünfjährigen Jungen in zerschlissener Kleidung, der auf einem Tablett Blumen zum Kauf anbot. Mit zaghafter Stimme fragte er mich: »Wollen Sie nicht einige Blumen kaufen, mein Herr?«

Ich sah sein kleines, blasses Gesicht, seine scheuen Augen, seinen Mund, der wie eine Wunde leicht geöffnet war, und seine bloßen, dünnen Arme. Sein schwacher Körper war über das Blumentablett gebeugt wie ein Zweig welker Rosen auf frischem, grünem Gras. Ich nahm all diese Dinge mit einem Blick wahr, und ich versuchte, mein Mitleid durch ein Lächeln zum Ausdruck zu bringen, ein Lächeln, das bitterer war als Tränen. Ich kaufte ihm einige Blumen ab, doch was mir am Herzen lag, war mit ihm ins Gespräch zu kommen, denn ich fühlte, dass sein Herz eine Bühne war, auf der sich ein Drama des Elends abgespielt hatte, das zu sehen niemand bereit war, weil es bedrückt. Nachdem ich einige freundliche Worte mit ihm gewechselt hatte, fasste er Vertrauen; er sah mich erstaunt an, denn wie alle Armen war er es nicht gewohnt, dass man wohlwollend mit ihm sprach. Ich fragte ihn nach seinem Namen und erfuhr, dass er Fuad heißt.

»Wessen Sohn bist du, Fuad?«, wollte ich wissen.

»Ich bin der Sohn von Martha aus Ban«, antwortete er.

»Und wer ist dein Vater?«, fragte ich weiter.

Er schüttelte seinen Kopf wie jemand, der den Sinn der Frage nicht versteht.

»Wo ist deine Mutter jetzt, Fuad?«

»Sie liegt krank zu Hause«, erwiderte er.

Plötzlich kam mir die unvollendete Geschichte von Martha aus Ban wieder in den Sinn, die ich von einem alten Dorfbewohner gehört hatte. Und nun erfuhr ich, dass sie hier in der Nähe lebte und offenbar krank war. Die junge Frau, die gestern noch wohlauf war und heiteren Sinnes durch die Täler streifte und sich an der Schönheit der Schöpfung erfreute, erlitt nun bittere Not. Diese Waise, die ihre Jugend im Paradies der Natur verbracht hatte, war im Armenviertel dieser Stadt gestrandet, als Beute von Elend und Unglück.

Der Junge sah mich an, während ich mir all diese Dinge vor Augen führte. Als er sich anschickte zu gehen, nahm ich ihn bei der Hand und sagte: »Bring mich zu deiner Mutter! Ich möchte sie gerne sehen.«

Er ging schweigend vor mich her; um sich meiner Gegenwart zu versichern, schaute er sich von Zeit zu Zeit um. Ich folgte Fuad durch enge, schmutzige Gassen, vorbei an verfallenden Häusern mit ekelhaften Gerüchen, wo Rechtsbrecher ihre Verbrechen ungestraft im Schutz der Dunkelheit begehen konnten.

Ich folgte dem Jungen und bewunderte seinen festen Schritt, denn man brauchte Mut, durch dieses Elendsviertel zu gehen, wo sich Gewalt, Verbrechen und Seuchen über den Ruhm dieser Stadt mokierten, die man ›die Braut Syriens‹ oder ›die Perle der Sultanskrone‹ nennt.

Am Ende einer der Gassen betrat der Junge ein besonders ärmliches Haus, das jeden Augenblick einzustürzen drohte. Mein Herz klopfte schneller, als ich Fuad in einen feuchten Raum ohne Licht und Luft folgte, der keine anderen Möbel enthielt als ein Eisenbett, auf dem eine Frau lag, beschienen vom schwachen Licht einer Petroleumlampe; sie lag mit ihrem Gesicht zur Wand, als ob sie der Armseligkeit und der Unterdrückung den Rücken kehren wollte.

Als der Junge ihre Schulter berührte und leise ›Mama‹ sagte, drehte sie sich langsam um und sah ihn an. Fuad zeigte auf mich. Sie bewegte ihren schwachen Körper unter der zerschlissenen Bettdecke und sagte mit verzweifelter Stimme:

»Was willst du, Fremder? Bist du gekommen, um den letzten Rest meiner Seele zu kaufen, und sie mit deiner Lust zu beflecken? Geh, die Straßen sind voll von Frauen, die sich verkaufen. Was von mir noch übrig bleibt, wird der Tod bald in Besitz nehmen. Verlass mich und meinen Jungen!«
Diese wenigen Worte fassten ihre tragische Lebensgeschichte zusammen. Ich näherte mich ihrem Bett und sagte:
»Martha, hab keine Angst vor mir! Ich komme nicht als begieriges Tier zu dir, sondern als mitfühlender Mensch. Ich wohnte lange Zeit in der Nähe deines Dorfes im Schatten der Zedern. Hab keine Angst vor mir!«
Als sie merkte, dass meine Worte aus einer mitfühlenden Seele kamen, zitterte sie wie ein dünner Zweig im Sturm. Sie bedeckte ihr Gesicht mit ihren Händen und versuchte, so die Erinnerung zu verbergen, deren Augenblick der Süße durch Bitterkeit verheert wurde. Dann sagte sie gefasst:
»Sie kamen als Wohltäter hierher. Möge Gott Sie dafür belohnen. Dennoch bitte ich Sie zu gehen, denn Ihr Aufenthalt hier wird Sie entehren. Gehen Sie, bevor Sie jemand in diesem Zimmer entdeckt, und vermeiden Sie es, in dieser Gegend erkannt zu werden. Ihr mitfühlendes Herz kann weder meine Tugend wieder herstellen noch meine Schande wieder gut machen. Auch kann sie mich nicht vor den Händen des Todes schützen. Meine eigene Schuld stürzte mich in dieses Elend. Lassen Sie nicht zu, dass Ihr Mitgefühl Sie in schlechten Ruf bringt. Ich bin eine Aussätzige, der man aus dem Weg gehen muss. Gehen Sie, bevor Sie noch angesteckt werden! Gehen Sie, und erwähnen Sie meinen Namen nicht im Heiligen Tal! Das räudige Schaf entfernt der Hirte aus seiner Herde, damit es die anderen nicht ansteckt. Wenn Sie von mir sprechen, sagen Sie, dass Martha aus Ban gestorben ist.«

Dann nahm sie die kleine Hand ihres Sohnes, küsste sie und fuhr fort:
»Die Menschen werden meinem Sohn vorwerfen, dass er die Frucht der Sünde sei. Er ist der Sohn von Martha aus Ban, der Ehebrecherin, werden sie sagen. Sie werden noch mehr sagen, denn sie sind blind, und sehen nicht. Sie sind unwissend, und es bleibt ihnen verborgen, dass er gereinigt wurde durch die Tränen und den Schmerz seiner Mutter und dass sie ihre Schuld bereits gesühnt hat durch ihr Leiden und ihr Unglück. Ich werde sterben und ihn als Waisen zurücklassen inmitten der Straßenkinder. Er wird allein sein in diesem harten Lebenskampf, allein mit seinen traurigen Erinnerungen. Wenn er feige ist, wird er sich dieser Erinnerungen schämen; ist er aber stark, so wird er sich gegen die Ungerechtigkeit solcher Verhältnisse auflehnen, und wenn er ein Mann geworden ist, wird er dem Himmel helfen gegen denjenigen, der ihm und seiner Mutter Unrecht angetan hat und über sie Schande brachte. Und wenn sein Tod naht, werde ich ihn in der Ewigkeit erwarten, wo Licht und Frieden ohne Ende herrschen.«
Von ihren Worten bewegt, erwiderte ich:
»Martha, du bist keine Aussätzige! Auch wenn unreine Hände dich berührten, so bleibt dein Herz rein. Der Schmutz des Körpers kann einer reinen Seele nichts anhaben. Schnee und Eis können das Samenkorn in der Erde nicht vernichten. Dieses Leben ist eine Tenne der Traurigkeit, auf der das Korn der Seelen zermahlen wird. Wehe den Körnern, die nicht durch diese Tenne gehen; sie werden von den Vögeln gefressen und gelangen nicht in die Speicher des Herrn der Tenne. Du wurdest ungerecht behandelt, Martha, und derjenige, der dich misshandelte, ist der Sohn des Schlossherrn, der reich ist an Geld, aber arm in seiner Seele. Es ist besser für den Menschen, ungerecht behandelt zu werden, als selbst ungerecht zu sein. Besser ist

es, ein Opfer menschlicher Schwäche zu werden, als zu den Starken und Unterdrückern zu gehören, welche die Blumen des Lebens mit ihren Füßen zertreten. Unsere Seele, Martha, ist ein goldenes Glied einer göttlichen Kette; das Feuer kann den Ring in seiner Form verändern, aber sein Material bleibt immer Gold und lässt sich nicht in eine andere Substanz umwandeln; im Gegenteil, das Feuer vermehrt den Glanz und die Reinheit des Goldes. Doch wehe der Spreu! Sie wird vom Feuer vernichtet werden, und von ihr wird nichts übrig bleiben als Asche; und wenn sich ein Sturm erhebt, wird er die Asche über die Wüste zerstreuen. Du bist eine Blume, Martha, die von dem Tier in Menschengestalt zertreten wurde. Doch der Duft der Blume, der zum Himmel steigt, konnte nicht zertrampelt werden.«

Während Martha mir aufmerksam zuhörte, erhellte sich ihr bleiches Gesicht wie Wolken, die von der untergehenden Sonne beleuchtet werden. Mit einer Geste lud sie mich ein, mich auf die Bettkante zu setzen. Ich betrachtete das Gesicht dieser jungen Frau, die im Frühling ihres Lebens stand und die sich ihres baldigen Todes bewusst war, eine verlassene Frau, die einst gesund und munter in den schönen Tälern des Nordlibanon lebte und die nun darauf wartete, dass die Bande zerschnitten würden, die sie an dieses Leben fesselten. Sie nahm all ihre verbleibende Kraft zusammen und flüsterte unter Tränen:

»Ja, ich bin all das, was du sagst. Ich bin ein Opfer des Raubtieres in Menschengestalt. Ich bin eine von den Hufen des Tieres zertretene Blume. Ich saß an der Quelle, als ein Reiter kam … er sprach mit freundlichen Worten zu mir, wie ich sie nie zuvor gehört hatte … er zog mich an sich und küsste mich … er setzte mich auf sein Pferd und brachte mich in ein prächtiges Haus … er schenkte mir Kleider aus Seide und duftende Parfüms … er gab mir köstliche Speisen und Getränke. Doch sein gewinnendes

Lächeln, seine freundlichen Worte und Gesten verbargen unreine Absichten. Nachdem er mich entehrt hatte, verließ er mich und lud auf meine Seele die Last der Schuld und Schmach. Er ließ mich allein mit der lebendigen Flamme in meinem Schoß. Er spaltete mein Leben in zwei Teile: mein hilfloses Ich und mein Kind … uns war kalt, und wir waren hungrig … wir waren allein und ohne Hilfe … nur Tränen, Seufzer, Sorgen und Angst waren unsere Begleiter … Um meinen Sohn zu ernähren, verkaufte ich meine Ehre gegen Nahrung und Kleidung … Wie oft war ich nahe daran, mir das Leben zu nehmen, aber ich war nicht allein, sondern hatte für mein Kind zu sorgen. Doch nun ist endlich die Stunde gekommen, und der geliebte Tod naht, um mich unter seinen schützenden Fittichen zu bergen.«

Nach einer Weile des Schweigens sagte sie ruhig:

»O Gerechtigkeit, die du dich hinter so schrecklichen Bildern verbirgst, hör das Rufen meiner scheidenden Seele und das Flehen meines gebrochenen Herzens! Hab Erbarmen mit uns! Führe mit deiner Rechten meinen Sohn und empfange mit deiner Linken meine Seele!«

Ihre Kräfte schwanden, und ihr Atem wurde immer schwächer. Sie blickte liebevoll auf ihren Sohn, und mit kaum hörbarer Stimme flüsterte sie:

»Vater unser … im Himmel …
Dein Name werde geheiligt …
Dein Reich komme …
Dein Wille geschehe …
wie im Himmel … so auf Erden …
Vergib uns unsere Schuld …«

Ihre Stimme verließ sie, aber ihre Lippen bewegten sich noch einen Augenblick. Dann tat sie ihren letzten Atemzug. Ihre Augen blieben offen, als schauten sie das Unsichtbare.

Als der Morgen anbrach, wurde Martha aus Ban in einen einfachen Holzsarg gelegt und von zwei Männern zu einer Gruft getragen, die weit entfernt von Beirut lag.
Die Priester hatten sich geweigert, sie in geweihter Erde zu begraben, wo das Kreuz über die Toten wacht. Niemand begleitete sie zu ihrer letzten Ruhestätte außer ihrem Sohn und einem jungen Mann, den das Leben Mitleid und Barmherzigkeit gelehrt hatte.

Johannes der Narr

Im Sommer trieb Johannes jeden Morgen seine Ochsen und Kälber aufs Feld, wobei er den Pflug auf seinen Schultern trug. Er lauschte dem Zwitschern der Drosseln und dem Rascheln der Blätter an den Zweigen.

Mittags setzte er sich an einen Bach zwischen grünen Weiden und verzehrte seinen Proviant; und was von seinem Brot übrig blieb, bekamen die Vögel des Himmels.

Am Abend, wenn die Sonne untergegangen war, kehrte er in sein kleines Haus zurück, das die Dörfer und Weiler des Nordlibanon überragte. Er setzte sich zu seinen alten Eltern und lauschte ihren Gesprächen, die um Geschehnisse aus früheren Zeiten kreisten, bis ihn der Schlaf übermannte.

Im Winter setzte er sich an den Ofen. Er hörte das Heulen des Windes und das Klagen der Elemente, während er sich wärmte. Seine Gedanken folgten den Jahreszeiten, und er schaute durch ein Lukenfenster auf die schneebedeckten Täler und die kahlen Bäume, die ihm wie arme Bettler erschienen, die dem strengen Wind und der schneidenen Kälte draußen unbarmherzig ausgeliefert worden waren.

An den langen Winterabenden wartete er, bis seine Eltern zu Bett gingen; dann öffnete er einen alten Holzschrank, holte das Neue Testament hervor und las darin im schwachen Licht einer Petroleumlampe. Von Zeit zu Zeit warf er einen verstohlenen Blick auf seinen schlafenden Vater, der ihm verboten hatte, dieses Buch zu lesen.

Die Priester hatten es nämlich den einfachen Menschen untersagt, sich ohne Anleitung mit der Lehre Christi vertraut zu machen, und sie hatten gedroht, diejenigen aus der Kirche auszuschließen, die es dennoch taten.

So verbrachte Johannes seine Jugend zwischen der Natur mit all ihren Wundern und dem Evangelium mit der Fülle seines Lichtes und Geistes. Er war schweigsam und machte sich über vieles Gedanken. Wenn seine Eltern sich unterhielten, beteiligte er sich nicht an ihren Gesprächen. Auch wenn er Gleichaltrige traf, blickte er schweigend zum Himmel, wo sich das Abendrot ins Blau des Luftmeeres mischte.

Immer wenn er einen Gottesdienst besucht hatte, kehrte er enttäuscht und entmutigt zurück, denn die Lehren, die er von Kanzel und Altar vernahm, klangen anders als die seines Evangeliums; und wie Geistliche und Gläubige miteinander umgingen, entsprach nicht den Empfehlungen Jesu, des Mannes aus Nazareth.

*

Der Frühling kam, und der Schnee verschwand von Feldern und Weiden; auch auf den Gipfeln der Berge begann das Eis zu schmelzen und ergoss sich in Sturzbächen hinunter ins Tal. Das Rauschen der Bäche und Flüsse verkündete allerorten das Erwachen der Natur. Mandelbäume und Apfelbäume standen in Blüte, und auf den Hügeln zeigten sich die ersten Blumen und Kräuter.

Johannes war es leid, noch länger am Ofen zu sitzen, und da er wusste, dass auch seine Tiere der Enge des Stalles überdrüssig waren und sich nach den grünenden Weiden sehnten, ließ er sie ins Freie, zumal das Heu und die Gerste bald zur Neige gingen. Er versteckte das Neue Testament unter seinem weiten Mantel und führte seine Herde auf die Weide. Er gelangte zu einer Anhöhe, die das Tal überragte und ihm zu allen Seiten die schönsten Ausblicke bot. Nicht weit entfernt von diesem Ort lag ein Kloster wie eine riesige Festung.[1]

Während seine Tiere weideten, setzte sich Johannes auf einen Felsen und meditierte bald über die Schönheit des Tales und bald die Zeilen seines Buches, die das Königreich Gottes beschrieben.

Es war der letzte Tag der Fastenzeit, und die Bewohner der umliegenden Dörfer, die während der gesamten Wochen des Fastens auf den Genuss von Fleisch verzichtet hatten, erwarteten ungeduldig das Osterfest. Doch wie alle armen Bauern kannte Johannes keinen Unterschied zwischen der Fastenzeit und den übrigen Wochen des Jahres, denn seine Mahlzeiten bestanden selten aus mehr als dem Brot, das er im Schweiße seines Angesichts verdient hatte, und aus Früchten, die er sich durch harte Arbeit erkauft hatte.

Der Verzicht auf Fleisch und köstliche Speisen war für ihn ein Dauerzustand. So bedeutete ihm die vorösterliche Zeit keine außergewöhnliche körperliche Entbehrung, sondern vielmehr war sie ihm eine Zeit der Besinnung, denn er hielt sich in diesen Wochen die Passion und den Tod des Menschensohnes vor Augen.

Scharen von Tauben flogen über Johannes dahin, die Vögel zwitscherten, und die Blumen wiegten sich im leichten Wind. Johannes las in seinem Evangelium und sann über das Gelesene nach. Dann hob er seinen Kopf und sah die Glockentürme der umliegenden Kirchen; und als die Glocken zu läuten begannen, schloss er seine Augen, und seine Seele entschwebte ins alte Jerusalem.

Dort folgte er den Spuren Christi und befragte die Passanten auf den Straßen nach dem Menschensohn. Und man

1 Es handelt sich um ein reiches Kloster im Nordlibanon, das dem Heiligen Elysäus geweiht ist, und in dem zehn Mönche leben, die man die Aleppiner nennt.

antwortete ihm: »Hier hat er den Blinden geheilt und dort den Lahmen.« »Hier flocht man ihm einen Dornenkranz und krönte ihn damit.« »Unter diesen Arkaden hielt er seine Schritte an und sprach zu der Volksmenge in Gleichnissen.« »In jenem Palast banden sie ihn an eine Marmorsäule, spuckten ihm ins Gesicht und geißelten ihn.« »Hier verzieh er der Sünderin ihre Schuld.« »Dort fiel er unter der Last des Kreuzes zu Boden.«

So vergingen Stunden, in denen Johannes mit dem Menschensohn litt und mit ihm verherrlicht wurde. Am Mittag erhob er sich, um nach seiner Herde zu sehen. Er schaute sich nach allen Seiten um, aber er konnte sie nicht entdecken. Er wunderte sich über ihr Verschwinden, da es in diesem grünen Tal ausreichend Nahrung für sie gab. Dann folgte er der kurvenreichen Straße und sah in der Ferne einen Mann in schwarzer Kleidung im Garten stehen. Beim Näherkommen stellte er fest, dass der Mann ein Mönch des nahen Klosters war. Er grüßte ehrerbietig, indem er sich vor ihm verneigte, und fragte ihn, ob er seine Ochsen und Kälber gesehen habe. Der Mönch erwiderte streng:

»Ja, ich habe sie gesehen. Komm, ich zeige sie dir!«

Johannes lief hinter dem Mönch her, bis sie das Kloster erreichten. Dort standen seine Tiere mit Stricken angebunden auf einem eingezäunten Platz, bewacht von einem Mönch, der eine Peitsche in der Hand hielt, und sobald sich eins der Tiere bewegte, ihm damit Hiebe versetzte. Als Johannes versuchte, seine Tiere loszubinden, hielt der Mönch ihn an seinem Umhang fest, blickte zu den Arkaden des Klosters auf und rief:

»Hier ist der kriminelle Hirte! Ich habe ihn festgehalten!«

Von allen Seiten eilten die Priester und Mönche herbei, an ihrer Spitze der Abt, der sich sowohl durch seine Kleidung als auch durch seine verschlossenen Gesichtszüge von den anderen unterschied. Sie umkreisten Johannes wie Krieger,

bevor sie sich auf ihre Beute stürzen. Johannes sah den Abt an und fragte ihn ruhig:
»Was habe ich getan, dass man mich festhält und als Kriminellen bezeichnet?«
Der Abt entgegnete wütend: »Deine Ochsen haben unsere Pflanzen und Weingärten zerstört. Wir halten dich fest, weil der Hirte für seine Herde verantwortlich ist.« Johannes bat um Verständnis: »Es sind Tiere, die keinen Verstand haben, Vater, und ich bin arm; ich besitze nichts als die Kraft meiner Hände und diese Herde. Lasst mich mit meinen Tieren weggehen, und ich verspreche Euch, nie mehr hierher zurück zu kehren.«
Der Abt näherte sich ihm, hob seine Hand zum Himmel und sagte: »Gott hat uns diesen Ort anvertraut, und uns aufgetragen, die Ländereien des Heiligen Elisäus zu schützen. Wir tun es Tag und Nacht mit allen unseren Kräften, denn dieses Stück Erde ist heilig; diese Erde ist wie das Feuer, das jeden verbrennt, der sich ihr nähert. Und wenn du dich weigerst, dem Kloster den erlittenen Verlust wieder gut zu machen, der durch deine Herde entstanden ist, so wird das Gras im Magen deiner Tiere zu Gift werden und sie vernichten. Doch wir werden deiner Weigerung zuvor kommen. Wir werden deine Herde so lange hier behalten, bis du den letzten Pfennig deiner Schuld beglichen haben wirst.«
Der Abt schickte sich an zu gehen; Johannes hielt ihn fest und beschwor ihn: »Ich flehe dich an, Vater, mich mit meiner Herde ziehen zu lassen! Seid nicht hartherzig an diesem Tag, an dem Christus für uns gelitten hat und seine Mutter Maria um ihn trauerte. Ich bin arm und mittellos, und das Kloster ist reich und wohlhabend. Verzeiht meine Unaufmerksamkeit und habt Mitleid mit meinem alten Vater.«
Der Abt sah ihn von oben herab an und sagte: »Egal, ob du

reich oder arm bist, das Kloster kann dir keineswegs verzeihen. Außerdem führe keine heiligen Namen in deinem Munde, denn ich kenne ihre Geheimnisse besser als du! Wenn du deine Herde zurück haben willst, musst du sie gegen drei Dinare eintauschen für das, was sie dem Kloster an Schaden zugefügt haben.«

»Ich besitze keinen Piaster, Vater!«, entgegnete Johannes. »Habt Erbarmen mit mir und meiner Armut!« Der Abt strich sich durch den Bart und erwiderte: »Geh, und verkauf einen Teil deines Feldes, und bring uns die drei Dinare. Es ist besser, ohne Feld in den Himmel zu kommen, als den Zorn des heiligen Elisäus auf sich zu lenken, und am Ende deines Lebens in die Hölle zu gelangen, wo ewiges Feuer brennt.«

Johannes schwieg eine Weile; plötzlich blitzten seine Augen, und seine unterwürfige Haltung wandelte sich in Stolz, seine flehende Stimme wurde fest, und er sagte: »Muss der Arme sein Land verkaufen, die Quelle seines Lebensunterhalts, um den Erlös den Schatztruhen des Klosters hinzuzufügen, die voll sind von Gold und Silber? Ist es gerecht, dass der Arme immer ärmer wird und der Elende vor Hunger stirbt, damit der große Elisäus meinen hungrigen Tieren ihre Übergriffe verzeiht?«

Der Abt schaute zum Himmel und sagte: »Es steht geschrieben: Dem der hat, wird gegeben, und dem der nichts hat, wird das Wenige, was er besitzt, genommen werden.«

Als Johannes diese Worte hörte, wurde er zornig. Wie ein Soldat, der zur Verteidigung sein Schwert zieht, griff er nach dem Evangelium in seiner Tasche, zog es hervor und sagte: »So verfälscht ihr die Lehren dieses Buches, ihr Heuchler! Auf diese Weise bedient ihr euch des Heiligsten, um das Übel zu verbreiten! Wehe wenn der Menschensohn zurück kehrt! Er wird eure Klöster zerstören und die Steine ins Tal werfen. Er wird eure Altäre, Bilder und Statuen verbrennen. Die Tränen seiner Mutter werden zu einem Wasserfall werden, der euch in den Abgrund zieht. Mit eurer schwarzen Kleidung verbergt ihr eure schwarzen Seelen. Mit euren Lippen betet ihr, doch eure Herzen sind hart wie Stein! Ihr kniet vor dem Altar, während eure Seele gegen Gott rebelliert! Ihr haltet mich wie einen Verbrecher fest wegen ein wenig Getreide, das die Sonne für euch und für mich gleichermaßen wachsen ließ. Als ich euch im Namen Christi um Gnade bat in diesen Tagen seiner Passion, da habt ihr euch über mich lustig gemacht. Nehmt dieses Buch und zeigt mir darin, wann Christus nicht verziehen hat, wenn man ihn darum bat! Lest diese himmlische Tragödie und zeigt mir, wo und wann Christus ohne Barmherzigkeit und Mitleid zu den Menschen sprach, etwa in der Bergpredigt oder im Tempel? Vergab er der Ehebrecherin nicht ihre Schuld? Hat er nicht auf Golgatha am Kreuz seine Arme ausgebreitet, um die Menschheit zu umarmen? Seht euch um in den Städten und Dörfern, ihr Hartherzigen! In ihren ärmlichen Hütten leiden Kranke auf kärglichen Lagern, Unschuldige füllen die Gefängnisse, auf den Straßen schlafen Fremde und flehen Bettler um Almosen, und auf den Friedhöfen klagen die Witwen und Waisen. Ihr dagegen genießt die Früchte des Feldes und den Wein der Rebstöcke in Sorglosigkeit. Ihr besucht keinen Kranken, tröstet keinen Gefangenen und gebt keinem Hungernden zu essen, ihr nehmt keinen Fremden auf und sprecht keinem Verzagten Mut zu. Wenn ihr wenigstens zufrieden wäret mit dem, was ihr unseren Vorfahren mit List weggenommen habt! Aber ihr streckt eure Hände immer noch wie Schlangenköpfe aus, um an euch zu reißen, was die Witwe durch die Arbeit ihrer Hände erspart hat, und was die Bauern sich für ihre alten Tage zurückgelegt haben.«

Johannes schwieg einen Moment, um Luft zu holen, dann hob er stolz seine Stimme: »Ihr seid zahlreich, und ich bin allein. Macht mit mir, was ihr wollt! Der Wolf greift das Lamm im Dunkel der Nacht an, doch die Blutspuren haften auf den Steinen im Tal, und wenn die Sonne aufgeht, wird das Verbrechen für alle sichtbar.«

Johannes zügelte seine Worte nicht, und in seiner Stimme schwang eine Macht, welche die Mönche sprachlos werden ließ und zugleich in ihrem Innern Unmut und Empörung erregte, und sie warteten nur auf ein Zeichen ihres Abtes, um ihn anzugreifen.

Als er seine Rede beendet hatte, entstand eine Stille wie die Stille nach einem Unwetter. Schließlich sagte der Abt zu seinen Mönchen: »Haltet den Gottlosen! Nehmt ihm das Buch ab, und bringt ihn in die Zelle! Wer die Auserwählten Gottes schmäht, dem wird nicht verziehen werden, jetzt nicht und in Ewigkeit nicht!«

Die Mönche stürzten sich auf Johannes, fesselten ihn und brachten ihn in einen engen, dunklen Raum, wo sie ihn einschlossen, nachdem sie ihn mit Händen und Füßen gepeinigt hatten.

Obwohl sie Johannes in einer dunklen Zelle eingesperrt hatten, stand er dort in der Haltung eines Unbezwingbaren. Er schaute durch eine Fensterluke auf das sonnenbeschienene Tal. Sein Gesicht hellte sich auf; Freude erfüllte seine Seele und süßer Friede bemächtigte sich seiner Gefühle. Nur seinen Körper konnten sie in dieser Klause gefangen halten, seine Gedanken waren frei und streiften über Felder und Hügel. Die Hände der Mönche, die ihn geschlagen hatten, konnten seinen Geist nicht erreichen, er wusste sich geborgen in der Liebe des Nazaräers. Verfolgungen erreichen den Gerechten nicht, und die Ungerechtigkeit berührt ihn nicht. Sokrates trank lächelnd den Giftbecher, und Paulus war heiter, als sie ihn steinigten. Das Gewissen ist es, was uns leiden lässt, wenn wir ihm zuwider handeln, und wenn wir es verraten, bringt es uns um.

Die Eltern von Johannes erfuhren, was ihrem einzigen Sohn widerfahren war. Auf ihren Stock gestützt schleppte sich seine alte Mutter zum Kloster. Sie warf sich dem Abt zu Füßen, küsste seine Hände und bat weinend um Barmherzigkeit für ihren Sohn, dessen Schuld er verzeihen möge.

Der Abt erhob seine Augen zum Himmel und sagte: »Wir wollen deinem Sohn seine Unachtsamkeit und Verrücktheit verzeihen, doch das Kloster hat seine heiligen Rechte, die wiederhergestellt werden müssen. Wir verzeihen die Vergehen der Menschen, aber der große Elisäus wird demjenigen nicht vergeben, der seine Weingärten und Pflanzungen zerstörte.«

Die Mutter blickte ihn an, und Tränen rannen über ihr faltiges Gesicht. Dann löste sie ihre goldene Kette vom Hals und legte sie in die Hand des Abtes und sprach: »Ich besitze nichts als diese Kette, Vater; meine Mutter schenkte sie mir am Tage meiner Hochzeit. Möge das Kloster sie annehmen als Sühne für das Vergehen meines Sohnes.«

Der Abt nahm die goldene Kette an sich und steckte sie in seine Tasche. Dann sah er die alte Frau an, die ihm dankbar die Hände küsste und sagte: »Wehe dieser Generation! Wahrlich das Bibelwort hat sich verkehrt: Die Kinder essen saure Trauben, und den Eltern werden die Zähne stumpf. Geh jetzt, gute Frau, und bete für deinen verrückten Sohn, damit der Himmel ihn heilt und ihm seinen Verstand zurückgibt.«

Johannes durfte sein Gefängnis verlassen. An der Seite seiner gebeugten Mutter ging er ruhig vor seiner Herde her. Als sie ihr Haus erreicht hatten, führte er seine Herde in den Stall. Dann setzte er sich schweigend ans Fenster und betrachtete den Sonnenuntergang. Eine Weile später hörte er seinen Vater seiner Mutter ins Ohr flüstern:

»Du hast nur nie geglaubt, Sara, wenn ich dir sagte, dass unser Sohn verrückt ist. Heute haben seine Taten meine Worte unter Beweis gestellt; und der ehrenwerte Abt des Klosters hat bestätigt, was ich dir immer gesagt habe.« Johannes verharrte in der Betrachtung des Sonnenuntergangs.

Ostern kam, und auf die Abstinenz beim Essen folgte der Überfluss der Speisen. In Becharre waren die Bauarbeiten an einem neuen Gotteshaus rechtzeitig zum Fest beendet worden. Die Kirche nahm sich aus wie die Residenz eines Emirs inmitten ärmlicher Hütten. Nun erwarteten die Bewohner von Becharre die Ankunft ihres Bischofs, der die Kirche und ihren Altar weihen sollte. Sie säumten die Straßen, die zu ihr hinführten, und standen dicht gedrängt um das Gotteshaus.
Sobald der Bischof die Stadt erreichte, geleitete man ihn unter den Klängen von Tamburinen und Zimbeln und dem Geläute der Glocken in die Stadtmitte. Als er von seinem prächtigen Pferd abstieg, dessen Sattel mit bunten Farben bestickt war und dessen Zaumzeug aus Silber war, hießen ihn die Vornehmen der Stadt mit wortreichen Reden, mit Poesie und Hymnen willkommen. Im Vorraum der Kirche ließ er sich sein mit Goldfäden besticktes, bischöfliches Gewand anlegen sowie seine perlengeschmückte Mitra aufsetzen. Dann nahm er den goldenen Bischofsstab mit den kostbaren Steinen in seine Hand und zog mit den Priestern zum Altar und um diesen herum, während die Gemeinde Lieder und Hymnen sang und die Messdiener die goldenen Weihrauchfässer schwenkten.
Johannes stand unter den Bauern am Eingang der Kirche und beobachtete dieses Schauspiel mit traurigen Augen und bitteren Seufzern. Er sah auf der einen Seite die reich bestickten Seidengewänder, die goldenen Gefäße und

Weihrauchbehälter sowie die Lüstern aus reinem Silber und auf der anderen Seite die Menge der Armen und Notleidenden, die aus den Dörfern und Weilern zusammengeströmt waren, um dieses Osterfest zu begehen und um der Einweihung ihres Gotteshauses beizuwohnen.

Hier die Majestät in Samt und Seide und dort das Elend in zerschlissener und geflickter Kleidung; hier eine Gruppe, die stark und prunkvoll zugleich die Religion repräsentiert, und in gebührendem Abstand das schwache, gedemütigte Volk, das sich über die Auferstehung Christi von den Toten freut und deren mit Seufzern vermischte Gebete aus dem Innersten ihrer gebrochenen Herzen aufsteigen. Auf der einen Seite die Kleriker und Feudalherren, die dank ihrer Autorität ein Leben führen, das den immergrünen Zypressen gleicht, und auf der anderen Seite die armen Landarbeiter, die wegen ihrer Untertänigkeit ein Leben fristen, das einem Boot gleicht, dessen Steuermann der Tod ist. Die Planken des Schiffes wurden von den Wellen zerfressen und sein Segel vom Sturm zerfetzt; bald hebt es sich, bald senkt es sich unter den Hieben des Sturmes, zwischen Tyrannei und blinder Unterwerfung treibend.

Welche von den beiden Haltungen bedingt die andere? Ist es die Tyrannei, die ein so starker Baum ist, der auf einer anderen Erde nicht wachsen kann, oder ist die Unterwerfung wie ein Feld, auf dem nur Dornen überleben?

Solche Überlegungen beschäftigten Johannes während des Gebets. Er kreuzte seine Arme über seiner Brust, als ob er diese vor dem Zersprengen schützen müsste.

Kaum war die Zeremonie der Einweihung beendet, da spürte Johannes, wie die Kraft eines unbekannten Geistes sich seiner bemächtigte und ihn gegen seinen Willen antrieb, im Namen des Volkes das Wort zu ergreifen und sich zum Fürsprecher der Unterdrückten zu machen. Bevor sich die Menschen zu zerstreuen begannen, ging er zu einer erhöhten Säulenhalle am Ende des Platzes, hob seine Augen zum Himmel und wandte sich mit lauter Stimme an die Menschenmenge:

»O Jesus von Nazareth, der du inmitten eines Lichtkreises thronest, schau durch die blaue Himmelskuppel auf diese Erde, und sieh, wie die Dornen der Wildnis die Blumen ersticken, die du im Schweiße deines Angesichts gesät hast! Guter Hirte, sieh wie die Krallen der wilden Tiere das schwache Lamm zerreißen, das du auf deiner Schulter getragen hast. Sieh, dein reines Blut ist in den Schoß der Erde versickert, und deine heißen Tränen sind in den Herzen der Menschen getrocknet; deine Seufzer hat der Wüstenwind hinweggefegt. Diese Erde, die von deinen Füßen geheiligt wurde, haben deine Feinde in ein Schlachtfeld verwandelt, auf dem die Starken die Schwachen zertreten. Die Schreie der Elenden, die aus den Tiefen aufsteigen, werden nicht vernommen von den Machthabern, die auf goldenen Thronen sitzen, und die Klagen der Schwachen werden nicht gehört von denen, die von den Kanzeln deine Botschaft verkünden. Die Lämmer, die du auf diese Erde sandtest, um das Wort des Lebens zu predigen, haben sich in wilde Tiere verwandelt, welche die Schafe zerfetzen, die du auf deinen Armen trugst.

Das Wort des Lebens, das du aus dem Herzen Gottes auf die Erde brachtest, ist aus den Büchern verschwunden; es wurde ersetzt durch Lärm, der die Seelen in Schrecken versetzt.

O Jesus, sie haben diese Kirchen und Altäre zu ihrem eigenen Ruhm errichtet und sie mit Seide und Gold geschmückt, während sie die Körper der Armen, die du ausgewählt hast, nackt in den kalten Straßen liegen ließen. Sie füllten die Luft der Kirchen mit Weihrauch und Kerzenschimmer, und sie versäumten es, die Mägen deiner Gläubigen mit Brot zu füllen. Sie luden die Atmosphäre auf mit

Hymnen und Gebeten, und es entgingen ihnen die Klagen der Waisen und die Seufzer der Witwen.
Komm zurück, lebendiger Jesus, und vertreibe die Händler der Religion aus deinem Tempel. Sie verwandelten ihn in eine Höhle, in der die Schlangen der Heuchelei und List herumkriechen.
Komm zurück, o Jesus, und lass diese schlechten Verwalter Rechenschaft ablegen. Mit Gewalt nahmen sie den Armen, was sie besitzen, und selbst das, was Gott gehört.
Komm und sieh den Weinberg, den du mit deinen eigenen Händen gepflanzt hast: die Würmer haben ihn zerfressen, und die Trauben wurden von den Vorübergehenden zertreten. Kehre zurück, und sieh, wem du deinen Frieden anvertraut hast: deine Friedensboten sind untereinander gespalten und bekämpfen sich gegenseitig; und die Opfer ihrer Kriege sind unsere betrübten Seelen.
Bei ihren Festen und Zeremonien erheben sie ihre Stimmen und singen: Ehre sei Gott in der Höhe und auf Erden Friede und den Menschen Freude. Wird dein himmlischer Name wirklich verherrlicht, wenn sein Name von sündigen Lippen und falschen Zungen gepriesen wird? Wird es auf Erden Frieden geben, solange die Armen auf den Feldern ihre Kräfte erschöpfen, um die Starken und Unterdrücker zu nähren. Und wird es auf Erden Freude geben, solange die Unglücklichen und Unterdrückten mit gebrochenen Blicken auf den Tod schauen, der sie retten wird.
Und was ist der Friede, süßer Jesus? Ist er in den Augen der traurigen Kinder an den Brüsten ihrer Mütter zu finden, die hungrig sind und die frieren in ihren kalten Hütten? Ist er bei den Bedürftigen, die auf Betten aus Stein schlafen und sich nach den Speisen sehnen, mit denen die Mönche in ihren Klöstern ihre fetten Schweine mästen.
Und was ist die Freude, o schöner Jesus? Zeigt sie sich, wenn der Emir die Kraft der Männer und die Ehre der

Frauen mit ein paar Silberlingen erkauft, während wir schweigen? Kann sie sich verwirklichen, solange wir uns denen mit Leib und Seele unterwerfen, die unsere Augen blenden durch den Glanz ihres Goldes sowie ihrer kostbaren Gewänder? Und wenn wir uns ungerecht behandelt fühlen und nach Gerechtigkeit rufen, so schicken sie uns ihre Soldaten, die mit Schwertern bewaffnet sind, und die Hufe ihrer Pferde zertrampeln unsere Frauen und Kinder, und die Erde wird trunken von unserem Blut.
Strecke deine Hand aus, starker Jesus! Befreie uns vom Arm der Unterdrücker, der schwer auf uns lastet. Oder sende uns den Tod, der uns zu unseren Gräbern führt, wo wir in Frieden ruhen werden, im Schutze deines Kreuzes. Und dort werden wir deine Wiederkehr erwarten, denn dieses Leben ist kein Leben für uns; es ist eine Finsternis, in der sich die bösen Geister tummeln, und eine Schlucht, in der gefährliche Schlangen kriechen. Unsere Tage gleichen scharfen Schwertern, welche die Nächte unter unseren Bettdecken nur notdürftig verstecken, während sie am Morgen hervor geholt werden und über unseren Häuptern schwingen, wenn uns die Sorge um unser karges Leben auf die Felder treibt.
O Jesus, erbarme dich dieser Menschenmengen, die sich heute hier versammelt haben, um deine Auferstehung von den Toten zu feiern. Erbarme dich ihrer Schwäche und ihrer Schmach!«
Während Johannes mit dem Himmel Zwiesprache hielt, waren die Menschen um ihn herum in zwei Lager gespalten: Die einen stimmten dem zu, was er kundtat, die anderen waren nicht einverstanden und widersprachen. Einer der Zuhörer rief:
»Er sagt nichts als die Wahrheit, und er spricht in unser aller Namen, denn wir werden in Wahrheit ungerecht behandelt.«

Ein Anderer entgegnete: »Er ist von einem bösen Geist besessen, der aus ihm spricht.«
Wieder ein anderer murrte: »Noch nie haben wir von unseren Vätern und Vorvätern eine so törichte Rede gehört; wir wollen sie auch jetzt nicht hören.«
Ein Herumstehender flüsterte seinem Nachbarn ins Ohr: »Seine Worte wecken einen neuen Geist in mir, denn eine unbekannte Macht spricht aus ihm.«
»Ja,« antwortete dieser, »aber unsere Priester wissen am Besten, was dem Volk gut tut. Es wäre falsch, ihre Worte in Zweifel zu ziehen.«
Während sich die Stimmen von allen Seiten erhoben, und das Stimmengewirr dem Rauschen des Meeres glich, trat einer der Priester auf Johannes zu, nahm ihn fest und übergab ihn der Polizei, damit ihn diese zum Verhör in den Gouverneurspalast überstellte.
Johannes antwortete mit keinem Wort, als man ihn nach seinem Tun befragte; er dachte daran, wie auch Jesus vor seinen Verfolgern geschwiegen hatte. Man steckte ihn in eine finstere Gefängniszelle, in der er die Nacht, mit sich in Frieden seiend, verbrachte, und mit seinem Kopf an die Wand seines Kerkers gelehnt, ruhig einschlief.
Am folgenden Morgen trat Johannes' Vater in aller Frühe vor den Gouverneur, um Zeugnis abzulegen, dass sein Sohn geistesgestört sei. Er sagte: »Ich hörte ihn oft in der Einsamkeit mit sich selbst reden, mein Herr. Dann spricht er von seltsamen Dingen, die keinen Bezug zur Wirklichkeit haben. Viele Nächte verbringt er, indem er mit den Schatten der Finsternis Zwiesprache hält, dabei spricht er mit einer Furcht erregenden Stimme, die der von Geistesbeschwörern gleicht. Fragt die jungen Leute in unserer Nachbarschaft, mein Herr, sie werden seine Neigung zur überirdischen Welt und zu okkulten Dingen bestätigen. Wenn sie ihn ansprechen, antwortet er nie oder mit Wor-

ten, die ihnen unverständlich sind und die in keiner Beziehung zu ihren Fragen stehen. Frag seine Mutter! Sie kennt ihn besser als jede andere. Auch sie weiß, dass sein Geist eine andere Welt behaust, die weit entfernt von allen uns sinnlich wahrnehmbaren Dingen liegt. Oft sah sie, wie er den Horizont mit verzückten Blicken anstarrte und wie ein Kind zu Bäumen, Flüssen, Blumen und Sternen sprach. Erkundigt euch bei den Mönchen des Klosters, mit denen er kürzlich einen Streit vom Zaun brach, weil er sich belustigte über ihre Askese und Frömmigkeit.

Er ist von Sinnen, mein Herr, aber er ist sehr besorgt um seine Mutter und mich, und er sorgt für unseren Lebensunterhalt; er arbeitet im Schweiße seines Angesichts, um uns in unserem Alter zu ernähren und zu wärmen. Habt Erbarmen mit ihm und mit uns! Verzeiht ihm seine Geistesgestörtheit in Anbetracht der ihm eigenen Liebe zu seinen Eltern.«

Johannes wurde frei gelassen, und die Nachricht, dass er verrückt sei, verbreitete sich im ganzen Dorf. Die Jünglinge verspotteten ihn, und die jungen Mädchen sagten mit Bedauern: »Wie merkwürdig ist das Schicksal! Der Himmel hat in diesem Jüngling die Schönheit seines Gesichts und die Gestörtheit seiner Sinne vereint, ebenso wie er den Glanz seiner Augen mit der Finsternis einer kranken Seele zusammenführte.«

*

Inmitten der mit Gras und Blumen übersäten Gärten und Hügel sitzt Johannes bei seiner Herde und beobachtet die Tiere, die unbehelligt von den Sorgen der Menschen friedlich weiden.

Mit tränenfeuchten Augen schaut er zu den Dörfern und Weilern an den Abhängen des Gebirges und sagt seufzend: »Ihr seid zahlreich, und ich bin allein. Sagt über mich, was ihr wollt, und macht mit mir, was euch beliebt. Die Wölfe überfallen das Lamm im Dunkel der Nacht, doch die Blutspuren haften auf den Steinen im Tal, und das Verbrechen wird für alle sichtbar, wenn die Sonne aufgeht.«

Nachwort

Die Texte des dritten Bandes der *Sämtlichen Werke* von Khalil Gibran lassen sich unter dem Leitmotiv *Natur* zusammenfassen, wobei Natur bei Gibran immer die libanesische Natur bedeutet mit ihrer Dreiheit von Sonne, Bergen und Meer. Obwohl Gibran nur ein Drittel seiner kurzen Lebenszeit im Libanon verbracht hat, ist der Hintergrund all seiner Werke – sowohl der Bilder als auch der Texte – die libanesische Landschaft. Seine Kindheit und Jugend in Becharre, dem höchstgelegenen Bergdorf im Qadischa-Tal (Heiligen Tal) im Nordlibanon hat ihn für immer geprägt.

Der Titel des im Jahre 1906 in New York erschienenen Buches *Die Nymphen der Täler* versetzt den Leser in eine arkadische Landschaft. Das Buch enthält drei allegorische Erzählungen, in denen die Themen anklingen, die er in seinen späteren Werken immer wieder variieren und vertiefen wird.

Die erste Erzählung ist eine Hymne an die Liebe, deren »ewiges Feuer den Staub der Jahrhunderte« überdauert. Der Schauplatz dieser Geschichte ist Baalbek mit seiner gewaltigen römischen Tempelanlage, die auf einem phönizischen Heiligtum errichtet wurde. Zum ersten Mal wird hier der ihm liebgewordene Gedanke an die Reinkarnation (Metempsychose) thematisiert: Nathan, der Sohn des Priesters der Astarte (der Göttin der Liebe und der Schönheit), verliert im Jahr 116 v. Chr. seine Geliebte. Vor ihrem Tod verspricht sie ihm: *»Ich werde in diese Welt zurückkehren.«* (13)

Nach mehr als 2000 Jahren, im Frühjahr des Jahres 1890,

trifft der Hirte Ali al-Hussein in den Ruinen Baalbeks ein schönes Mädchen. Beide erinnern sich allmählich an ihr früheres Leben, in dem sie sich geliebt hatten. In Khalil Gibrans späterem Werk *Der Prophet* verabschiedet sich al-Mustapha mit folgenden Worten von den Bewohnern von Orphalese: »Eine kleine Weile noch, ein Augenblick des Ruhens auf dem Wind, und eine andere Frau wird mich gebären.« Unwillkürlich wird man an Jesu Abschiedsworte erinnert: »Noch eine kleine Weile, und ihr werdet mich nicht mehr sehen …« (Joh 16,16)

Die Geschichte beginnt mit einer anschaulichen Beschreibung der Nacht in der »Stadt der Sonne«, Heliopolis, wie Baalbek auch genannt wird. Wie die beiden anderen Erzählungen auch, lebt diese Erzählung von der bildhaften Darstellung der Natur, die ihre Bühne ist. Auch seine originellen Vergleiche und Metaphern entnimmt Gibran der Natur: *»habe ich mit der Brise des Frühlings den Tau des Lebens getrunken und bin nun ein Engel«; »du berührtest meine Sinne, dass sie wie die Blätter eines Baumes zittern«* (18); *»veilchenhaftes Licht strömte in die Luft«; »die Erde lächelte das Lächeln eines Schlafenden«* (19); *»sie gab sich hin wie der Duft des Jasmin sich den Winden überlässt«; »die Sonne hatte um die Gipfel einen goldenen Mantel geworfen«* (21).

Die zweite Geschichte wurde im Jahr 1910 von einem Pariser Verlag für die Sammlung der besten Novellen der Welt ausgewählt. Es ist die Geschichte des Landmädchens Martha, das sich durch galante Worte eines reichen Städters verführen lässt und als Prostituierte in Beirut endet. Eindrücklich wird hier der Unterschied zwischen Landleben und Stadtleben beschrieben, und es ist eindeutig, womit Gibran sympathisiert. Marthas Kindheit spielt in der Gebirgslandschaft des Nordlibanon, die auch Gibrans Heimat ist, und deren Schönheit er anschaulich beschreibt. Diese

Natur prägte Marthas heiteres Gemüt, während die Stadt ihr Leben erstickte.
Der Erzähler fragt sich: »*Wird der Tag kommen, an dem die Natur der Lehrmeister der Menschen sein wird, die Menschlichkeit ihr Lehrbuch und das Leben ihre Schule?*« (26) Für Gibran ist die Natur der Ort, wo der Mensch zu sich selber und zu seiner göttlichen Bestimmung findet. Er vergleicht Martha mit einer Blume, die vom Tier im Menschen zertreten wurde. Und der Reiche ist derjenige, der die Blumen unter seinen Füßen zertritt. (31)
Die dritte Novelle handelt von dem Hirten Johannes, der mit dem Klerus in Konflikt gerät, von dem es heißt: Die Kleriker führen ein Leben, »*das den immergrünen Zypressen gleicht*«. (44) Sein alter Vater kann ihn nur aus dem Gefängnis befreien, indem er ihn für »verrückt« erklärt, da er »*wie ein Kind zu Bäumen, Flüssen, Blumen und Sternen sprach*«. (49) In seinem Werk *Der Narr* lässt Gibran den Protagonisten sagen: »In meiner Narrheit fand ich Freiheit und Sicherheit.« Und an anderer Stelle behauptet er: »Nur ein Idiot und ein Genie brechen die von Menschen geschaffenen Gesetze; sie sind dem Herzen Gottes am nächsten.« Anschaulich werden in dieser Novelle die langen Winterabende in den schneebedeckten Gebirgsdörfern und die Sommerzeit auf den Feldern beschrieben.

Der Reigen

Der Mensch tut Gutes nur,
wenn er dazu bestimmt ist;
seine schlechten Taten
enden nicht mit seinem Tod.
Die Menschen sind Werkzeuge;
das Schicksal bedient sich ihrer
einen Tag; dann sind sie nutzlos.
Nennt diesen nicht gelehrt
und jenen nicht ehrenwert!
Die trefflichsten Menschen
ziehen mit der Herde,
die ein Hirte anführt.
Und wer nicht zur Herde gehört,
gerät in Vergessenheit.

*Im Wald gibt es weder Hirten noch Herden,
der Winter nimmt seinen Lauf,
ohne dass ihn der Frühling begleitet.
Die Menschen wurden geboren
als Sklaven dessen,
der Unterwerfung verwirft.
Wenn dieser eines Tages aufbricht,
werden ihm alle folgen.
Gib mir die Flöte und singe,
der Gesang ist die Weide der Geister,
und die Seufzer der Flöte überdauern
Edle und Sklaven.*

Was ist das Leben anders als ein Schlaf.
Seine Träume hindern uns daran,
eigene Herzenswünsche zu verwirklichen
Das Geheimnis der Seele
verbirgt die Trauer;
entfernt sich diese,
wird die Freude es verhüllen.
Das Geheimnis des Lebens
entzieht sich den Blicken
durch den Schleier des Wohlstands;
wird dieser gelüftet,
ersetzt ihn der Schleier des Elends.
Gelingt es dir aber,
dich über Wohlstand und Elend zu erheben,
so berührst du den Schatten dessen,
den das Denken nicht fassen kann.

Im Wald gibt es weder Trauer noch Sorge:
Wenn sich eine Brise erhebt,
folgt ihr nicht der heiße Sandsturm.
Die Trauer der Seele ist ein Schatten
und dauert nicht an.
Die Wolken am Himmel der Seele
erscheinen zwischen den Sternen.
Gib mir die Flöte und singe,
der Gesang vertreibt Kummer und Leid;
und die Seufzer der Seele überdauern
das Ende der Zeit.

Selten sind auf Erden die Menschen,
die mit ihrem Los zufrieden sind.
Sie gießen den Fluss des Lebens
in Trinkgläser der Illusion,
aus denen sie schlürfen
bis zur Trunkenheit.
Die Menschen trinken sich Freude an,
als wären sie zur Lust berufen
und geboren, um sich zu betäuben.
Die einen trinken, um zu beten,
andere, damit ihre Träume gären.
Die Erde ist eine Weinschenke,
ihr Besitzer ist das Schicksal.
Zufrieden sind in der Schenke nur die,
die trunken sind.
Und triffst du dort einen Nüchternen,
so frag dich verwundert:
»Sucht der Mond Schutz unter Regenwolken?«

*Im Wald herrscht keine Trunkenheit
weder vom Wein noch von Träumen;
und in den Bächen gibt es nichts
als das Elixier des Nebels.
Des Menschen Durst stillen
Brüste und Milch,
und entwöhnt ist er erst
im Alter oder im Tod.
Gib mir die Flöte und singe,
der Gesang ist das beste Getränk;
und die Seufzer der Flöte überdauern
die Rebhügel.*

Die Religion ist für den Menschen ein Feld,
das nur bepflanzt,
wer ein Anliegen hat;
sei es der Prediger,
der ewige Glückseligkeit erhofft
oder der Unwissende,
der das Höllenfeuer fürchtet.
Gäbe es nicht die Strafen des Letzten Gerichts,
würde niemand einen Herrn anbeten;
und ohne die erhoffte Belohnung
wären die Menschen ungläubig.
Für sie ist Religion eine Art Handel:
widmen sie sich ihr mit Fleiß,
so wollen sie profitieren;
wenden sie sich von ihr aber ab,
so befürchten sie Verluste.

Im Wald gibt es weder Religion
noch Gotteslästerung:
singt die Nachtigall,
so sagt sie nicht:
»Das allein ist wahr!«
Die Religion der Menschen
kommt und geht wie ein Schatten.
Nach Taha[1] *und dem Messias*
gibt es keine Religion mehr.

Gib mir die Flöte und singe!
Der Gesang ist das innigste Gebet;
und die Seufzer der Flöte überdauern
das Leben.

1 Name Gottes im Koran

Die Gerechtigkeit auf Erden
brächte die Djinnen zum Weinen,
wenn sie davon hörten,
und die Toten zum Lachen,
wenn sie sie sähen:
Gefängnis und Tod erwarten
den Täter kleiner Delikte.
Wer aber große Verbrechen begeht,
dem wird Ehre und Ruhm zuteil.
Wer eine Blume stiehlt,
wird getadelt;
wer aber ganze Felder enteignet,
gilt als unerschrockener Held.
Tötet jemand den Körper,
wird er zum Tode verurteilt;
wer aber die Seele tötet,
entkommt unerkannt.

Im Wald gibt es
weder Gerechtigkeit noch Strafe;
wirft die Weide ihren Schatten
auf die Erde,
bezichtigt die Zypresse sie nicht
der Ketzerei;
wahrlich, die Gerechtigkeit des Menschen
ist wie Schnee,
der unter der Sonne schmilzt.

Gib mir die Flöte und singe,
der Gesang ist Gerechtigkeit der Herzen;
und die Seufzer der Flöte überdauern
Sünden und Fehler.

Der Starke ist immer im Recht:
Ist der Geist entschlossen,
wird er herrschen;
ist er aber schwach,
befällt ihn Unglück.
Der Geruch der Löwenhöhle
hält die Füchse fern,
ob der Löwe anwesend ist oder nicht.
Stare sind feige noch im Flug
und Falken noch im Sterben stolz.
Seelenstärke lässt sich nicht
durch Muskelkraft ersetzen.
Siehst du einen Schwachen
ein Volk regieren,
wisse, dass seine Untertanen
ihren Schatten in ihm sehen.
Wäre es anders,
wären sie längst ausgewandert.

Im Wald gibt es weder Stärke noch Schwäche.
Brüllt der Löwe, so sagt er nicht:
»Seht her den Furchtbaren!«
Die Stärke des Menschen ist nur ein Schatten
in der Welt des Geistes;
und die Rechte der Menschen
bestehen nicht länger
als Herbstblätter.

Gib mir die Flöte und singe,
der Gesang ist die Stärke der Seelen;
und die Seufzer der Flöte überdauern
den Untergang der Sonne.

Das Wissen des Menschen ist ein Weg,
dessen Anfang bekannt ist und dessen Ende
Zeit und Schicksal bestimmen.
Das beste Wissen ist ein Traum;
wird er dir zuteil
in der Menge der Schlafenden,
so werden sie dich verspotten.
Und triffst du einen einsamen Träumer,
den die Seinen verstoßen haben,
wisse, dass er ein Prophet ist,
den der Mantel der Zukunft verhüllt
vor seiner Nation,
die den Mantel der Vergangenheit trägt.
Er ist ein Fremder in dieser Welt,
der seine Stimme erhebt,
ob es den Menschen gefällt oder nicht.
Er ist streng,
obgleich er freundlich ist;
und er ist fern,
ob sich die Menschen ihm nähern
oder von ihm abwenden.

Im Wald gibt es weder Wissen
noch Unwissen;
wenn die Zweige sich neigen;
sagen sie nicht: »Das ist erhaben!«
Das Wissen des Menschen gleicht
einem Schleier, der wie Nebel
über dem Feld liegt;
steht die Sonne am Horizont,
verzieht sich der Nebel.

Gib mir die Flöte und singe,
der Gesang ist die höchste Wissenschaft;
und die Seufzer der Flöte überdauern
das Licht der Sterne.

Der Freie auf Erden baut sich unwissentlich
aus seinem Streben ein Gefängnis.
Hat er sich erst gelöst von seiner Familie,
wird er ein Sklave dessen,
der sein Herz und seine Gedanken
in Beschlag nimmt.
Gewiss ist er intelligent,
doch sein Eifer für das Recht
resultiert aus Eitelkeit und Hochmut.
Und gewiss ist er frei,
doch in seiner Hast,
den Gipfel zu erreichen,
zeigt er sich würdelos.

Im Wald gibt es weder Freie noch Sklaven.
Das Trachten nach Ruhm und Ehre ist Torheit,
dem Jagen nach Seifenblasen vergleichbar.
Wenn der Mandelbaum seine Blüten
aufs trockene Gras streut, sagt er nicht:
»Armes Gras! Sieh deinen Wohltäter!«

Gib mir die Flöte und singe,
der Gesang ist lauterer Lobpreis;
und die Seufzer der Flöte überdauern
Gemeine und Ehrenwerte.

Die Güte der Menschen gleicht Perlenmuscheln:
ist ihr Äußeres auch glatt und fein,
so bergen sie doch keine Perlen im Innern;
es gibt boshafte Menschen mit zwei Herzen:
eins ist aus Teig und eins aus Stein.
Und freundliche Menschen gibt es,
die uns liebenswert und sanft erscheinen,
doch in den Falten ihres Gewandes
halten sie spitze Nadeln versteckt.
Die Freundlichkeit des Gemeinen ist ein Schild,
hinter dem er Schutz sucht,
wenn Angst ihn befällt oder Gefahr ihn bedroht.
Und triffst du jemanden,
der stark und zärtlich zugleich ist,
so ist er gewiss seines Augenlichts beraubt.

Im Wald gibt es keinen Liebenswerten,
dessen Güte Feigheit ist.
Die Zweige der Weide breiten sich aus
neben denen der Eiche.
Und wenn der Pfau ein Gewand aus Purpur besäße,
so wüsste er nicht,
dass dies seinen Charme ausmacht.

Gib mir die Flöte und singe,
der Gesang ist das Wohlwollen des Sanften;
und die Seufzer der Flöte überdauern
Schwache und Starke.

Die Gewandtheit des Menschen ist Schein;
am hassenswertesten ist die Klugheit derer,
welche die Kunst der Nachahmung beherrschen;
sie gleichen denen, die Dinge bewundern,
von denen sie nichts verstehen,
Dinge, die ihnen weder nutzen noch schaden;
sie sind wie die Hochmütigen,
die ihr Herz für einen König halten,
ihre Stimme für ein Lied
und ihre Worte für Suren;
oder sie gleichen den Stolzen,
die ihren Spiegel für das Universum halten
und ihren Schatten für einen Mond,
der mit der Zeit voller und leuchtender wird.

*Im Wald gibt es keine Geistreichen,
deren Freundlichkeit Schwäche ist.
Wenn die Eidechse krank ist,
ist sie darum nicht wehleidig.
Das Wasser der Flüsse besitzt
den Geschmack der Paradiesströme;
und es hat eine Kraft, die alles mitreißt,
was sich ihm entgegen stellt.*

*Gib mir die Flöte und singe,
der Gesang ist die Reinheit der Anmutigen;
und die Seufzer der Flöte überdauern
Grobheit und Feinheit.*

Die Liebe der Menschen ist unterschiedlich,
oft gleicht sie dem Gras ohne Blüten und Früchte;
oft verhält es sich mit ihr wie beim Wein;
genießt man ein wenig davon,
ist man zufrieden,
im Übermaß ist er gefährlich.
Und führt der Körper den Reigen der Liebe an
zu einem Bett voller Absichten,
so begeht die Liebe Selbstmord;
sie gleicht einem gefangenen König,
der sich weigert, weiterzuleben,
nachdem ihn die Seinen verrieten.

Im Wald gibt es niemanden,
der sich der Liebe Adel anmaßt.
Wenn der Stier brüllt,
sagt er nicht, es sei aus Leidenschaft.
Die Leidenschaft des Menschen
ist eine Krankheit seines Herzens.
Und wenn die Jugend vergeht,
entfernt sich die Krankheit mit ihr.

Gib mir die Flöte und singe,
der Gesang ist die wahre Liebe;
und die Seufzer der Flöte überdauern
Schönheit und Charme.

Triffst du einen leidenschaftlichen Liebhaber,
dem Hunger und Durst die Liebe stillt,
wird es Menschen geben,
die diesen für verrückt erklären,
und sie werden sich fragen:
»Was erhofft er sich von dieser Liebe,
dass er sich so lange in Geduld übt?
Wieso bluten seine Augen für eine Frau,
die weder hübsch noch begehrenswert ist?«
Wisse, dass diese Menschen unverständig sind;
sie starben, bevor sie geboren wurden;
wie sollten sie jemanden verstehen,
der lebt,
wenn sie selbst die Erfahrung nie machten?

*Im Wald gibt es weder Überwacher
noch Aufseher,
die Gazellen springen närrisch
beim Sonnenuntergang.
Doch der Adler sagt nicht:
»Wie merkwürdig ist das!«
Nur der gezähmte Mensch
hält dies für ungewöhnlich.*

*Gib mir die Flöte und singe,
der Gesang ist die größte Narrheit;
und die Seufzer der Flöte überdauern
Kluge und Zahme.*

Den Ruhm der Eroberer vergessen wir,
während wir der Narren immer gedenken,
bis die Wasserfluten uns überschwemmen.
Im Herzen Alexander des Großen
gab es Blutbäder,
und im Innern des Qais[1]
erhob sich ein gewaltiger Tempel.
So verbargen sich unter den Siegen
des ersten Unterdrückung und Tyrannei,
und in der Niederlage des zweiten
Sieg und Triumph.
Die Liebe gibt sich im Geist
zu erkennen – nicht im Körper,
so wie man den Wein genießt
zur Inspiration
und nicht zur Trunkenheit.

1 Ein arabischer Dichter, der bekannt ist für seine unglückliche Liebe zu Laila.

Im Wald gibt es keine Erinnerung
außer jener der Verliebten.
Die ihre Reiche ausdehnten
und die Welt unterdrückten,
existieren nur noch als Buchstaben
im Namensverzeichnis der Kriminellen.
Nur schändliche Leidenschaft
wird Unterdrückung genannt.

Gib mir die Flöte und singe,
vergiss Unterdrückung und Tyrannei;
die Lilie ist ein Kelch
für den Tau und nicht für das Blut.

Das Ziel des Geistes
ist im Herzen des Menschen verborgen;
kein Bild bringt es zum Ausdruck,
in keiner Form stellt es sich dar.
Einige behaupten: »Hat der Geist
seine Vollkommenheit erreicht,
so löst er sich in Nichts auf,
und seine Botschaft mit ihm,
wie eine reife Frucht,
die vom Baum fällt,
sobald der Wind weht.«

Andere sagen: »Wenn der Körper schläft,
gibt es im Geist kein Erwachen«,
als sei der Geist ein Schatten
auf einem Teich, der spurlos vergeht,
wenn das Wasser sich trübt.
Nein, alles bleibt.

Nicht ein Atom des Körpers wird vergehen
und nicht ein Hauch von Seele.
Sobald der Nordwind
den Saum des Geistes zusammenrafft,
wird sich der Ostwind erheben
und ihn entfalten.

Im Wald gibt es keinen Unterschied
zwischen Körper und Geist;
die Luft ist schwebendes Wasser,
und ruhendes Wasser der Tau;
der Duft ist eine Blume,
die ihren Wohlgeruch verströmt,
Erde und Fels hingegen
sind kristallisierte Blumen.

Der Schatten einer Pappel
ist eine Pappel, die einschlief,
im Glauben, es sei Nacht.

Gib mir die Flöte und singe,
der Gesang ist Körper und Geist
in Harmonie;
und die Seufzer der Flöte überdauern
Abend- und Morgenrot.

Was ist Glück anderes als ein Phantasiegebilde;
sobald es Gestalt annimmt,
werden die Menschen seiner überdrüssig;
es gleicht einem Bach, der ins Tal stürzt;
wenn er es erreicht hat,
fließt er träge und trübe weiter.
Der Mensch empfindet Glück
im Streben nach der verbotenen Frucht;
hat er sie endlich erreicht,
so lässt sein Streben nach.
Triffst du einen Glücklichen,
den das Verbotene nicht reizt,
so nenne seinen Charakter
ehrenwert und beispielhaft.

Im Wald gibt es weder Erwartung
noch Verdruss;
wie sollte er auch einen Teil erstreben,
da er alles besitzt;
und wozu im Wald hoffen,
wenn der Wald selbst die Hoffnung ist.
Unser Leben ist Erwartung,
und dies ist sein tiefer Sinn.

Gib mir die Flöte und singe,
der Gesang ist Feuer und Licht;
und die Seufzer der Flöte sind Sehnsucht,
der keine Verdrossenheit folgt.

Der Körper ist der Mutterschoß der Seele,
diese bleibt dort – einem Embryo gleich –
bis zu ihrer Reife,
dann verlässt sie den Körper.
Und der Todestag ist nichts anderes
als der Tag der Niederkunft
ohne Fehlgeburt und Kaiserschnitt.
Es wohnen auch sterile Geister
im Menschen; sie gleichen Bogen,
auf die keine Saiten gespannt sind.
Die Seele ist die Geistsubstanz
des Menschen;
sie wird weder aus der Erde geboren
noch aus Lehm.
Wie viele Pflanzen gibt es auf Erden,
die keinen Duft verströmen?
Wie viele Wolken am Himmel,
die keinen Regen bringen?

Im Wald gibt es keine Unfruchtbarkeit;
im Kern der Dattel verbirgt sich
das Geheimnis der ganzen Palme,

und die Honigwabe enthält
das Sinnbild des Bienenstocks und der Felder.
Sterilität ist nichts anderes als Apathie.

Gib mir die Flöte und singe,
der Gesang ist ein Körper,
der sich verströmt;
und die Seufzer der Flöte überdauern
Miss- und Fehlgeburten.

Der Tod auf Erden
ist für Erdenkinder ein Ende,
für Geistwesen hingegen
bedeutet er Beginn und Sieg.
Wer in seinen Träumen
die Morgendämmerung umarmt,
wird bleiben.
Doch wer die ganze Nacht verschläft,
wird vergessen werden.
Wer der Erde anhaftet,
wird ihr verhaftet bleiben
bis zum Erlöschen der Venus.
Der Tod gleicht dem Meer,
der Leichte durchquert es mühelos,
während der Schwere untergeht.

Epilog

Im Wald gibt es weder Tod noch Gräber;
wenn auch der April vergeht,
so nimmt er die Freude nicht mit.
Die Angst vor dem Tod ist Illusion,
die sich im Herzen verflüchtigt;
wer einen Frühling lang lebte,
gleicht dem,
der eine Ewigkeit gelebt hat.

Gib mir die Flöte und singe,
vergiss, was wir gesagt haben,
denn Worte sind nur Staub;
deshalb sag mir lieber,
was du getan hast?

Hast du wie ich die Schlösser verlassen
und dir ein Zelt im Wald gebaut?
Bist du den Flüssen gefolgt
und auf die Berge gestiegen?

Hast du im Duft gebadet
und dich im Licht getrocknet,
hast du die Morgenröte geschlürft
wie Wein von einem Glas aus Äther?

Hast du dich in der Abenddämmerung
wie ich in den Weinberg gesetzt,
wo die Reben über dir hingen
wie goldene Lüster?

Für den Durstigen sind sie Quelle
und Nahrung für den Hungrigen;
Honigwaben und Wohlgeruch sind sie
und Wein für den, der ihn wünscht.

Hast du dich aufs Gras gebettet
und dich mit dem Himmel zugedeckt,
unbesorgt über das, was kommen mag
und vergessend, was vergangen ist?

Die Stille der Nacht ist wie ein Meer,
dessen Wellen in deinen Ohren rauschen;
und im Innern der Nacht schlägt ein Herz,
sein Klopfen vernimmst du auf deinem Lager.

Gib mir die Flöte und singe
vergiss Krankheit und Medikament,
denn die Menschen sind nur Zeilen,
die mit Wasser geschrieben sind.

Was nützen
Versammlungen und Prozesse,
Diskussionen und Streitgespräche,
Dispute und Auseinandersetzungen?

All dies sind Maulwurfgänge
und Spinnengewebe.
Wer nicht zu leben vermag,
wird langsam sterben.

Im Wald ist das Leben;
und wären die Tage in meiner Hand,
so würde ich sie im Wald ausstreuen.
Doch verfolgt das Schicksal
andere Ziele in meiner Seele;
und immer wenn ich den Wald suchte,
entfernte er sich von mir.
Die Wege des Schicksals
lassen sich nicht ändern;
in seinem Unvermögen
lässt der Mensch davon ab,
eigenen Zielen zuzustreben.

Nachwort

♠

Gibrans Werk *Der Reigen* ist ein Lobgesang auf die Natur par excellence. Von seinem Biographen Suheil B. Bushrui wissen wir, dass er den größten Teil der 203 Verse im waldreichen Cohasset geschrieben hat, wo er oft den Sommer verbrachte. (Bushrui, Jenkins 176) Es erscheint im Mai 1919 im Verlag der Revue *Mir'at al Gharb* mit einer Einleitung des Verlegers Nassib Arida und mit acht Zeichnungen des Autors. Der Reigen ist eine der wenigen Versdichtungen Gibrans in der Form eines philosophischen Dialogs. Die zwei Stimmen unterscheiden sich schon äußerlich dadurch, dass sie in unterschiedlicher arabischer Metrik geschrieben sind. Inhaltlich vertreten sie gegensätzliche Auffassungen: Die eine Stimme, die eines alten enttäuschten Mannes, beklagt die Korrumpiertheit des Menschen in einer materialistischen Zivilisation, die »sich auf Rädern bewegt«, wie es Gibran an anderer Stelle formuliert. Sie erinnert an die Kulturkritik Friedrich Nietzsches.

Die andere Stimme, mit der Gibran sich identifiziert, besingt die Natur und die Einheit von Natur und Mensch. Als pars pro toto für die Natur steht in diesem Werk der Wald, in dem sich alle Gegensätze wie »stark« und »schwach«, »arm« und »reich«, »gut« und »böse«, »Körper« und »Seele« aufheben, wo die Menschen in Einheit und Harmonie leben und Heiterkeit und Glück erfahren.

Die zweite Stimme wird von der Flöte begleitet, dem rituellen Instrument der Sufis, die ebenfalls die Einheit von Körper und Seele symbolisiert durch ihr hölzernes Gehäuse und den menschlichen Atem, der sie durchweht. Es gibt kaum ein Werk Gibrans, in dem die Flöte, sein Lieblingsinstrument, keine Rolle spielt.

Der Reigen ist eine Einladung zur Kontemplation. Waren seine Werke bis 1916 vor allem rebellischer Natur, so bewegt er sich mit dem *Reigen* schon auf sein Meisterwerk, den *Propheten*, hin, in dem er der technisierten Welt des Okzidents die spirituellen Schätze des Orients vermitteln will. May Ziadeh schrieb in Ägypten für die Zeitschrift *Al-Hilal* eine lobende Rezension des *Reigen*. Gibran antwortet ihr am 11. Juni 1919: »Ihre günstige Meinung über den Reigen lässt mich dieses Gedicht lieben. Die Tatsache, dass Ihnen der Reigen gefallen hat, hat ihn mir noch lieber gemacht, und dass sie seine Verse auswendig lernen wollen, bedeutet eine Gunst.« (Gibran, Liebesbriefe 32)

Arabische Formalisten wie Omar Farrouch haben Gibran metrische Fehler im *Reigen* vorgeworfen. (Bushrui, Jenkins 181) Aber den arabischen Emigrantendichtern waren Innovation und Imagination wichtiger als die strenge Befolgung von Regeln. Diese Versdichtung Gibrans wurde schnell populär. Schon ein Jahr nach Erscheinen soll sie in Kairo von Chören gesungen worden sein. (Bushrui, Jenkins 180) In den 70er-Jahren vertonten die bekannten libanesischen Komponisten, die Rahbani-Brüder, große Teile des *Reigens*, die von der weltbekannten Sängerin Feyrouz gesungen werden und die in der Arabischen Welt (und besonders im Libanon) bekannt sind wie Volkslieder.

Erde und Seele

Inhalt

Die Schalen und der Kern
101

Meine Seele unter der Last ihrer Früchte
106

Eine Hand voll Sand
109

Ein Schiff im Nebel
113

Sieben Stationen
127

Meine Seele ermahnte mich
128

Ihr habt euren Libanon und ich den meinen
133

Die Erde
139

Gestern, heute und morgen
140

Die Vollkommenheit
141

Die Unabhängigkeit und die Feze
143

O Erde
146

Die größere See
150
In einem historisch nicht erfassten Jahr
153
Ibn Sina und seine Qaside
154
al-Ghazali
156
Jorji Zaidan
159
Die Zukunft der arabischen Sprache
161
Ibn al-Farid
175
Die neue Zeit
177
Die Einsamkeit und die Zurückgezogenheit
183
Irm Dat al-Imad – die verborgene Stadt
186
Mein Schweigen ist eine Hymne
209
An unsere Gegner
211
O Seele
213

Das verborgene Land
214

Die Qual der Greise
216

Bei Gott, mein Herz!
218

Lied der Nacht
220

Das Meer
222

Die Amsel
224

Der mächtige Löwe
225

Wenn ihr webt
227

Das Ansehen
228

Gestern
229

Was der Bach sagt
232

Die Schalen und der Kern

Nie trank ich ein Glas bitteren Wermut, ohne dass sein Nachgeschmack süß wie Honig war. Nie erklomm ich einen steilen Pfad, ohne durch den Anblick eines grünen Tals belohnt zu werden. Und nie verlor ich einen Freund im dichten Nebel, ohne ihn in der anbrechenden Morgenröte wieder zu finden.

Wie oft verbarg ich meine Schmerzen und Qualen unter der Decke der Geduld – in der Annahme, dass darin Verdienst und Nutzen läge; doch wenn ich die Decke lüftete, spürte ich, dass sich die Schmerzen in Freude und die Qualen in Glück verwandelt hatten.

Wie oft begleitete mich jemand durch diese sichtbare Welt, und ich dachte bei mir: Wie schwerfällig und dumm mein Begleiter doch ist! Aber kaum hatten wir die Welt der Geheimnisse erreicht, da musste ich feststellen, dass ich ein ungerechtes Urteil gefällt hatte und mein Begleiter im Gegenteil sehr geistreich und weise war.

Und wie oft war ich trunken vom Wein der Selbsttäuschung: Ich hielt mich für einen Fuchs in der Gesellschaft eines Lammes; doch wenn ich aus dem Rausch erwachte, entdeckte ich, dass wir beide Menschen waren.

Wir Menschen – ihr ebenso wie ich – lassen uns durch die äußeren Erscheinungsformen blenden und sind blind für das Wesentliche und Wahrhaftige, das verborgen ist.

Wenn jemand stolpert, sagen wir, dass er gefallen ist. Wenn er zögert, behaupten wir, dass er ratlos ist. Stottert er, so halten wir ihn für stumm, und seufzt er, dann meinen wir, dass er im Sterben liegt. Ihr und ich – wir lassen uns beeindrucken von den Schalen des Ich, von seiner äußeren Gestalt. Wir dringen nicht vor zu den Freuden, die der Geist vermittelt, da wir von Hochmut umgeben sind und die Wahrheit, die in uns ist, nicht zur Kenntnis nehmen. Ich sage euch und mir – und es mag sein, dass mein Wort eine Maske ist, die mein wahres Gesicht verbirgt –: Unsere Augen sehen nur den Dunst, hinter dem sich das Wesentliche verbirgt, das wir eigentlich wahrnehmen sollten; und unsere Ohren hören nur ein Rauschen, das alles übertönt, was wir eigentlich mit unserem Herzen verstehen sollten.

Wenn wir einen Polizisten sehen, der einen Mann ins Gefängnis abführt, sollten wir nicht vorschnell daraus schließen, wer von ihnen kriminell ist. Sehen wir einen Mann, der blutüberströmt ist, und einen anderen, dessen Hände blutbefleckt sind, wäre es unklug, gleich zu schlussfolgern, wer der Mörder ist und wer das Opfer. Wenn wir den einen singen hören und den anderen seufzen, sollten wir uns mit dem Urteil Zeit lassen, wer von beiden glücklich ist.

Bruder, suche nie das Wesen eines Menschen danach zu beurteilen, was in Erscheinung tritt. Halte nie eines seiner Worte oder eine seiner Handlungen für ein Zeichen seiner Gesinnung. Es könnte sein, dass derjenige, den du nicht verstehst, Mühe hat, sich auszudrücken oder verständlich zu machen. Dennoch kann sein Geist dem Verständigen einen Weg weisen und sein Herz kann ein Ort der Offenbarung sein. Es mag sein, dass derjenige, den du wegen seines hässlichen Gesichts und seines leichtfertigen Lebenswandels gering schätzt, eine Gabe des Himmels und ein Hauch Gottes ist.

Vielleicht hast du einmal Gelegenheit, am selben Tag einen Palast und eine Hütte zu betreten; du verlässt den Palast ehrfürchtig und die Hütte voller Mitleid. Doch wenn du den Schleier zerreißen könntest, den deine Sinne aufgrund von Äußerlichkeiten weben, dann würde deine Ehrerbietung dahinschmelzen bis auf den Rest eines Bedauerns,

und dein Mitleid würde einem Gefühl der Hochachtung Platz machen.
Es mag sein, dass du zwischen dem Morgen und dem Abend eines Tages zwei Männern begegnest: der erste spricht zu dir mit einer Stimme, in der das Brausen des Sturmes widerhallt, während seine Bewegungen den Schrecken einer Armee verkörpern; der zweite dagegen spricht leise und ängstlich zu dir mit zitternder Stimme und zögernden Worten. Dann bescheinigst du dem ersten Mut und Entschlossenheit, dem zweiten aber Schwäche und Unentschiedenheit. Doch wenn du den beiden wieder begegnest, nachdem ihr Schicksal sie vor schwierige Entscheidungen gestellt hat oder gar vor die Forderung, sich selbst für eine Idee zu opfern, so magst du entdecken, dass die zur Schau getragene Verwegenheit keine Tapferkeit ist und die scheue Verlegenheit keine Feigheit.
Vielleicht siehst du, wenn du eines Tages aus dem Fenster deines Hauses blickst, auf der rechten Straßenseite unter den Passanten eine Nonne und auf der Linken eine sehr aufgeputzte junge Frau. Dein erster Gedanke wird wohl sein, wie vornehm die eine ist und wie gewöhnlich die andere. Doch wenn du eine Weile mit geschlossenen Augen lauschst, wirst du den Wind flüstern hören: diese beschwört sich mit Gebeten, jene erwartet mich sehnsüchtig, und in den Herzen beider gibt es einen Platz für mich.
Es ist möglich, dass du auf dieser Welt herumreist auf der Suche nach dem, was man Zivilisation und Fortschritt nennt. Auf dieser Reise gelangst du in eine Stadt mit prächtigen Palästen, hohen, herrlichen Häusern und breiten Straßen. Die Menschen dieser Stadt hasten und eilen hierhin und dorthin; die einen durchqueren unterirdische Tunnels, die andern überfliegen die Stadt, sie telefonieren und telegrafieren, und alle sind so elegant gekleidet, als ob sie an einem Fest teilnähmen.

Einige Tage später führt dich dein Weg in eine andere Stadt mit kleinen, unsichtbaren Häusern und engen Gassen. Wenn es dort regnet, gleicht die Stadt einer treibenden Insel in einem Meer aus Schlamm und Morast, und wenn dort die Sonne scheint, ist die ganze Stadt in eine Staubwolke gehüllt. Ihre Bewohner sind einfache Leute, sie gehen gemächlich und arbeiten geruhsam, und sie schauen dich an mit Blicken, die etwas wahrzunehmen scheinen, das weit von dir entfernt ist.
Du verlässt ihre Stadt verächtlich, indem du dir insgeheim sagst: Der Unterschied zwischen diesen beiden Städten ist wie der zwischen Leben und Agonie. Hier liegt die Macht, der Flut des Meeres gleich – und dort ist die Schwäche, der Ebbe gleich. Hier sieht man den Eifer des Frühlings und Sommers, dort die Trägheit des Herbstes und Winters. Hier erlebt man die Regsamkeit und Ausdauer der Jugend, die im Garten tanzt, dort die Schwäche und Trägheit der Greise, die auf der Asche liegen. Wenn du aber diese beiden Städte im Licht Gottes betrachten könntest, würdest du in ihnen zwei einander ähnliche Bäume in einem Garten erkennen. Vielleicht entdeckst du dann auch ihre Wirklichkeit, nämlich dass alles, was du in der einen für Fortschritt und Zivilisation hieltest, nur glänzende Wasserblasen sind, die sich in nichts auflösen, und dass das, was dir als Trägheit in der anderen Stadt erschien, ihr verborgenes Wesen ist, das Bestand und Dauer hat.
Das Leben vollzieht sich nicht an der Oberfläche, sondern im Verborgenen. Es kommt nicht auf die äußere Schale der Dinge an, sondern auf ihren inneren Kern, und die Menschen erkennt man nicht an ihren Gesichtern, sondern an ihren Herzen. Religion beschränkt sich nicht auf das, was ihre Tempel ausstellen und ihre Riten und Traditionen verkünden, sondern darauf, was sich in den Seelen verbirgt und welche Vorsätze in die Tat umgesetzt werden.

Kunst besteht nicht in den Hebungen und Senkungen einer Melodie, die man hört, auch nicht in den Glockenklängen eines Gedichts, dem man lauscht, und nicht in den Linien und Farben eines Bildes, das man betrachtet. Vielmehr besteht sie aus jenen Pausen des Schweigens, die sich zwischen den Hebungen und Senkungen einer Melodie ausdehnen; sie besteht aus dem, was in dich einströmt von den stillen, nicht zur Sprache gelangten Gedanken des Dichters, und aus dem, was ein Bild dir an Schönerem und Erhabenerem offenbart, als es seine Linien und Farben auszudrücken vermögen.
Bruder, die Tage und Nächte bestehen nicht nur aus ihrer äußeren Gestalt. Und ich, der sich im Reigen der Tage und Nächte bewegt, befinde mich in den Worten, die ich vor dir ausbreite, nur in dem Maße, wie sie dir mein schweigendes Innere enthüllen. So halte mich nicht für unwissend, bevor du mein verborgenes Wesen erkannt hast; und betrachte mich nicht als Genie, bevor du mich von dem entlehnten Wissen befreit hast; tadle mich nicht als geizig und engherzig, bevor du mein Herz siehst; und nenne mich nicht großzügig und freigebig, bevor du diejenigen kennen gelernt hast, die meine Freigebigkeit erfahren haben. Nenne mich erst einen Liebenden, nachdem du meine Liebe erfahren hast mit allem, was sie an Licht und Feuer enthält; und halte mich nicht für frei, bevor du meine blutenden Wunden berührt hast.

Meine Seele unter der Last ihrer Früchte

Meine Seele trägt schwer an ihren Früchten. Gibt es jemanden, der sie pflückt, sie isst und sich an ihnen labt? Gibt es unter den Menschen nicht einen, der gefastet hat und der so gütig ist, sein Fasten zu brechen, um mich zu befreien von der Last meines Überflusses und meiner Überfülle?

Meine Seele gleitet zu Boden unter der Last von Gold und Silber. Gibt es unter den Menschen jemanden, der seine Taschen damit füllt und meine Bürde erleichtert?

Meine Seele strömt über vom Wein der Ewigkeit. Gibt es jemanden, der durstig ist, der ihn einschenkt und trinkt, um seinen Durst damit zu löschen?

Ein Mann am Straßenrand. Er streckt seine mit Edelsteinen gefüllte Hand den Vorübergehenden entgegen und ruft: Erbarmt euch und nehmt von meiner Habe! Habt Mitleid und teilt meinen Besitz mit mir! Doch die Leute laufen an ihm vorüber, ohne ihn zu beachten. Wäre er doch ein Bettler, der den Passanten eine leere, zitternde Hand entgegenstreckt, die er leer und zitternd zurückzieht! Wäre er doch lahm und blind, und die Menschen gingen teilnahmslos an ihm vorbei! Aber er ist wohlhabend und freigebig. Er hat sein Zelt in der weiten, unbekannten Wüste aufgerichtet, am Fuß des Berges. Jeden Abend entfacht er ein Feuer, um Reisende gastlich aufzunehmen und ihnen ein Mahl zu bereiten. Er schickt seine Diener aus, damit sie auf den nächtlichen, finsteren Pfaden Ausschau halten nach Vaganten und Verirrten, um sie reich zu bewirten und zu beschenken. Doch die Wege sind geizig; sie bescheren ihm niemanden, den er empfangen und beschenken könnte.

Wäre er doch ein Landstreicher, der im Land umherstreift, in seiner Hand ein Stab und am Arm einen Ledereimer[1], und wenn der Abend kommt, würden die Wegkreuzungen ihn mit seinen Gefährten, den anderen Landstreichern und Vagabunden, zusammenführen. Er würde sich zu ihnen setzen und das Brot des Almosens mit ihnen teilen.
Die Tochter des mächtigen Königs erwachte aus ihrem Schlaf. Sie erhob sich von ihrem Lager und legte ihre purpurnen Gewänder an; dann schmückte sie sich mit Perlen und Saphiren, streute wohlriechenden Moschus auf ihre Haare und tauchte ihre Finger in das duftende, flüssige Ambra. So trat sie in den Schlossgarten hinaus und ging dort spazieren, und die Tautropfen befeuchteten den Saum ihres purpurnen Gewandes. In der Stille der Nacht ging die Tochter des mächtigen Königs durch die paradiesischen Gärten, auf der Suche nach einem Geliebten. Doch im Königreich ihres Vaters fand sich niemand, der sie liebte.
Wäre sie die Tochter eines der Hirten, der die Schafe ihres Vaters in den Tälern hütet. Am Abend käme sie in die Hütte ihres Vaters zurück – mit Staub bedeckten Füßen und umfangen vom Duft der Weinreben, der in den Falten ihres Kleides haftete. Wenn dann die Nacht hereinbricht und die Bewohner der Umgebung schlafen, führten ihre Schritte sie dorthin, wo ihr Geliebter auf sie wartete.
Oder wäre sie eine Nonne in einem Kloster, die ihr Herz – dem Weihrauch gleich – verbrennen würde, so dass die Luft erfüllt wäre vom Wohlgeruch ihres Herzens, und ihr Geist würde – einer Kerze gleich – brennen und die Luft erhellen und erwärmen. Sie kniete im Gebet versunken, und die verborgenen Geister würden ihre Gebete in die Schatzkammern der Ewigkeit tragen, wo die Gebete der

1 zum Wasserschöpfen am Ziehbrunnen

Diener Gottes aufbewahrt werden, zusammen mit den Qualen der Liebenden und den Eingebungen derer, die sich in die Einsamkeit zurückziehen.

Wäre sie doch eine Greisin, die in der Sonne sitzt und sich an ihren Strahlen wärmt, die diesen Morgen mit ihr teilen. Das wäre besser als die Tochter des mächtigen Königs zu sein, die im ganzen Königreich ihres Vaters niemanden findet, dem ihr Herz das Brot des Lebens bedeutet und ihr Blut den Wein des Lebens.

Meine Seele trägt schwer an ihren Früchten. Gibt es auf der Erde jemanden, der hungrig ist, der sie pflückt, isst und sich an ihnen labt?

Meine Seele strömt über vom Wein. Gibt es jemanden, der durstig ist, der ihn einschenkt und trinkt, um seinen Durst damit zu stillen?

Wäre ich ein Baum, der weder blüht noch Früchte trägt, denn die Qualen ungenutzter Fruchtbarkeit sind bitterer als die Leiden der Unfruchtbarkeit! Und die Qualen eines Reichen, von dem man nichts annimmt, sind größer als die Verzweiflung eines Armen, der nichts erhält.

Wäre ich ein ausgetrockneter Brunnen, in den die Menschen Steine werfen. Es wäre besser als eine Quelle frischen Wassers zu sein, an der die Durstigen vorbeigehen, ohne ihren Durst zu löschen. Wäre ich doch ein zermalmtes Rohr, auf das man mit Füßen tritt. Es wäre besser als eine Gitarre mit silbernen Saiten zu sein in einem Haus, dessen Besitzer keine Hände hat und dessen Bewohner taub sind.

Eine Hand voll Sand

Die Qual der Liebe singt,
die Qual der Erkenntnis spricht,
die Qual des Verlangens flüstert,
und die Qual der Armut klagt.
Aber es gibt eine Qual, die tiefer ist als die Liebe, erhabener als die Erkenntnis, stärker als das Verlangen und bitterer als die Armut. Doch sie ist stumm und sprachlos, nur ihre Augen glänzen wie Sterne.

Wenn du dich bei deinem Nachbarn über dein Unglück beklagst, öffnest du ihm einen Teil deines Herzens. Hat er eine großmütige Seele, so dankt er dir dafür; ist sie aber kleinmütig, verachtet er dich deshalb.

Fortschritt besteht nicht in der Verbesserung dessen, was war, sondern in der Ausrichtung auf das, was sein wird.

Die Unterwürfigkeit ist ein Schleier, der die Gesichtszüge des Stolzes verbirgt; und die Anklage ist eine Maske, die das Gesicht des Unglücklichen bedeckt.

Wenn der Wilde Hunger hat, pflückt er eine Frucht vom Baum und isst sie. Wenn der Zivilisierte hungrig ist, kauft er die Frucht von dem, der sie demjenigen erstand, der sie gepflückt hat.

Die Kunst ist ein Schritt vom sichtbaren Bekannten zum verborgenen Unbekannten.

Manche Menschen drängen mich, ihnen zu vertrauen, um meine Nachsicht zu erfahren.

Kaum hatte ich die Gesinnung eines Menschen erkannt, da betrachtete er mich als sein Schuldner.

Wenn die Erde atmet, leben wir; wenn sie ihren Atem anhält, sterben wir.

Das Auge des Menschen ist wie ein Fernglas; es zeigt ihm die Erde größer, als sie in Wirklichkeit ist.

Einer Nation, die Frechheit als Mut betrachtet und Nachgiebigkeit als Feigheit, fühle ich mich nicht mehr zugehörig.

Ich sage mich los von Menschen, die Geschwätzigkeit mit Wissen gleichsetzen, Schweigen mit Unwissenheit und das Künstliche mit Kunst verwechseln.

Ich habe nie gehasst, ohne dass der Hass eine Waffe war, mit der ich mich verteidigte. Wenn ich nicht schwach wäre, hätte ich diese Waffe nicht nötig.

Man empfahl mir: Wenn du einen schlafenden Sklaven siehst, wecke ihn nicht, damit er nicht an seine Freiheit denkt. Ich aber sage: Wenn du einen schlafenden Sklaven siehst, so wecke ihn und sprich mit ihm über die Freiheit!

Widerspruch ist ein niedriger Grad von Intelligenz.

Das Schöne fesselt uns, aber das Schönste befreit uns von uns selbst.

Die Begeisterung ist ein Vulkan, auf dessen Kraterrand kein Gras des Zögerns und Zauderns wächst.

Der Fluss setzt seinen Weg zum Meer fort, ob das Rad der Mühle gebrochen ist oder nicht.

Der Schriftsteller wurde aus Gefühl und Gedanken geschaffen, dann erst wurde ihm die Gabe des Wortes verliehen. Der Gelehrte hingegen wurde aus Worten geschaffen, und später erst erhielt er ein wenig Gefühl und Denkvermögen.

Sie halten mich für scharfsichtig und adleräugig, weil ich sie durch ein Gitter betrachte.

Weder deine Freude noch dein Kummer vergrößern sich, ohne dass die Welt in deinen Augen kleiner wird.

Wissen vermehrt die Saat, doch es streut sie nicht aus.

Es ist möglich, dass in der Schwierigkeit, die uns eine Sache bereitet, der einfachste Weg zu ihr liegt.

Hätte der Urahn von Jesus gewusst, wer aus ihm hervorginge, so hätte er sich selbst gegenüber wohl Demut und Achtung empfunden.

Die Liebe ist Glück, das erbebt.

Du isst schnell und du läufst langsam; hast du etwa mit deinen Füßen gegessen und bist auf deinen Handflächen gelaufen?

Den Schmerz der Einsamkeit fühlte ich erst, als die Menschen den Fehler meiner Geschwätzigkeit lobten und die Tugend meines Schweigens schmähten.

Unter den Menschen gibt es Mörder, die kein Blut vergossen haben, Diebe, die nichts gestohlen haben, und Lügner, die nichts als die Wahrheit sagen.

Die Wahrheit, die einen Beweis braucht, ist die halbe Wahrheit.

Halt mich fern von der Weisheit, die nicht weint, von der Philosophie, die nicht lacht, und von der Größe, die sich nicht vor Kindern verneigt.

O geistiges Wesen, das in den sichtbaren Dingen der Schöpfung verborgen ist, das ihnen und durch sie gegenwärtig ist. Du hörst mich, weil du auch in mir anwesend bist, und du siehst mich, weil du der Tiefblick aller Lebewesen bist. Leg ein Samenkorn deiner Weisheit in meine Seele, damit sie zu einem Ableger in deinem Wald erblühe und Früchte von deinen Früchten hervorbringe.

Ein Schiff im Nebel

Dies ist die Geschichte eines Mannes, der uns in einer Nacht, die in eine Schneedecke eingehüllt war und unter den Hieben des Windes erzitterte, in seinem einsamen und abgelegenen Haus versammelte, das an einem Hang des Qadische-Tales steht. Während er mit der Spitze seines Stockes, den er in der Hand hielt, in der Asche herumstocherte, begann er zu erzählen:

Ihr verlangt, meine Freunde, dass ich euch das Geheimnis meiner Traurigkeit enthülle. Ihr wollt, dass ich euch die Tragödie erzähle, an die das Gedächtnis mein Herz Tag und Nacht erinnert. Meine Verschwiegenheit und Zurückhaltung haben euch verdrossen, und meine Klagen und Seufzer haben euch beruhigt.

Ihr sagtet euch: Wenn dieser Mann uns nicht in den Tempel seiner Leiden eintreten lässt, wie können wir dann das Haus seiner Freundschaft betreten? Und ihr habt Recht, meine Freunde, wer uns nicht an seinem Leiden teilnehmen lässt, wird auch nichts anderes mit uns teilen. So hört also meine Geschichte. Hört zu, ohne mich zu bemitleiden, denn das Mitleid gilt den Schwachen, und ich bin stark – selbst in meinem Kummer.

Seit dem Morgenrot meiner Jugend sah ich in meinen Wachträumen ebenso wie in den nächtlichen Träumen den Schatten einer schönen Frau von seltener Art und bemerkenswerten Vorzügen. Ich sah sie in einsamen Nächten vor meinem Bett stehen. Wenn es ganz still wurde, hörte ich ihre Stimme; ich schloss meine Augen und lauschte ihr. Dann fühlte ich ihre Finger meine Stirn berühren, und ich

stand erschrocken auf und lauschte angespannt in das Flüstern des Nichts.
Zuweilen fragte ich mich besorgt: Hat mich meine Phantasie so genarrt, dass ich im Nebel umherirre? Habe ich aus dem Dunst meiner Träume eine Frau geschaffen mit schönem Gesicht, süßer Stimme und zarter Hand, die an die Stelle einer wirklichen Frau tritt?
Ist mein Geist so verwirrt, dass er sich aus den Schatten seiner Vorstellungen und Wünsche eine Begleiterin geformt hat, die ich liebe, auf die ich höre und auf die ich mich verlasse? Ich entferne mich von den Menschen, um ihr nahe zu sein, und ich verschließe Augen und Ohren vor allen Bildern und Stimmen des Lebens, um nur ihr Bild zu sehen und ihre Stimme zu hören. Bin ich ein Wahnsinniger, dem es nicht genügt, sich in die Einsamkeit zurückzuziehen, der sich vielmehr aus den Phantomen der Einsamkeit noch eine Gefährtin und Begleiterin schafft?
Ich sagte »Gefährtin«, und ihr findet das Wort in diesem Zusammenhang befremdend. Doch es gibt manche Erfahrungen, die uns befremden, die wir sogar leugnen und bestreiten, da sie uns unmöglich erscheinen, aber die Befremdung und das Leugnen können die Wirkung und Wirklichkeit in unserer Seele dennoch nicht auslöschen. Jene imaginäre Frau war tatsächlich meine Lebensgefährtin. Sie nahm an allem teil und teilte alles mit mir, was das Leben bereithält an Überraschungen und Spannungen, an Freuden und Wünschen. Nie erwachte ich am Morgen, ohne sie vor mir zu sehen, gestützt auf das Kissen meines Bettes, und sie schaute mich an mit Blicken, in denen sich die Reinheit der Jugend und ein Gefühl der Mütterlichkeit vereinten. Ich tat nie etwas, ohne dass sie mir dabei half. Nie setzte ich mich zum Essen an den Tisch, ohne dass sie mir gegenüber saß und mich in einen Meinungs- und Gedankenaustausch verwickelte. Und es verging kaum ein

Abend, ohne dass sie zu mir kam und mich einlud: Komm, lass uns ein wenig zwischen den Hügeln und Hängen spazieren gehen; wir waren nun lang genug in diesen vier Wänden. Und ich ließ meine Arbeit und ging mit ihr hinaus, indem meine Hand die ihre umschloss, bis wir die Felder erreichten, auf die sich der Schleier des Abends gesenkt hatte. Umgeben vom Zauber der Natur setzten wir uns nebeneinander auf einen hohen Felsen und betrachteten die Abendröte in der Ferne. Manchmal zeigte sie auf Wolken, die die Strahlen des Sonnenuntergangs vergoldeten, und manchmal beobachtete sie mich, wenn ich dem Gesang eines Vogels lauschte, der ein Lied des Dankes anstimmte, bevor er zum Schlaf ins Blätterwerk flüchtete.

Wie viele Male trat sie in mein Zimmer ein, während ich dort unruhig und angestrengt arbeitete, und ich sah sie erst, wenn sich meine Unruhe plötzlich in Ruhe wandelte und meine Anstrengung in Zuversicht.

Wie oft geschah es, dass ich Menschen traf, und in meinem Geist erhob sich eine Armee, die gegen alles rebellierte, was ich in ihren Seelen hasste. Doch kaum hatte ich ihr Gesicht unter den anderen Gesichtern entdeckt, da verwandelte sich der Sturm in meinem Inneren in himmlische Gesänge.

Wie viele Male saß ich einsam, mein Herz war durchbohrt vom Schwert der Sorgen und der Kümmernisse des Lebens, und um meinen Hals hing eine Kette aus Schwierigkeiten und Existenzproblemen. Dann sah ich sie plötzlich vor mir stehen und mich mit strahlenden Augen ansehen, und meine Wolken lösten sich allmählich auf, mein Herz erwärmte sich, und das Leben erschien mir aufs Neue – vor meinem inneren und äußeren Auge – als ein Paradies der Freude und des Glückes.

Ihr wollt wissen, meine Freunde, ob ich mit diesem außergewöhnlichen und sonderbaren Zustand zufrieden war. Ihr fragt euch, ob sich ein Mann – in der Blüte seiner Jugend –

mit etwas begnügen kann, das ihr als Einbildung, als Phantasterei oder gar als Hirngespinst abtut.
Ich kann euch versichern, dass die Jahre, die ich auf diese Weise verbracht habe, zum Kostbarsten gehören, was ich seitdem an Schönheit und Glück, an Wonnen und Entspannung erlebt habe. Ich versichere euch, dass ich zusammen mit meiner imaginären Begleiterin ein absolut freier Gedanke war, der im Sonnenlicht umherstreift, der auf der Oberfläche des Meeres dahingleitet und in Vollmondnächten lustwandelt, der sich an Gesängen erfreut, die kein Ohr gehört hat, und vor Landschaften anhält, die kein Auge gesehen hat.
Das ganze Leben besteht darin, was wir mit unserem Geist erleben, und unser ganzes Sein setzt sich aus dem zusammen, was unser Geist erkannt und verwirklicht hat – und wir sind darüber beglückt oder wir leiden darunter. Ich habe diese Erfahrungen jeden Tag und jede Nacht aufs Neue gemacht, bis ich dreißig Jahre alt wurde.
Hätte ich dieses dreißigste Jahr doch nie erlebt! Tausendundeinmal wünschte ich mir, dass ich gestorben wäre, bevor ich dieses Jahr erreichte, das mir das Herz des Lebens raubte und das Blut in meinen Adern stocken ließ. Ich blieb zurück wie ein vertrockneter, entlaubter, einsamer Baum, dessen Zweige sich nicht mehr zu den Weisen des Windes wiegen und in dessen Blätter und Blüten die Vögel keine Nester mehr bauen ...

Unser Erzähler verharrte eine Weile schweigend mit abgewandtem Kopf und geschlossenen Augen. Seine Arme liegen schlaff und kraftlos auf dem Sessel, und er erweckt den Anschein der personifizierten Verzweiflung. Wir schwiegen und warteten darauf, dass er seine Erzählung fortsetzte. Da öffneten sich seine Lider, und mit brüchiger Stimme, die aus den Tiefen einer verwundeten Seele kam, fuhr er fort:

Ihr erinnert euch vielleicht daran, meine Freunde, dass mich der Gouverneur dieses Gebirges vor zwanzig Jahren mit einem wissenschaftlichen Auftrag in die Stadt Venedig schickte und mir ein Schreiben an den Gouverneur dieser Stadt mitgab, dessen Bekanntschaft er in Konstantinopel gemacht hatte.

Ich verließ den Libanon auf einem italienischen Schiff – es war im April, und der Geist des Frühlings vibrierte im Herzen des Windes, er kräuselte die Wellen des Meeres und erschien in schönen, wechselnden Bildern aus dichten weißen Wolken am Horizont. Wie kann ich euch diese Tage und Nächte beschreiben, die ich an Bord des Schiffes verbrachte? Die Worte, die den Menschen bekannt sind, reichen nicht aus, um das auszudrücken, was menschliche Sinne empfinden und wahrnehmen können. Und der Geist ahnt darüber hinaus Dinge, die auch die Wahrnehmung und Empfindung überschreiten, die um vieles subtiler und feiner sind als das Gefühl. Und wie soll ich euch all das mit Worten beschreiben?

Die Jahre, die ich mit meiner imaginären Gefährtin verbrachte, waren angefüllt von Zuneigung und Vertrautheit und eingehüllt in Stille und Einverständnis. Es kam mir nicht in den Sinn, dass hinter dem Schleier meines Glücks das Leid auf mich wartete und dass sich auf dem Grund meines Kelches die Bitterkeit befand. Ich empfand keine Furcht vor dem Verwelken einer Blume, die über den Wolken wächst, und dem Verklingen eines Liedes, das die Nymphen der Morgenröte angestimmt hatten.

Als ich diese Hügel und Täler verließ, saß meine Gefährtin neben mir in dem Fahrzeug, das uns an die Küste brachte. Und in den drei Tagen, die ich vor meiner Abreise in Beirut verbrachte, wich sie nicht von meiner Seite, wohin ich auch ging und wo immer ich mich aufhielt. Nie traf ich mich mit einem Freund, ohne dass ich sah, wie sie ihm zulä-

chelte, ich besuchte keine Stätte, ohne dass ich ihre Hand in der meinen fühlte, und ich saß abends nie auf dem Balkon des Hauses und hörte auf die Stimmen der Stadt, ohne dass sie an meiner Seite saß, an meinen Betrachtungen teilnahm und meine Überlegungen teilte.
Aber in dem Augenblick, als das kleine Boot mich vom Beiruter Hafen wegtrug, als ich an Deck des großen Passagierdampfers ging, da fühlte ich eine spürbare Veränderung in der Atmosphäre und in meinem Herzen. Ich spürte, wie eine unsichtbare starke Hand meinen Arm ergriff, und ich hörte eine Stimme in mein Ohr flüstern: Geh zurück, woher du gekommen bist! Steig wieder in das kleine Boot und kehre zurück an die Ufer deiner Heimat, bevor das Schiff die Anker lichtet!
Das Passagierschiff stach in See, und ich befand mich an Bord des Schiffes wie ein Vogel zwischen den Krallen eines Geiers, der hoch oben im Himmelsraum schwebt.
Als der Abend kam und die Berge des Libanon allmählich im Dunst des Meeres verschwanden, stand ich allein am Bug des Schiffes, und die Begleiterin meiner Träume, die Frau, die mein Herz liebt, die Gefährtin meiner Jugend, war nicht bei mir. Das holde junge Mädchen, dessen Gesicht ich gesehen hatte, sooft ich zum Blau des Himmels blickte, und dessen Stimme ich gehört hatte, sooft ich in die Stille lauschte, und dessen Hand ich gefühlt hatte, sooft ich meine Hand ausstreckte, es war nicht auf diesem Schiff. Und zum allerersten Mal fühlte ich mich elend, einsam und allein – im Angesicht der Nacht, des Meeres und des Himmels.
Diese Situation dauerte an, obgleich ich nach allen Seiten ging und im Herzen nach meiner Begleiterin rief; ich blickte lange in die sich brechenden Wellen – in der Hoffnung, ihr Gesicht in der weißen Gischt zu entdecken. Um Mitternacht, als die Passagiere sich in ihre Kabinen zu-

rückgezogen hatten, blieb ich allein an Deck zurück, verwirrt, verloren und unruhig. Da sah ich sie plötzlich – einige Schritte von mir entfernt – im Nebel stehen. Ich erschrak, streckte meine Hand nach ihr aus und sagte: Warum hast du mich verlassen? Warum hast du mich in diese Einsamkeit verbannt? Wohin bist du gegangen? Wo warst du, meine Begleiterin? Komm näher zu mir! Komm, und verlass mich nie mehr!

Sie kam nicht näher, sondern blieb unbeweglich stehen. Auf ihrem Gesicht lag ein Ausdruck tiefen Leids, so erschreckend, wie ich es nie zuvor in meinem Leben gesehen hatte, und mit schwacher Stimme antwortete sie: Ich komme aus der Tiefe des Abgrunds, um dich für einen Augenblick zu sehen. Ich muss nun wieder zurück. Geh in deine Kabine und überlass dich dem Schlaf und den Träumen. Nach diesen Worten löste sie sich wieder in Nebel auf und verschwand. Ich rief nach ihr mit der Hartnäckigkeit eines Kindes, das sich verirrt hat. Ich streckte meine Arme in alle Richtungen aus, doch ich fühlte nichts als die Luft, die schwer war vom Tau der Nacht.

Ich ging in meine Kabine, während in meinem Geist die widersprüchlichsten Gefühle miteinander kämpften; ich befand mich im Inneren dieses Schiffes als ein anderes Schiff im Meer der Verzweiflung und Verirrung. Doch es war erstaunlich: kaum hatte ich meinen Kopf auf das Kissen gelegt, als ich in meinen Lidern eine bleierne Schwere spürte, mein ganzer Körper war wie betäubt. Ich fiel sogleich in einen tiefen Schlaf, aus dem ich erst am andern Morgen aufwachte. In dieser Nacht träumte ich von meiner Begleiterin: Ich sah sie an einen blühenden Apfelbaum gekreuzigt, das Blut tropfte von ihren Handflächen und von ihren Füßen auf die Äste und Zweige des Baumes und auf das Gras, und die Blutstropfen vermischten sich mit den abgefallenen Blüten des Apfelbaums.

Das Schiff glitt Tag und Nacht dahin zwischen zwei Abgründen, und ich befand mich an Deck, nicht wissend, ob ich ein Mensch war, der in einer Mission in ein fernes Land reiste, oder vielmehr ein Phantom, das im leeren, nur aus Dunst bestehenden Kosmos umherirrte. Nie mehr spürte ich die Nähe meiner Begleiterin, nie mehr sah ich ihr Gesicht, weder beim Wachen noch im Schlaf. Vergeblich betete und flehte ich zu einer verborgenen Macht und bat sie, mich das Echo ihrer Stimme hören, einen Schatten ihres Schattens erspähen oder mich eine Spur ihrer Finger auf meiner Stirn fühlen zu lassen. Während der vierzehntägigen Überfahrt blieb meine Lage unverändert. Am Mittag des fünfzehnten Tages erschien in der Ferne die Küste Italiens, und am Abend dieses Tages lief das Schiff im Hafen von Venedig ein. Buntgefärbte und bemalte Gondeln näherten sich, um die Passagiere und ihr Gepäck in die Stadt zu bringen.

Ihr wisst, Freunde, dass Venedig auf zehn kleinen Inseln erbaut wurde. Die Wasserstraßen erwecken Erstaunen und Bewunderung; die Fundamente der Paläste und Villen stehen im Wasser, und die Gondeln ersetzen die Verkehrsmittel.

Nachdem ich aus dem Schiff in die Gondel gestiegen war, fragte mich der Gondoliere nach meinem Ziel. Als ich ihm den Namen des Stadtgouverneurs nannte, schaute er mich aufmerksam und ehrerbietig an, bevor er damit begann, das Wasser mit seinem Ruder zu bearbeiten.

Die Gondel glitt durch die Nacht, die ihre dunkle Decke über die Stadt gelegt hatte. Umso heller leuchteten die Lichter aus den Fenstern der Paläste, Kirchen und Tempel, und ihre Strahlen spiegelten sich im Wasser und funkelten und glitzerten um die Wette. Da erschien Venedig wie der Traum eines Dichters, faszinierend durch den fremdartigen Anblick und den Zauber dieser Stadt. Kaum hatten wir die

Kreuzung des ersten Kanals erreicht, als unzählige Glocken zu läuten begannen und die Luft der Stadt erfüllten mit ihren ehernen, ernsten und feierlichen Klängen.
Obwohl ich mich im Zustand einer geistigen Bewusstlosigkeit befand, die mich von allen sichtbaren und äußeren Dingen abschirmte, durchbohrten diese gewaltigen Töne dennoch den Schild meines Herzens wie Nägel.
Die Gondel legte neben einer Steintreppe an, deren Stufen bis zum Quai vom Wasser umspült waren. Der Gondoliere wandte sich mir zu und zeigte mit seiner Hand auf einen Palast, der inmitten eines Parks stand, und sagte: Das ist sein Palast! Ich stieg aus der Gondel und ging auf den Palast zu, gefolgt von dem Gondoliere, der meinen Koffer auf seiner Schulter trug. Als wir den Eingang erreicht hatten, gab ich ihm seinen Lohn und schickte ihn weg.
Dann klopfte ich an die Tür, es wurde mir geöffnet und ich befand mich vor einer Schar von Hauspersonal und Dienern, die ihre Köpfe senkten und ihr Weinen und Schluchzen zu verbergen suchten. Angesichts dieses seltsamen Anblicks war ich ratlos und wusste nicht, wie ich mich verhalten sollte.
Nach einer Weile kam ein älterer Diener auf mich zu, schaute mich aus tränengeröteten Augen an und erkundigte sich nach meinem Wunsch. Ich fragte: Ist das nicht das Haus des Stadtgouverneurs? Er nickte, und ich reichte ihm den Brief, den mir der Gouverneur des Libanon mitgegeben hatte. Er sah schweigend auf die Adresse, dann ging er langsam zu einer Tür am Ende des Korridors.
Alles dies geschah, während ich gedankenlos und willenlos dastand. Da wandte ich mich an eine junge Dienerin und fragte sie nach dem Grund des allgemeinen Trauerns und Klagens. Sie antwortete: Wie seltsam! Wissen Sie nicht, dass die Tochter des Gouverneurs heute gestorben ist? Kaum hatte sie diese Worte ausgesprochen, da bedeckte sie ihr

Gesicht mit ihren Handflächen und begann wieder zu schluchzen.

Stellt euch meine Lage vor, Freunde, die Lage eines jungen Mannes, der die Meere durchquerte wie ein vager Gedanke einer Himmelsmacht – verloren zwischen der Gischt der Wellen und den grauen Wolken. Führt euch die Lage eines jungen Mannes vor Augen, der zwei Wochen lang zwischen den Wellen der Verzweiflung und den Schreien des Abgrunds dahinglitt, und nachdem er schließlich an das Ziel seiner Reise gelangt ist, sieht er sich an der Tür eines Hauses, in dem die Trugbilder der Qual und des Leids einhergehen und es mit Trauer und Klagen erfüllen. Stellt euch einen fremden jungen Mann vor, der um Gastfreundschaft bittet in einem Haus, über dem die Schatten des Todes liegen!

Der Diener, der meinen Brief seinem Herrn gebracht hatte, kam zurück und sagte zu mir: Bitte, mein Herr, der Gouverneur erwartet Sie. Er ging vor mir her und ich folgte ihm, bis wir eine Tür am Ende des Korridors erreichten. Er bat mich einzutreten, und ich betrat einen hohen und weiten Saal, der in Kerzenlicht getaucht war. Dort saßen einige Notablen und Kleriker, alle waren in tiefes Schweigen versunken.

Ich war gerade im Begriff, auf die Gruppe zuzugehen, als mir ein Greis mit weißem Bart entgegenkam, dessen Rücken von Sorgen gebeugt und dessen Gesicht vom Leid gezeichnet war. Er nahm meine Hand und sagte: Ich bedaure sehr, dass du aus einem fernen Land zu uns kommst und uns in Trauer antriffst über den Menschen, der uns der liebste war. Doch ich hoffe, dass unser Unglück dich nicht daran hindert, den Zweck deiner Reise auszuführen. Sei zuversichtlich, mein Sohn! Ich dankte ihm für seine Freundlichkeit und drückte ihm mein Mitgefühl für seinen großen Verlust durch einige konfuse Worte aus.

Der Greis führte mich zu einem Sessel, der neben dem seinen stand, und ich setzte mich schweigend zu denen, die still und ernst dasaßen. Verstohlen betrachtete ich ihre vom Schmerz gezeichneten Gesichter und hörte unterdrückte Seufzer, die auch in meiner Seele Kummer und Leid auslösten.

Nach einer Stunde etwa entfernten sich die Versammelten, einer nach dem anderen, und ich blieb allein zurück mit dem leidgeprüften Vater in diesem stummen Saal. Ich erhob mich und sagte: Erlauben Sie, mein Herr, dass auch ich Sie nun verlasse. Er entgegnete: Nein, mein Freund, gehen Sie nicht weg! Seien Sie unser Gast, sofern Sie unsere Trauer und unsere Seufzer ertragen können. Seine Worte beschämten mich, und ich nickte zustimmend. Da fuhr er fort: Ihr Libanesen seid ja die besten und aufmerksamsten Gastgeber. Bleiben Sie bei uns, damit ich Ihnen wenigstens davon zuteil werden lassen kann, was der Gast in Eurem Land an Gastfreundschaft erfährt.

Der Alte läutete mit einer silbernen Glocke. Da trat ein Diener in Gold besetzter Livree ein. Auf mich deutend, sagte ihm der Alte: Bring unseren Gast ins Ostzimmer und kümmere dich um Speisen und Getränke. Du bist mir für sein Wohlbefinden verantwortlich.

Der Diener führte mich in einen großen, prachtvollen Raum von gediegener Architektur und luxuriöser Einrichtung, dessen Wände mit bemalten Seidentapeten bespannt waren; in der Mitte stand ein fürstliches Bett, auf dem Seidenkissen und bestickte Decken lagen.

Als der Diener gegangen war, ließ ich mich in einen Sessel fallen und dachte über meine Lage in meiner neuen Umgebung nach, an dieses Exil, meine Einsamkeit und an die Ereignisse der vergangenen Stunden, der Ersten, die ich in einem fremden Land verbrachte. Der Diener kam mit einem Tablett zurück, das reichlich gefüllt war mit Speisen und Getränken, und stellte es vor mich hin. Ich aß und trank ein wenig ohne Appetit, dann schickte ich ihn wieder weg.

Zwei Stunden vergingen, indem ich bald im Zimmer auf und ab ging, bald am Fenster stand, die Stimmen der Gondolieri hörte und die Geräusche des Wassers und der Ruder vernahm, bis mich meine Wachheit ermüdete und die Gedanken sich in den Erscheinungen des Lebens und seiner Geheimnisse verloren. Da warf ich mich aufs Bett und lieferte mich der Bewusstlosigkeit aus, in der sich die Trunkenheit des Schlafes und die Klarheit des Wachens verbinden, in der Erinnerung und Vergessen alternieren wie Flut und Ebbe. Ich glich einem schweigenden Kampfplatz, auf dem sich zwei Armeen eine Schlacht lieferten, wobei die Reiter schweigend zu Boden fielen.

Ich erinnere mich nicht mehr, wie viele Stunden ich in diesem Zustand verbracht habe. Es gibt im Leben Zeiträume, die unsere Seele durchmisst und deren Dauer wir nicht mit zeitlichen Maßen messen können, die menschliches Denken geschaffen haben.

Nein, ich weiß nicht, wie viele Stunden ich in dieser Verfassung verbrachte. Alles, was mir von jener Zeit bewusst war und ist – von jener Zeit, in der ich so verwirrt war –, ist das Gefühl der lebendigen Gegenwart eines Menschen, der vor meinem Bett stand. Ich spürte eine vibrierende Gegenwart in meinem Raum, die Anwesenheit eines körperlosen, geistigen Wesens, das mich rief ohne Stimme und das mich einlud ohne Zeichen.

Ich stand auf, stürzte aus dem Zimmer ins Treppenhaus und lief, als ob mich eine höhere Macht antrieb und anzog, die mich völlig beherrschte. Ich lief willenlos wie ein Schlafwandler; ich lief in eine Welt, die außerhalb von Raum und Zeit liegt, bis ich das Ende des Korridors erreicht hatte. Dort trat ich in einen großen Saal, in dessen

Mitte ein Sarg stand, umgeben von Blumen und angestrahlt von Leuchtern. Ich näherte mich dem Schrein, kniete mich neben die aufgebahrte Tote und schaute in ihr Gesicht – in das Gesicht meiner Gefährtin –, ich sah das Gesicht der Begleiterin meiner Träume hinter dem Schleier des Todes. Ich sah die Frau, die ich über alle Liebe liebte. Ich sah sie als erstarrte, wächserne Leiche, in weißem Kleid, zwischen weißen Blumen aufgebahrt, und auf ihrem Antlitz lag das Schweigen der Unendlichkeit und der Schauer der Ewigkeit.

Gütiger Gott, Gott der Liebe, des Lebens und des Todes! Du bist es, der unseren Geist schuf und ihn in dieses Licht und diese Dunkelheit sandte. Du schufst unsere Herzen und ließest sie schlagen in Hoffnung und in Schmerzen. Du bist es, der mir meine Begleiterin als leblosen Körper vor Augen führt. Du führtest mich von einem Kontinent zum anderen, um mir den Tod mitten im Leben und den Schmerz in der Freude zu zeigen. Du bist es, der in der Wüste meiner Zurückgezogenheit und Einsamkeit eine weiße Lilie aufwachsen ließ; dann führtest du mich in ein entferntes Tal, wo ich diese Lilie verblüht und leblos wieder finde.

Ja, meine Freunde, Freunde in meiner Einsamkeit und Entfremdung, Gott hat es so gewollt! Er ließ mich diesen bitteren Kelch trinken. Sein Wille geschehe! Wir Menschen sind ja nur wie Staubkörner in einem grenzenlosen Weltraum. Uns bleibt nichts anderes übrig, als unser Geschick ergeben anzunehmen. Wenn wir lieben, ist unsere Liebe weder von uns noch für uns. Wenn wir uns freuen, ist unsere Freude nicht in uns, sondern im Leben selbst, und wenn wir leiden, leiden wir nicht an unseren Wunden, sondern im Schoß der verwundeten Natur.

Ich erzähle euch, meinen Freunden, diese Geschichte nicht, um mich zu beklagen. Wer klagt, zweifelt am Leben. Ich aber bin gläubig. Ich glaube an die Notwendigkeit der Bitterkeit, die sich uns in jeden Schluck aus den Kelchen der Nächte mischt. Ich glaube an die Schönheit der Nägel, die immer noch mein Herz durchbohren; ich glaube an die Güte der eisernen Finger, die den Schild meines Herzens zerschlugen.

Das ist meine Geschichte. Wie kann ich sie beenden, da sie doch ohne Ende ist? Ich blieb den Rest der Nacht vor der Leiche dieser Frau knien, die ich in meinen Träumen geliebt hatte. Ich betrachtete ihr Gesicht, bis die Finger des Morgenrots das Fensterglas berührten. Da kehrte ich in mein Zimmer zurück, gestützt auf die Leiden der Menschheit und gebeugt unter der Last der Ewigkeit.

Drei Wochen später verließ ich Venedig und kam in den Libanon zurück wie jemand, der Tausende von Jahrhunderten in den Tiefen der Zeit verbracht hat. Ich kehrte zurück wie jeder Libanese, der aus einer Fremde in eine andere Fremde kommt. Verzeiht mir, Freunde, ich habe viel zu lange gesprochen, verzeiht mir!

Sieben Stationen

Meine Seele tadelte mich siebenmal.

Das erste Mal, als ich versuchte,
mich auf Kosten der Erniedrigten zu erhöhen.

Das zweite Mal, als ich vor Lahmen
zu hinken vorgab.

Das dritte Mal, als ich zwischen Schwerem und
Leichtem zu wählen hatte – und dem Leichten
den Vorzug gab.

Das vierte Mal, als ich einen Fehler beging
und mich mit den Fehlern Anderer tröstete.

Das fünfte Mal, als ich Schwäche hinnahm
und es der Stärke meiner Geduld zuschrieb.

Das sechste Mal, als ich den Saum meines Gewandes
hob,
damit der Staub des Lebens es nicht beschmutzte.

Und das siebte Mal,
als ich ein Lied zum Lob Gottes anstimmte
und den Gesang für eine Tugend hielt.

Meine Seele ermahnte mich

Meine Seele ermahnte und lehrte mich zu lieben, was die Menschen hassen, und diejenigen zu schätzen, die sie herabsetzen. Sie erläuterte mir, dass die Liebe keine Auszeichnung für den Liebenden ist, sondern für den Geliebten.
Bevor meine Seele mich dies lehrte, erschien mir die Liebe als ein hauchdünner Faden, der zwischen zwei nahe stehenden Pflöcken ausgespannt ist.
Doch jetzt sehe ich sie als einen Glorienschein – ohne Anfang und Ende –, der jedes Wesen umgibt und sich allmählich ausbreitet, bis er alle in seinem Licht umfasst und vereint.

Meine Seele ermahnte und lehrte mich, die verborgene Schönheit in ihren Formen und Farben zu entdecken. Sie lehrte mich das, was die Menschen hässlich finden, so lange und so aufmerksam zu betrachten, bis es mir seine Schönheit offenbart.
Bevor meine Seele mich dies lehrte, sah ich die Schönheit als zitternde Fackeln inmitten von Rauchsäulen. Doch der Rauch löste sich auf, und ich sah nichts als die Flammen.

Meine Seele mahnte und lehrte mich, den Stimmen zu lauschen, die weder von den Lippen noch von der Kehle erzeugt werden.
Bevor meine Seele mich dies lehrte, waren meine Ohren stumpf. Sie hörten nur auf Lärm und Geschrei. Doch jetzt beginne ich, in die Stille zu lauschen, ich höre ihre Chöre Kantaten singen und Hymnen psalmodieren und die Geheimnisse der Ewigkeit offenbaren.

Meine Seele mahnte und lehrte mich zu trinken, was sich nicht auspressen und in Gläser füllen lässt, die man in die Hand nimmt und womit man seine Lippen berührt.
Bevor meine Seele mich dies lehrte, war mein Durst eine kleine züngelnde Flamme auf einem Hügel aus Asche, den ich mit einem Schluck Wasser aus einer Quelle löschen konnte. Doch jetzt ist die Sehnsucht mein Trinkbecher, ein brennender Durst ist mein Wein, und meine Einsamkeit ist mein Rausch. Mein Durst ist unstillbar. Und in dieser Qual eines nicht zu löschenden Durstes liegt eine Freude, die nicht vergeht.

Meine Seele ermahnte und lehrte mich zu berühren, was ohne Gestalt und Körper ist und sich aus dem Dunst noch nicht herauskristallisiert hat. Sie lehrte mich, dass die Berührung die Hälfte des Verstehens ist, denn wir ergreifen, was wir begehren.
Bevor meine Seele mich dies lehrte, gab ich mich zufrieden mit etwas Warmem, wenn mir kalt war, mit etwas Kaltem, wenn mir warm war, und mit einem von beiden, wenn mir weder kalt noch warm war. Jetzt aber verdunstet meine Berührung in feinen Nebel, der alles durchdringt, was in der Schöpfung sichtbar wird, und sich mit allem vereint, was unsichtbar ist.

Meine Seele ermahnte und lehrte mich, die Wohlgerüche einzuatmen, die keine Pflanze verströmt und keine Kohlenglut verbreitet.
Bevor mich meine Seele dies lehrte, war ich begierig auf die Düfte aus den Gärten, aus den Flakons und den Weihrauchbehältern. Doch jetzt nehme ich Wohlgerüche wahr, die weder durch Feuer noch durch ihr Vergießen entstehen. Ich atme Düfte ein, die es in keinem der Paradiese dieser Welt gibt und die kein Sephir in diese Welt fächelt.

Meine Seele ermahnte und lehrte mich, bereit zu sein, wenn das Unbekannte und die Gefahr nach mir rufen.
Bevor meine Seele mich dies lehrte, fühlte ich mich nur angesprochen, wenn ich die Stimme des Rufenden kannte, und ich ging nur auf Wegen, die ich erprobt hatte und die mir leicht erschienen.
Doch jetzt ist das Bekannte für mich ein Reittier, das ich besteige auf der Suche nach dem Unbekannten, und das Leichte ist wie eine Leiter, deren Sprossen ich erklimme, um die Gefahr zu erreichen.

Meine Seele ermahnte und lehrte mich, die Zeit nicht einzuteilen und zu sagen: das war gestern, das wird morgen sein.
Bevor meine Seele mich dies lehrte, stellte ich mir die Vergangenheit als eine Zeit vor, die nicht wiederkehrt, und die Zukunft als eine Zeit, die in unerreichbarer Ferne liegt. Doch jetzt habe ich erfahren, dass in einem Augenblick der Gegenwart die ganze Zeit enthalten ist mit allem, was sie in sich birgt an Wünschen und Erwartungen, an Verwirklichtem und Vollendetem.

Meine Seele ermahnte und belehrte mich, einen Ort nicht zu begrenzen, indem ich sage: hier, da und dort.
Bevor meine Seele mich dies lehrte, war es mir, als würde ich mich von einem Ort entfernen, wenn ich einen anderen aufsuchte. Doch jetzt habe ich erfahren, dass der Ort, an dem ich bin, jeden anderen einbezieht, und der Punkt, den ich auf einer Strecke einnehme, zugleich die ganze Strecke ist.

Meine Seele ermahnte und lehrte mich zu wachen, während die Bewohner meines Stadtteils schlafen, und schlafen zu gehen, wenn sie aufwachen.
Bevor meine Seele mich dies lehrte, sah ich die Träume

meiner Nachbarn nie, da ich schlief; und sie konnten meine Träume während ihres Schlummers auch nicht sehen. Doch jetzt schlafe ich und schwebe in der Welt der Träume, während sie mich wachend beobachten; anschließend träumen sie, während ich mich freue an ihrem Freiwerden und Verweilen in der Welt der Träume.

Meine Seele mahnte und lehrte mich, über ein Lob nicht entzückt zu sein, und einen Tadel nicht zu fürchten.
Bevor meine Seele mich dies lehrte, war ich im Zweifel über den Wert meiner Handlungen, bis jemand kam, der sie rühmte und rügte. Doch jetzt habe ich erfahren, dass die Bäume im Frühling blühen und im Sommer ihre Früchte reifen, ohne dass sie danach trachten, gelobt zu werden. Und sie verlieren ihre Blätter im Herbst, sind nackt und entblößt im Winter, ohne einen Tadel zu fürchten.

Meine Seele mahnte und lehrte mich und bestätigte mir, dass ich nicht höher gestellt bin als die Bettler und nicht weniger wert bin als die Großen und Mächtigen der Erde.
Bevor meine Seele mich dies lehrte, teilte ich die Menschen in zwei Kategorien ein: in Menschen, die schwach sind und denen mein Mitleid oder meine Missachtung gilt, und in Menschen, die stark sind, denen ich folge oder gegen die ich mich auflehne. Doch jetzt habe ich erfahren, dass ich ein Einzelwesen bin und zugleich der Baustein, aus dem die ganze Menschheit geschaffen ist. Mein Wesen ist ihr Wesen, meine Gesinnung ihre Gesinnung und meine Bestimmung ihre Bestimmung. Wenn sie Fehler begehen, bin ich mitschuldig; wenn sie Gutes tun, bin auch ich stolz darauf; wenn sie sich erheben, erhebe ich mich mit ihnen; und wenn sie sich zurückziehen, ziehe auch ich mich zurück.

Den Schmerz der Einsamkeit fühlte ich erst, als die Menschen den Fehler meiner Geschwätzigkeit lobten und die Tugend meines Schweigens schmähten.

Unter den Menschen gibt es Mörder, die kein Blut vergossen haben, Diebe, die nichts gestohlen haben, und Lügner, die nichts als die Wahrheit sagen.

Die Wahrheit, die einen Beweis braucht, ist die halbe Wahrheit.

Halt mich fern von der Weisheit, die nicht weint, von der Philosophie, die nicht lacht, und von der Größe, die sich nicht vor Kindern verneigt.

O geistiges Wesen, das in den sichtbaren Dingen der Schöpfung verborgen ist, das ihnen und durch sie gegenwärtig ist. Du hörst mich, weil du auch in mir anwesend bist, und du siehst mich, weil du der Tiefblick aller Lebewesen bist. Leg ein Samenkorn deiner Weisheit in meine Seele, damit sie zu einem Ableger in deinem Wald erblühe und Früchte von deinen Früchten hervorbringe.

Ihr habt euren Libanon und ich den meinen

Ihr habt euren Libanon und ich den meinen.
Ihr habt euren Libanon und seine Schwierigkeiten; ich habe meinen Libanon und seine Schönheit.
Ihr habt euren Libanon mit allem, was er an Vorurteilen und Kämpfen enthält; ich habe den meinen mit seinen Träumen und Wünschen.
Ihr habt euren Libanon und begnügt euch damit; ich habe meinen Libanon und gebe mich damit nicht zufrieden, denn mir genügt nur das Absolute.
Euer Libanon ist ein politisches Problem, das die Zeit zu lösen versucht; mein Libanon hingegen sind die Hügel, die sich sanft ins Blau des Himmels erheben.
Euer Libanon ist ein internationales Problem, das die Nächte aufwerfen; mein Libanon sind die stillen, verträumten Täler, in denen das Geläute der Glocken und das Gemurmel der Bäche zusammenklingen.
Euer Libanon ist ein Kampfplatz zwischen Menschen aus dem Morgenland und Menschen aus dem Abendland. Doch mein Libanon ist ein beflügeltes Gebet, das sich am Morgen erhebt, wenn der Hirte seine Schafe auf die Weiden führt, und das am Abend zum Himmel emporsteigt, wenn die Bauern aus ihren Feldern und Weinbergen heimkehren.
Euer Libanon ist eine Regierung, die sich aus vielen Köpfen zusammensetzt; mein Libanon ist das majestätisch aufragende Gebirge, das sich zwischen Meer und Ebene erhebt wie der Dichter zwischen einer Ewigkeit und der anderen.
Euer Libanon ist eine List, die der Fuchs anwendet, wenn er der Hyäne begegnet, und die Hyäne, wenn sie mit dem

Fuchs zusammentrifft; aber mein Libanon ist die Erinnerung an Freudenrufe junger Mädchen in Vollmondnächten und an Lieder junger Männer auf der Tenne – die an mein Ohr dringen.

Euer Libanon sind die Quadrate eines Schachbretts, auf dem sich ein religiöser und ein militärischer Chef im Spiel messen; mein Libanon jedoch ist ein Tempel, den ich im Geiste betrete, wenn ich erschöpft bin vom Anblick dieser Zivilisation, die sich auf Rädern bewegt.

Euer Libanon sind zwei Männer, von denen einer seine Steuern zahlt und der andere sie kassiert; mein Libanon ist ein einziger Mann, der auf seinem Arm gestützt im Schatten der Zedern weilt. Er hat sich von allem zurückgezogen – außer von Gott und dem Sonnenlicht.

Euer Libanon besteht aus Häfen, Postämtern und Handelskontoren; doch mein Libanon ist ein weitreichender Gedanke, ein entflammtes Gefühl und ein göttliches Wort, das die Erde ins Ohr des Weltraums flüstert.

Euer Libanon setzt sich zusammen aus Funktionären, Arbeitern und Direktoren; mein Libanon dagegen besteht aus der Ausbildung der Jugend, der Entschlossenheit der Erwachsenen und der Weisheit des Alters.

Euren Libanon bilden Abordnungen und Ausschüsse; mein Libanon aber sind die Begegnungen um einen Kamin in den Nächten, die erfüllt sind von der Furcht vor dem Gewitter und erhaben in der unberührten Reinheit des Schnees.

Euer Libanon ist zusammengefügt aus Konfessionen und Parteien; mein Libanon ist die Jugend, die die Felsen erklimmt, die mit den Flüssen um die Wette läuft und die Ball spielt auf den Plätzen.

Euer Libanon besteht aus Reden, Konferenzen und Diskussionen; mein Libanon hingegen aus dem Zwitschern der Amseln und Drosseln, aus dem Rascheln der Zweige von

Pappeln und Eichen und dem Echo der Flöten in Höhlen und Grotten.
Euer Libanon ist eine Lüge, verborgen hinter einer Maske falscher Intelligenz, er ist eine Heuchelei, eingehüllt in das Gewand der Überlieferung und Verstellung. Mein Libanon aber ist die schlichte und ungeschminkte Wahrheit; wenn du ins Wasser schaust, siehst du nichts anderes als sein ruhiges Gesicht und seine heiteren Gesichtszüge.
Euer Libanon basiert auf Papier füllenden Gesetzen und Artikeln, aus Verträgen und Vereinbarungen, die in Akten stehen; mein Libanon besteht aus den natürlichen Anlagen des Lebens, die nichts von sich selber wissen. Er ist eine Sehnsucht, die im Zustand des Wachens den Saum des Überirdischen berührt.
Euer Libanon ist ein Greis, der seinen Bart hält, seine Stirn runzelt und nur an sich selber denkt; mein Libanon ist ein Jüngling, der wie ein Turm aufrecht steht und wie der junge Morgen strahlt. Er bringt anderen die gleichen Gefühle und Empfindungen entgegen wie sich selbst.
Bald löst sich euer Libanon von Syrien, bald vereint er sich mit ihm; und in beiden Fällen bedient er sich einer List, um zwischen den beiden Extremen – der Bindung und der Lösung – auf halber Strecke zu verharren. Mein Libanon hingegen wird sich weder lösen noch verbinden, weder wird er sich überschätzen, noch wird er sich gering achten.

Ihr habt euren Libanon und ich den meinen.
Ihr habt euren Libanon und seine Söhne; ich habe meinen Libanon und seine Söhne.
Wer sind aber die Menschen eures Libanons? Schaut eine Weile her, damit ich euch die Wirklichkeit vor Augen führe: Eure Menschen sind diejenigen, die in den Krankenhäusern des Westens geboren wurden, deren Verstand im Schoße der Begierde erwachte. Sie sind biegsame Rohre,

die sich willenlos nach rechts oder links biegen und die am Morgen und Abend schwanken und beben, ohne es zu wissen. Sie sind wie Schiffe, die ohne Steuer und Ruder auf hohen Wellen treiben; ihr Steuermann ist das Zögern und ihr Hafen ist eine Geisterhöhle – ist nicht jede Hauptstadt in Europa eine Geisterhöhle? – Untereinander sind sie stark und redegewandt, doch Europäern gegenüber sind sie schwach und stumm.

Sie sind begeisterte Befreier und Reformer, aber nur in ihrer Presse und an ihren Rednerpulten; in Wirklichkeit sind sie Reaktionäre, die vor Europäern zurückweichen. Sie schreien wie die Frösche und behaupten, sie hätten sich von ihrem alten, tyrannischen Feind befreit, doch ihr alter tyrannischer Feind befindet sich in ihrem Inneren.

Sie sind diejenigen, die tanzend und musizierend einen Leichenzug anführen. Wenn sie aber einem Hochzeitszug begegnen, verwandelt sich ihr Musizieren in Klagelieder, und statt zu tanzen, klopfen sie sich an die Brust und zerreißen ihre Kleider. Sie kennen keinen Hunger, und wenn sie jemandem mit geistigem Hunger begegnen, lachen sie über ihn und tun seine Not als Einbildung und Hirngespinst ab. Sie sind Sklaven, deren rostige Ketten die Zeit durch glänzende Ketten ersetzt hat; und sie glauben nun, in die Freiheit entlassen zu sein.

Das sind die Söhne eures Libanon. Gibt es unter ihnen einen, der die Kühnheit der Felsen des Libanon verkörpert, die Erhabenheit seiner Gipfel, die Reinheit seines Wassers und den Wohlgeruch seiner Luft?

Gibt es einen unter ihnen, der zu sagen wagt: Wenn ich sterbe, lasse ich meine Heimat ein wenig besser zurück, als ich sie bei meiner Geburt vorfand. Oder jemanden, der sagen könnte: Mein Leben war ein Blutstropfen in den Adern des Libanon, eine Träne zwischen seinen Lidern, ein Lächeln auf seinen Lippen.

Das sind die Söhne eures Libanon. Wie groß sind sie in euren Augen und wie klein in meinen?
Aber haltet noch ein wenig inne und schaut her, damit ich euch nun die Söhne meines Libanon zeige: Es sind die fleißigen Bauern, die den unfruchtbaren, steinigen Boden in blühende Gärten verwandeln.
Es sind die Hirten, die ihre Herden von einem Tal ins andere führen, damit die Tiere sich vermehren und fett werden und euch Fleisch als Nahrung liefern und Wolle für euer Gewand.
Es sind die Winzer, die die Trauben pressen und zu Wein und Sirup verarbeiten.
Es sind die Väter, die die Setzlinge des Maulbeerbaums aufziehen, und die Mütter, die das Seidengarn spinnen.
Es sind die Männer, die den Weizen mähen, und die Frauen, die die Garben sammeln. Es sind die Maurer, Töpfer, Weber und Glockengießer.
Es sind die Dichter, die ihre Seele in neue Gefäße gießen.
Es sind die Sänger, die Volks- und Festlieder vortragen.
Es sind diejenigen, die den Libanon verlassen mit nichts außer der Begeisterung in ihren Herzen und der Entschlossenheit in ihren Armen, und die heimkehren mit den Schätzen der Erde in ihren Händen und Lorbeerkränzen auf ihren Köpfen.
Es sind diejenigen, die neue Gegebenheiten meistern, wohin sie auch kommen mögen, und die die Herzen anziehen, wo immer sie sind.
Es sind diejenigen, die in Hütten geboren werden, und in Palästen des Wissens sterben.

Das sind die Söhne meines Libanon. Sie sind Lampen, die der Wind nicht auszulöschen vermag, und das Salz, das die Zeit nicht verdirbt. Sie schreiten vorwärts mit sicherem Schritt, der Wahrheit, Schönheit und Vollendung entgegen.

Was wird von eurem Libanon und den Söhnen eures Libanon nach hundert Jahren übrig bleiben? Sagt es mir! Was werdet ihr hinterlassen außer Sprüchen, Verfälschungen und Torheit? Glaubt ihr etwa, dass die Zeit die Erscheinungen von Betrug, Heuchelei und Schwindel in Erinnerung behielte? Glaubt ihr etwa, dass die Luft in ihren Sphären die Schatten des Todes und den Hauch der Gräber aufbewahre? Könnt ihr euch vorstellen, dass das Leben sich mit schäbigen, abgetragenen Lumpen bekleidet?
Ich sage euch – und die Wahrheit ist mein Zeuge –, dass der Setzling eines Olivenbaums, den ein Bauer an den Abhängen des Libanon pflanzt, all eure Taten und Werke überdauern wird, und dass der von Ochsen gezogene Holzpflug in den Tälern des Libanon edler und vornehmer ist als euer Wünschen und Trachten.
Ich sage euch – während das Gewissen des Seins mir zuhört –, dass das Lied einer Bäuerin auf den Feldern des Libanon langlebiger ist als alles Geschwätz des größten und angesehensten Redners unter euch.
Ich sage euch, dass ihr nichts bewirkt. Wenn ihr euch dessen schmerzlich bewusst wäret, würde sich meine Verachtung für euch in Mitgefühl wandeln, aber ihr seid euch dessen nicht bewusst.

Ihr habt euren Libanon, ich habe den meinen.
Ihr habt euren Libanon und die Söhne eures Libanon und begnügt euch damit – wenn ihr Genüge finden könnt an leeren Wasserblasen. Und ich gebe mich zufrieden mit meinem Libanon und seinen Söhnen, und das gibt mir Gelassenheit, Ruhe und Vertrauen.

Die Erde

Widerwillig, notgedrungen und widerstrebend geht die Erde aus der Erde hervor.
Dann geht sie stolz auf der Erde einher.
Sie errichtet Paläste, Burgen und Tempel.
Sie bringt Legenden, Lehren und Gesetze hervor.
Schließlich ermüden die Erde die Taten der Erde. Und sie webt aus den Luftspiegelungen der Erde Phantasien und Träume. Dann legt sich Schwere auf die Wimpern der Erde, und sie schläft ein – ruhig, tief und ewig.
Und die Erde sagt zur Erde: Ich bin der Schoß und das Grab, und ich werde der Schoß und das Grab bleiben, bis die Sterne vergehen und die Sonne zu Asche verbrennt.

Gestern, heute und morgen

Ich sagte zu meinem Freund: Schau, wie sie sich an seinen Arm lehnt. Gestern noch lehnte sie sich an meinen.
Mein Freund erwiderte: Und morgen wird sie sich auf meinen Arm stützen.
Ich sagte: Sieh, wie sie neben ihm sitzt. Gestern noch saß sie neben mir.
Er erwiderte: Und morgen wird sie an meiner Seite sitzen.
Ich sagte: Schau mal, wie sie den Wein aus seinem Glas trinkt. Gestern noch nippte sie an meinem eigenen Glas.
Er erwiderte: Und morgen wird sie aus meinem Glas trinken.
Ich sagte: Sieh nur, wie sie ihn liebevoll anblickt. Gestern noch blickte sie mich ebenso an.
Mein Freund entgegnete: Und morgen wird sie mir liebevolle Blicke schenken.
Ich sagte: Hör, sie flüstert ihm leidenschaftliche Worte ins Ohr. Gestern noch galten diese Worte mir.
Er entgegnete: Und morgen wird sie mir leidenschaftliche Worte zuflüstern.
Ich sagte: Schau nur, wie sie ihn in die Arme schließt. Gestern noch lag ich in ihren Armen.
Er entgegnete: Und morgen wird sie mich umarmen.
Ich sagte: Was für eine sonderbare Frau!
Mein Freund erwiderte: Sie ist wie das Leben, das alle Menschen besitzen, wie der Tod, der alle Menschen besiegt, und wie die Ewigkeit, die alle Menschen vereint.

Die Vollkommenheit

Du willst wissen, Bruder, wann der Mensch vollkommen ist. Hör auf meine Antwort!
Der Mensch nähert sich der Vollkommenheit, wenn er sich als der unbegrenzte Weltraum begreift und das grenzenlose Meer, als ein Feuer, das unaufhörlich brennt, und ein Licht, das immer leuchtet. Wenn er sich fühlt wie der Wind, ob er weht oder nicht, wie die Wolken, wenn es blitzt, donnert und regnet, wie die Bäche, mögen sie singen oder seufzen, wie die Bäume, wenn sie im Frühling in Blüte stehen oder sich im Herbst entblättern, wie die himmelragenden Berge und die tiefen Täler und wie die Äcker, ob sie fruchtbar sind oder brachliegen.
Wenn ein Mensch all dies zu empfinden imstande ist, ist er auf halbem Weg zur Vollkommenheit. Will er aber zum Ziel der Vollkommenheit gelangen, so muss er sich gleich einem Kind fühlen, das auf seine Mutter angewiesen ist, gleich einem Greis, der für seine Familie die Verantwortung trägt, gleich einem Jugendlichen, der zwischen seinem Streben und seinen Leidenschaften schwankt, und gleich einem Erwachsenen, der mit seiner Vergangenheit und seiner Zukunft ringt. Er muss einem Betenden gleichen in seiner Einsiedelei, einem Verbrecher in seiner Zelle, einem Gelehrten zwischen seinen Büchern und Papieren, einem Unwissenden zwischen der Finsternis seiner Nächte und dem Dunkel seiner Tage, einer Nonne muss er gleichen zwischen den Blüten ihres Glaubens und den Dornen ihrer Einsamkeit, einer Dirne zwischen ihrer Schwäche und ihrem Begehren, einem Armen in seiner Bitterkeit und Ergebung sowie einem Reichen in seinen Wünschen und

seinem Gehorsam und schließlich dem Dichter zwischen dem Nebel seiner Abende und den Strahlen seiner Morgenröte.

Wenn ein Mensch all diese Seinsweisen nachzuempfinden vermag, erreicht er die Vollkommenheit und wird ein Schatten vom Schatten Gottes.

Die Unabhängigkeit und die Feze

Vor geraumer Zeit las ich den Aufsatz eines Gelehrten, in dem dieser gegen den Kapitän und die Mannschaft eines französischen Schiffes, das ihn von Syrien nach Ägypten gebracht hatte, Einspruch erhebt, und zwar weil man ihn gezwungen oder zumindest zu zwingen versucht hatte, seinen Fez[1] bei Tisch abzunehmen – es ist bekannt, dass es eine westliche Gewohnheit ist, seinen Hut unter einem Dach abzunehmen.

Dieser Protest gefiel mir einerseits, denn er veranschaulichte das beharrliche Festhalten des Orientalen an den Symbolen seines Privatlebens. Ich bewunderte den Mut dieses Syrers ebenso, wie ich einmal einen indischen Prinzen bewunderte, den ich zu einer Oper in Mailand eingeladen hatte, und der mir entgegnete: Wenn du mich zu einem Besuch in Dantes Hölle eingeladen hättest, wäre ich dir mit Freuden gefolgt. Doch ich kann leider nicht auf einem Platz sitzen, wo es mir weder gestattet ist, meinen Turban zu tragen noch Zigaretten zu rauchen.

In der Tat gefällt es mir, einem Orientalen zu begegnen, der auf seinen Traditionen beharrt und danach trachtet, wenigstens einen Schatten seiner Gewohnheiten und Bräuche aufrechtzuerhalten. Doch andererseits verkennt meine Bewunderung nicht, welche grobe Anmaßung hinter dem Verhalten steckt, starrköpfig am Wesen, an den Disputen und Prätentionen des Orients festzuhalten. Wenn jener Gelehrte, der nicht dazu bereit war, seinen Fez auf dem fran-

1 kegelstumpfförmige Kopfbedeckung aus rotem Filz mit schwarzer Quaste

zösischen Schiff abzunehmen, daran gedacht hätte, dass dieser treffliche Fez von einer französischen Firma hergestellt wurde, wäre es ihm vielleicht etwas leichter gefallen, ihn überall und insbesondere auf diesem französischen Schiff abzunehmen.

Und wenn unser Gelehrter bedacht hätte, dass die persönliche Unabhängigkeit in den alltäglichen Dingen der künstlerischen und technischen Unabhängigkeit unterlegen ist und stets unterliegen wird, hätte er seinen Fez sicher stillschweigend abgenommen.

Wäre er sich dessen bewusst geworden, dass eine Nation, deren Geist und Verstand versklavt sind, nicht frei sein kann, was ihre Kleidung, ihre Sitten und Gewohnheiten angeht, so hätte er diesen Protest nicht verfasst.

Wenn unser Gelehrter sich schließlich erinnert hätte, dass sein syrischer Großvater an Bord eines syrischen Schiffes nach Ägypten reiste und ein Gewand trug, das in seinem Land angefertigt worden war, dann hätte er auch ein syrisches Schiff genommen, dessen Kapitän Syrer ist.

Das Dilemma unseres mutigen Gelehrten ist, dass er seinen Einspruch gegen Resultate erhob, deren Ursachen und Gründe er nicht berücksichtigt hatte, und dass er sich von äußeren Erscheinungen beeindrucken ließ, statt das Wesentliche ins Auge zu fassen.

Und das ist ein Wesenszug der meisten Orientalen. Sie weigern sich, Orientalen zu sein – außer in den nebensächlichen, unwesentlichen und alltäglichen Dingen, und sie sind stolz auf das, was sie vom Westen übernommen haben, obgleich es sich dabei um Banalitäten und Nebensächlichkeiten handelt. Ich sage unserem Gelehrten und allen, die einen Fez tragen: Fertigt eure Feze mit euren eigenen Händen an, und dann bestimmt, was ihr mit ihnen machen wollt – an Bord eines Schiffes, auf dem Gipfel eines Berges oder in einer Talschlucht.

Der Himmel weiß, dass diese Worte nicht im Hinblick auf einen Fez geschrieben wurden, und nicht um die Frage zu erörtern, ob man einen Fez anbehalten oder abnehmen sollte unter den Dächern oder unter der Milchstraße.
Der Himmel weiß, dass diese Worte ein viel weit reichenderes Ziel anstreben als einen Fez, der sich auf jedem Kopf befindet und auf jeder zitternden Leiche.

O Erde

Wie schön und prachtvoll bist du, o Erde!
Wie vollkommen und edel ist deine Hingabe an das Licht, ist deine Unterwerfung unter die Sonne!
Wie erlesen ist dein Kleid aus Schatten und wie zart dein Schleier aus Finsternis!
Wie lieblich sind die Lieder deiner Morgenröte und wie erschreckend die Rufe deiner Nächte!
Wie vollkommen und erhaben bist du, o Erde!

Ich lief durch deine Ebenen und stieg auf deine Berge, ich durchwanderte deine Täler, kletterte auf deine Felsen und betrat deine Höhlen und Grotten. Ich erfuhr deine Träume in der Ebene, deinen hohen Sinn auf den Bergen, deine Ruhe in den Tälern, deine Entschlossenheit auf den Felsen und deine Verschwiegenheit in den Grotten und Höhlen.
Du bist heiter in deiner Macht, erhaben in deinen Tiefen und ohne Überhebung in deinen Höhen. Du bist sanft in deiner Entschlossenheit und offen in deiner Verschwiegenheit.

Ich fuhr auf deinen Meeren und überquerte deine Flüsse, ich folgte den Flussläufen und lauschte der Ewigkeit in den Gezeiten. Zwischen deinen Hügeln und Bergketten hörte ich die Lieder vergangener Epochen, und in deinen Schluchten und an deinen Abhängen hörte ich dich vertrauliche Zwiesprache mit dem Leben halten.

Du bist die Sprache der Unendlichkeit und ihre Lippen; du verkörperst die Saiten der Ewigkeit und ihre Finger, die Gedanken des Lebens und ihre Verkündigung.
Dein Frühling weckte mich und lockte mich in deine Wälder, wo deine Seufzer wie Weihrauch aufsteigen. Deine Sommer luden mich ein, in deinen Feldern zu rasten, wo du unter Mühen einen Segen von Früchten hervorbringst. Dein Herbst trieb mich in deine Weinberge, wo dein Blut als Wein fließt. Und deine Winter ließen mich auf deinem Lager ruhen, das der Schnee blütenweiß bezogen hat.
Und du bist der Duft ihres Frühlings, die Freigebigkeit ihres Sommers, der Überfluss ihres Herbstes und die Reinheit ihres Winters.

In einer klaren Nacht öffnete ich die Fenster und Tore meiner Seele und trat hinaus, reich an Wünschen und gefesselt durch die Bande meiner Eigenliebe. Ich sah dich, Erde, die Sterne beobachten, die dich anlächelten. Da wurde ich frei von meinen Fesseln und Lasten und mir wurde bewusst, dass dein Kosmos der Zufluchtsort für unsere Seele ist. Die Wünsche unserer Seele sind deine Wünsche, ihr Friede ist dein Friede und ihr Glück ist der goldene Staub, den die Sterne auf dich hinabstreuen. Und ein anderes Mal trat ich zu dir hinaus in einer bewölkten Nacht, als ich unter meiner Nachlässigkeit und Erstarrung litt. Ich fand dich furchtbar und gewaltig. Bewaffnet mit dem Sturm bekämpftest du deine Vergangenheit durch deine Gegenwart. Du vernichtetest und vertriebst das Vertrocknete und Verwelkte in dir, damit es dem Neuen Platz mache und das Schwache und Veraltete durch Stärke ersetze.

Da erkannte ich, dass die Gesetze der Menschen deinen Gesetzen folgen: ihr Rhythmus ist dein Rhythmus, ihre Lebensregeln sind deine Lebensregeln. Derjenige, dessen

Stürme die vertrockneten und abgestorbenen Zweige nicht knicken, wird an Langeweile und Überdruss sterben, und derjenige, dessen Revolte und Auflehnung die Fülle seiner welken Blätter nicht vertreibt, wird an Trägheit und Überfluss ersticken. Und wer nicht in Vergessen einhüllt, was von seiner Vergangenheit leblos und unbrauchbar geworden ist, wird die Früchte seiner Vergangenheit unter ein Leichentuch begraben.

Wie freigebig bist du, o Erde, und wie groß ist deine Geduld!
Wie stark ist dein Mitleid mit deinen Söhnen, die ihre Wahrheit gegen Wahn eintauschten und die verloren sind zwischen dem, was sie erreichten und was sie verfehlten.
Wir lärmen und du lächelst.
Wir verlassen dich und du verzeihst.
Wir fluchen und du segnest.
Wir entheiligen und du heiligst.
Wir schlafen, ohne zu träumen, und du träumst noch im Wachen. Wir verletzen deine Brust mit Schwertern und Pfeilen, und du bedeckst unsere Wunden mit Öl und Balsam. Wir säen Knochen, Hände und Schädel, und du lässt daraus Pappeln und Weiden wachsen.
Wir geben dir unsere menschlichen Überreste in Verwahr, und du füllst unsere Tennen mit Korn und unsere Kelter mit Wein.
Wir bedecken dein Antlitz mit Blut, du aber wäschst unsere Gesichter an den Wassern des Paradiesflusses.
Wir fördern deine Bodenschätze und stellen daraus Kanonen und Bomben her, und du nimmst unsere Grundstoffe auf und verwandelst sie in Rosen und Lilien.
Wie überreich sind deine Gaben und Wohltaten, o Erde, und wie unübertrefflich ist deine Güte!

Was bist du, Erde, und wer bist du?
Bist du nicht ein winziges Körnchen aus der Staubwolke, die unter den Füßen Gottes aufwirbelte, als er vom Aufgang des Weltalls bis zum Untergang der Welt schritt, oder bist du vielmehr ein Funke, der vom Herd der Unendlichkeit aufflog?
Bist du der Kern, der ins Feld des Äthers geworfen wurde, damit er die Scholle aufreißt, kraft der Dynamik seines Innern, und die göttliche Pflanze aus dem Äther aufwachse?
Bist du nicht ein Blutstropfen in den Adern des Allmächtigen oder ein Schweißtropfen auf seiner Stirn?
Bist du eine Frucht, die allmählich unter der Sonne reift, eine Frucht am Baum der Erkenntnis, dessen Wurzeln in die Tiefen der Ewigkeit reichen und dessen Äste und Zweige sich in die Höhen der Unendlichkeit ausstrecken?
Oder bist du ein Juwel, das Gott in die Hände einer Göttin legt? Bist du ein Kind an der Brust des Himmels, oder eine alte Frau, die gesättigt ist von der Weisheit der Tage und Nächte, die sie wachend und wartend verbringt?

Was bist du, Erde, und wer bist du?
Du bist ich, Erde. Du bist mein Augenlicht und meine Wahrnehmung. Du bist meine Vernunft, meine Phantasie und meine Träume. Du bist mein Hunger und mein Durst; mein Trank, meine Nahrung und meine Freude! Du bist meine Sorglosigkeit und meine Aufmerksamkeit. Du bist die Schönheit in meinem Auge, die Sehnsucht in meinem Herzen und die Unsterblichkeit in meiner Seele.

Du bist ich, Erde. Und wenn ich nicht wäre, so wärst du auch nicht.

Die größere See

Gestern – wie weit ist das Gestern und wie nah ist es – gingen meine Seele und ich zur See, um dort zu baden und uns vom Staub der Erde zu befreien. Als wir das Ufer erreichten, begannen wir nach einem stillen, verborgenen Platz Ausschau zu halten. Da entdeckten wir einen Mann, der auf einem Felsen saß und in seiner Hand einen Beutel mit Salz hielt, aus dem er eine Hand voll Salz nach der anderen hervorholte und in die See warf.
Meine Seele sagte zu mir: Das ist der Pessimist, der vom Leben nichts anderes sieht als seine Schattenseiten. Es ist nicht ratsam, dass wir uns vor ihm entblößen. Gehen wir weiter! Hier können wir nicht baden.

Wir verließen den Ort und setzten unseren Weg fort, bis wir zu einer Bucht kamen, an der ein Mann stand, der in seiner Hand eine Juwelen besetzte Schatulle hielt. Er entnahm ihr Stücke Zucker und warf sie ins Wasser.
Das ist der Optimist, sagte meine Seele zu mir. Er freut sich sogar über das Freudlose und Unerfreuliche. Hüten wir uns davor, ihm unseren nackten Körper zu zeigen!

Wir gingen weiter und gelangten zu einer Stelle des Strandes, wo ein Mann die toten Fische aufsammelte und sie aus Mitleid mit ihnen wieder ins Meer warf.
Meine Seele sagte: Das ist der Philanthrop. Er versucht denjenigen das Leben zurückzugeben, die bereits gestorben und begraben sind. Entfernen wir uns von ihm!

Wir suchten weiter und trafen einen Mann, der seinen Schatten auf dem Sand nachzeichnete; doch die Wellen kamen immer wieder und löschten seine Linien aus. Der Mann jedoch setzte sein Werk unermüdlich fort.
Das ist der Mystiker, sagte meine Seele zu mir. Er schafft sich ein Götzenbild, das er anbetet. Lassen wir ihn in Ruhe und gehen wir weiter!

Wir setzten unseren Weg fort, bis wir in einer stillen Bucht einen Mann erblickten, der die schaumige Gischt vom Wasser abschöpfte und sie in ein Gefäß aus Korallen füllte.
Meine Seele sagte: Das ist der Phantast. Er webt aus den Fäden einer Spinne ein Gewand zum Anziehen. Ich will nicht, dass er uns beim Baden zusieht.

Als wir weitergingen, hörten wir plötzlich eine laute Stimme rufen: Das ist die tiefe See! Das ist die gewaltige See! Wir gingen der Stimme nach und erblickten einen Mann, der mit dem Rücken zur See gewandt dastand. Er hielt eine Muschel an sein Ohr und lauschte versunken ihrem Rauschen.
Komm, lass uns von hier weggehen, sagte meine Seele. Das ist der Realist, der sich von der Gesamtheit abwendet, um sich mit einem Teilausschnitt zu begnügen, den er für das Ganze hält.

Wir setzten unsere Suche fort und gelangten zu einer kleinen Bucht, wo ein Mann seinen Kopf in den Sand vergraben hatte.
Ich sagte zu meiner Seele: Komm, hier können wir baden! Dieser Mann wird unsere Blöße nicht sehen.
Doch meine Seele schüttelte heftig den Kopf und entgegnete: Nein, und tausendmal nein! Derjenige, den du hier siehst, ist der Übelste von allen. Er ist ein Puritaner, der sei-

nen Blick vom Trauerspiel des Lebens abwendet und die Freuden und Vergnügen des Lebens vor seiner Seele verbirgt.

Damals erschien große Traurigkeit auf dem Gesicht meiner Seele, und mit einer Stimme voll Bitterkeit sagte sie: Verlassen wir diese Küste! Hier gibt es keinen stillen, heimlichen Platz, wo wir ein Bad nehmen könnten. Ich habe keine Lust, meine goldenen Zöpfe in diesem Wind zu kämmen und meine zarte Brust vor diesem Licht zu entblößen.

Und meine Seele und ich verließen diese große See auf der Suche nach einer größeren See.

In einem historisch nicht erfassten Jahr

In diesem Augenblick tauchte hinter Weidenbäumen ein junges Mädchen, eine junge Frau auf. Sie hob die Schleppe ihres Gewandes, während sie über das Gras schritt, und blieb neben einem schlafenden Jüngling stehen. Sie legte ihre seidenzarte Hand auf seinen Kopf. Da schaute der Jüngling empor mit dem Blick eines Schläfers, den ein Sonnenstrahl geweckt hatte.

Er sah die Emirstochter neben ihm stehen und fiel auf seine Knie, wie es Moses tat, als er den brennenden Dornbusch erblickte. Doch als er sprechen wollte, vermochte er kein Wort zu sagen; aber seine tränenfeuchten Augen ersetzten die Worte.

Da umarmte ihn das Mädchen und küsste seine Lippen, und von seinen Augen küsste sie die heißen Tränen. Mit einer Stimme, anmutiger als die Klänge einer Flöte, sprach sie: Ich sah dich in meinen Träumen, Geliebter! In meiner Einsamkeit und Zurückgezogenheit sah ich dein Antlitz vor mir. Du bist der Gefährte meiner Seele, den sie vermisst und von dem sie getrennt lebt, seitdem sie zur Ankunft in diese Welt verurteilt wurde. Ich kam insgeheim zu dir, Geliebter, um dich zu treffen, und siehe da, nun bist du in meinen Armen! Sei unbesorgt, Geliebter! Ich habe meinen Vater für immer verlassen, um dir an die entlegensten und entferntesten Enden dieser Welt zu folgen. Ich werde mit dir den Kelch des Lebens und des Todes trinken! Steh auf, und lass uns von hier aufbrechen, Geliebter, weit weg von den Menschen! Im Schutz der Finsternis verließen die Liebenden den Ort, und sie fürchteten weder den Zorn des Emirs noch die Geister der Nacht.

Ibn Sina und seine Qaside

Von der Dichtung, die uns die Alten überlieferten, gibt es keine Qaside,[1] die meiner persönlichen Überzeugung näher kommt und mit meinen geistigen Neigungen mehr übereinstimmt, als die Qaside des Ibn Sina[2] über die Seele. In diesem erhabenen Gedicht bringt der weise Dichterfürst Gedanken zum Ausdruck, die weiterreichen als das menschliche Denken es je vermochte und tiefer sind als alles, was menschliche Phantasie und Vorstellung je hervorbrachten. Die Fragen, die er darin aufwirft, die Hoffnungen, denen er Ausdruck verleiht, und die Theorien, die er darin entwickelt, können nur aus ständigem Nachdenken und langen Betrachtungen hervorgehen.

So ist es nicht verwunderlich, dass der Dichter dieser Qaside Ibn Sina ist, der als der Genius seiner Zeit gilt. Bemerkenswert aber ist es insofern, als diese Dichtung das Werk eines Menschen ist, der sein Leben lang damit beschäftigt war, die Geheimnisse des Körpers und die Besonderheiten der Materie zu erforschen. So gelangte er nach meinem Dafürhalten durch die Beschäftigung mit dem Stofflichen und Sichtbaren zu den verborgenen Geheimnissen des Lebens. Damit ist diese Qaside ein deutlicher Beweis dafür, dass Wissen das Leben des Geistes ist und dass man über praktische und experimentelle Erfahrungen stufenweise zu geistigen Schlussfolgerungen gelangen kann, zu seelischen Wahrnehmungen und schließlich zu Gott.

Der Kenner wird bei großen westlichen Dichtern auf Aus-

1 längeres altarabisches Gedicht von festem, dreiteiligem Bau
2 Avicenna, Ibn Sina, islamischer Philosoph und Arzt

sagen stoßen, die ihn an diese erhabene Qaside erinnern. In den unsterblichen Dramen Shakespeares gibt es beispielsweise Zeilen, die sich mit Ibn Sinas folgenden Worten vergleichen lassen:

Widerstrebend kam meine Seele auf diese Erde,
und ebenso verhasst wird ihr wohl die Trennung von ihr sein, und sie wird darüber trauern.

In Shelleys Werken gibt es Anklänge an die folgenden Zeilen:

Sie träumte ...
da fiel ein Schleier von meinen Augen, und ich schaute,
was ich mit offenen Augen nie gesehen hätte ...

In Goethes Betrachtungen gibt es analoge Gedanken zu den folgenden des Ibn Sina:

Mit jedem Geheimnis kehrt sie wissender
ins Universum zurück,
und dieses Wissen ist unantastbar.

Und bei Browning finden sich Entsprechungen zu folgenden Gedanken:

Sie leuchtete auf wie ein Blitz und verschwand,
und es schien, als hätte sie nie geleuchtet.

Obwohl der weise Dichterfürst all diesen zitierten Dichtern um viele Jahrhunderte vorausging, verfasste er in einer einzigen Qaside, was nach ihm bei mehreren Dichtern aus verschiedenen Epochen in vereinzelten Bildern auftaucht. Das ist es, was ihn zum Genius seines Jahrhunderts machte – und nicht nur seines Jahrhunderts, sondern auch der nachfolgenden Epochen. Und es macht seine Qaside über die Seele zur höchsten und tiefsten Aussage, die je zu diesem erhabenen Thema geschrieben wurde.

al-Ghazali

Zwischen al-Ghazali und dem heiligen Augustinus besteht eine Seelenverwandtschaft. Beide haben eine ähnliche Weltanschauung, die vom gleichen Prinzip ausgeht, obgleich es bezüglich ihrer Zeit und ihres Milieus wesentliche konfessionelle und gesellschaftliche Unterschiede gibt. Ihr gemeinsamer Grundgedanke ist die Annahme einer Tendenz im Innern der menschlichen Seele, die die Menschen dazu führt, vom Sichtbaren und Äußeren zum Geistigen vorzudringen, zur Philosophie und schließlich zum Göttlichen.

Ghazali zog sich aus der Welt zurück und von allem, was die Welt ihm an Glück, Wohlstand und hoher Stellung beschert hatte. Er verbrachte sein Leben in Zurückgezogenheit und Meditation, wobei er tief eindrang in die Erforschung jener feinen Fäden, die die Enden der Wissenschaft mit den Anfängen der Religion verknüpfen. Er war auf der Suche nach dem verborgenen Gefäß, in dem sich die Geisteskräfte des Menschen und seine Erfahrungen mit seinen Neigungen und Träumen vermischen. Augustinus hat das gleiche fünf Jahrhunderte vorher getan, und wer sein Buch »Bekenntnisse« gelesen hat, weiß, dass er die Erde und alles, was sie hervorbringt, als eine Leiter ansieht, auf der man emporsteigend zur Erkenntnis eines höheren Wesens gelangt.

Meines Erachtens kommt Ghazali dem Wesen und den Geheimnissen der Dinge näher als der heilige Augustinus. Der Grund mag im Unterschied ihrer Zeitalter liegen sowie im unterschiedlichen Erbe, das sie antraten, das heißt in dem, was Ghazali von den wissenschaftlichen Theorien der Araber und Griechen übernahm, die ihm vorangingen, und dem was Augustinus von der Theologie, die im zweiten und dritten Jahrhundert nach Christus von den Kirchenvätern erarbeitet wurde, an Gedankengut übernahm. Unter diesem Erbe verstehe ich also geistige Dinge, die von Generation zu Generation überliefert werden, ebenso wie bei Völkern oder Volksstämmen bestimmte Eigenschaften und Merkmale von einer Epoche zur anderen übertragen werden.

Ich entdeckte in Ghazali ein Glied der goldenen Kette, die ihn einerseits mit den ihm vorausgehenden Mystikern aus Indien verbindet, und andererseits mit den Deisten, die auf ihn folgten. Bei ihm lassen sich Anklänge an Ideen aus dem alten Buddhismus erkennen, ebenso wie sich gleiche und ähnliche Gedankengänge in den Schriften Spinozas und William Blakes aufzeigen lassen.

Bei westlichen Orientalisten und Gelehrten genießt al-Ghazali ein hohes Ansehen, und sie halten ihn zusammen mit Ibn Sina (Avicenna) und Ibn Ruschd (Averroes) für den wichtigsten Vertreter der orientalischen Philosophie. Die Geisteswissenschaftler unter ihnen erachten darüber hinaus seine Anschauungen als die bemerkenswertesten und tiefsten im Islam. Ich war sehr erstaunt, auf einem Wandgemälde in einer Kirche in Florenz, die aus dem fünfzehnten Jahrhundert stammt, ein Bild von al-Ghazali zu entdecken, der sich inmitten einer Gruppe von Philosophen, Heiligen und Gottesgelehrten befindet, die die Kirche im Mittelalter als die Stützpfeiler und Säulen ihres geistigen Tempels betrachtete.

Noch erstaunlicher ist es, dass die Menschen aus dem Westen mehr über ihn wissen als die Menschen aus dem Osten. Sie erforschen seine Lehren, prüfen sorgfältig seine Theorien und Überlegungen in seinen philosophischen Disputen und in seinen mystischen Betrachtungen. Wir aber (die Menschen des Ostens) lassen uns nicht herab, Arabisch zu sprechen und zu schreiben, und nur selten erinnern wir uns an al-Ghazali oder sprechen über ihn. Wir lassen uns nicht herab, uns mit Muscheln zu beschäftigen, im Glauben, dass die Muscheln alles sind, was das Meer des Lebens an die Küsten unserer Tage und Nächte spült.

Jorji Zaidan

Zaidan ist gestorben, und sein Tod ist ebenso bedeutend wie sein Leben, ebenso beachtenswert wie seine Werke.
Jener große Gedanke hat sich zur Ruhe gelegt, und an seinem Lager herrscht jetzt Stille, die Furcht und Scheu auslöst und Trauerklagen hervorruft.
Jener gute Geist hat sich befreit und ist in eine Welt aufgebrochen, die wir ahnen, aber nicht begreifen. Sein Aufbruch ist eine Mahnung an die Hinterbliebenen, die sich noch in den Fängen der Tage und Nächte aufhalten.
Diese edle Seele hat sich befreit von den Mühen und Beschwerden der Arbeit. Sie ist dahin aufgebrochen – eingehüllt in das Gewand seines Ruhmes –, wo sich das Handeln über die Beschwerden und Mühsale erhebt. Zaidan begab sich dorthin, wo kein Auge ihn sieht und kein Ohr ihn hört. Aber wenn er auch auf einen der im Meer der Unendlichkeit schwebenden Planeten übersiedelte, so ist er jetzt sicher schon wieder damit beschäftigt, sich dem Wohlergehen und Nutzen seiner Bewohner zu widmen, ihre Kenntnisse und Geschichte, deren Größe ihn begeistert zu sammeln, und er wird keine Mühe scheuen, ihre Sprache zu erlernen.
Das ist Zaidan. Sein suchendes und begeisterungsfähiges Denken ruhte nie – außer in der Aktion, sein durstiger Geist schlief nie – außer auf den Schultern der Wachsamkeit, und sein weites Herz war übervoll von Sanftheit und Eifer. Und wenn dieses Denken im Weltgeist weiterlebt, so ist es jetzt wirksam in diesem allgemeinen Geist; und wenn sein Geist sich früher mit Gesetzen beschäftigte, so wirkt er jetzt auf die Gesetze ein; und wenn sein Herz durch seine

Gottverbundenheit lebendig blieb, so lodert es jetzt im Feuerbrand Gottes.

Das also ist Zaidans Leben – eine stete Quelle, die aus dem Herzen des Seins hervorströmt und zu einem klaren Fluss wurde, der die an seinen Ufern im Tal wachsenden Pflanzen und Sprösslinge bewässert.

Nun hat dieser Fluss die Meeresküste erreicht. Welcher Tor wagt es, deshalb zu weinen und Trauerreden zu halten? Ist Totenklage und Trauer nicht vielmehr bei denjenigen angebracht, die vor dem Thron des Lebens stehen und dann abberufen werden, bevor sie einen Schweißtropfen ihrer Stirn oder einen Blutstropfen ihrer Herzen in ihre Handflächen vergossen haben?

Hat Zaidan nicht dreißig Jahre damit zugebracht, sein Herz zu verströmen und im Schweiße seines Angesichts zu wirken? Gibt es unter uns jemanden, der nicht von diesem kristallenen Wasser schöpft und seinen Durst daran stillt?

Wer Zaidan ehren möchte, der erstrebe seinen Teil des Wissens und der Erkenntnisse, die Zaidan sammelte und die er als ein Erbe für die arabische Welt hinterließ.

Schenkt nicht einem großen Mann etwas, sondern nehmt von ihm etwas an. Auf diese Weise werdet ihr ihn ehren.

Bringt ihm weder Totenklage noch Trauer dar, sondern bereichert euch an seinen Talenten und Gaben, und auf diese Weise werdet ihr sein Andenken unsterblich machen.

Die Zukunft der arabischen Sprache

1. Welche Zukunft hat die arabische Sprache?

Die Sprache ist eine Form der schöpferischen Kraft einer ganzen Nation oder eines Volkes. Wenn diese schöpferische Kraft verkümmert, dann hört die Sprache auf, sich weiterzuentwickeln, und erstarrt. Solche Erstarrung bedeutet Rückschritt, und der Rückschritt hat bekanntlich den Tod und das Vergessen zur Folge.

Also hängt die Zukunft der arabischen Sprache davon ab, ob das schöpferische Denken in der Gesamtheit der Nationen, die Arabisch sprechen, vorhanden ist oder nicht. Ist es vorhanden, so wird die Zukunft der arabischen Sprache ebenso bedeutend sein wie ihre Vergangenheit. Wenn nicht, so wird ihre Zukunft dem augenblicklichen Stand ihrer beiden Schwestern gleichen, der syrischen und der aramäischen Sprache.

Was für eine Kraft ist das, die wir als schöpferische Kraft bezeichnet haben?

Es ist die Entschlossenheit innerhalb einer Nation, die sie nach vorne bewegt. Es ist der Hunger, der Durst und das Verlangen nach dem Unbekannten. Es ist eine Kette von Träumen in ihrem Geist, die sie Tag und Nacht zu verwirklichen trachten, ohne dass das Leben ein neues Glied am andern Ende der Kette hinzufügt.

Diese Kraft ist im einzelnen Menschen die Begabung und in der Gemeinschaft die Begeisterung und der Eifer. Die Begabung des Einzelnen ist nichts anderes als die Fähigkeit, das verborgene Streben einer Gruppe in sichtbare und fühlbare Formen umzusetzen. In der *Gahiliya*[1] befand sich der Dichter in der Vorbereitungsphase, weil auch die Araber insgesamt im Aufbruch waren. In der Zeit der *Muchadramun*[2] waren die Dichter bedeutend und zahlreich, denn auch das Arabertum befand sich in Wachstum und Ausbreitung. Und während der Zeit der *Muwaladun*[3] verzweigte sich die Dichtung in verschiedene Disziplinen, weil sich das islamische Reich in einer Phase der Zersplitterung und Aufteilung befand. Der Dichter begann sich zu entfalten, zu verbessern und Profil anzunehmen. Er zeigte sich bald als Philosoph, bald als Mediziner und bald als Astrologe, bis dass der Schlummer die schöpferische Kraft der arabischen Sprache überfiel, so dass sie einschlief. Da wurden die Dichter zu Reimschmieden, die Philosophen zu Dogmatikern, die Mediziner zu Scharlatanen und die Astronomen zu Wahrsagern.

Wenn es zutrifft, was wir einleitend sagten, so hängt die Zukunft der arabischen Sprache von der schöpferischen Kraft jener Nationen ab, die sie sprechen. Wenn diese Nationen die gleichen Voraussetzungen oder eine innere Einheit haben und wenn die schöpferische Kraft in diesen Nationen aus ihrem langen Schlaf erwacht, dann wird die Zukunft der arabischen Sprache ebenso groß sein wie ihre Vergangenheit. Wenn nicht, dann wird das Gegenteil der Fall sein.

1 die vorislamische Zeit
2 teils vorislamische, teils islamische Zeit (auch Zeitgenossen Muhammads)
3 nachklassische islamische Zeit

2. *Welchen Einfluss wird wohl die europäische Zivilisation und das westliche Denken auf die arabische Sprache ausüben?*

Der Einfluss ist mit einer Art von Nahrung zu vergleichen, die die Sprache von außen aufnimmt: sie zerkaut sie, schluckt sie und setzt das Brauchbare davon um in ihre eigene lebendige Natur, ebenso wie ein Baum das Licht, die Luft und die Bestandteile der Erde in Zweige, Blätter, Blüten und Früchte umwandelt. Wenn aber die Sprache weder Backenzähne besitzt, um die Nahrung zu zerkauen, noch einen Magen, um sie zu verdauen, dann ist die Nahrung unnötig, ja, sie bedeutet dann sogar ein tödliches Gift. Wie viele Bäume überlisten das Leben, während sie im Schatten stehen; verpflanzt man sie aber ins Sonnenlicht, dann verwelken sie und gehen ein. Und ebenso ist geschrieben: Wer hat, dem wird dazugegeben, und wer nicht hat, dem wird noch genommen werden, was er hat.
Der westliche Geist bedeutet eine der menschlichen Rollen und ein Kapitel in seinem Leben. Und das menschliche Leben ist wie ein gewaltiger Zug, der voranschreitet. Aus dem goldenen Staub, der von beiden Seiten des Weges aufsteigt, sind die Sprachen, die Regierungen und die Konfessionen gebildet. Die Nationen, die an der Spitze des Zuges schreiten, sind schöpferische und erfinderische Nationen; sie üben somit einen Einfluss auf die anderen aus. Die Nationen dagegen, die sich am Ende des Zuges befinden, sind Nachahmer, die sich beeinflussen lassen. Als sich die Orientalen an der Spitze dieses Zuges befanden und die Menschen aus dem Okzident nachfolgten, hatte unsere Zivilisation einen bedeutenden Einfluss auf ihre Sprache. Doch jetzt sind sie es, die an der Spitze des Zuges ziehen, und wir sind diejenigen, die folgen. So übt ihre Zivilisation einen großen Einfluss aus auf unsere Sprache, unser Den-

ken und unseren Charakter. Als die Menschen aus dem Okzident in der Vergangenheit die Speisen aufnahmen, die wir gekocht hatten, sie kauten, schluckten und verdauten, da haben sie das Brauchbare davon ihrem westlichen Wesen assimiliert. Heutzutage nähren sich die Orientalen von dem, was an westlichen Herden gekocht wird. Sie kauen und schlucken es, doch sie assimilieren es nicht ihrem orientalischen Wesen, sondern sie verwandeln sich in Pseudo-Okzidentale, und das ist ein Zustand, den ich fürchte und der mich erschreckt, denn so erscheint mir der Orient bald wie ein zahnloser Greis, bald wie ein Säugling, der noch keine Zähne hat.

Der Geist des Westens ist für uns Freund und Feind zugleich. Er ist ein Freund, wenn wir ihn beherrschen, und ein Feind, wenn er uns beherrscht. Er ist ein Freund, wenn wir ihm unsere Herzen öffnen, und ein Feind, wenn wir ihm unsere Herzen geben. Er ist ein Freund, wenn wir von ihm annehmen, was uns nützt, und ein Feind, wenn wir uns danach richten, was ihm nützt.

3. *Welchen Einfluss wird die heutige politische Entwicklung auf die arabische Welt haben?*

Die Schriftsteller und Gelehrten im Westen wie im Osten sind sich darin einig, dass sich die arabische Welt in einer Situation politischer, administrativer und seelischer Verwirrung befindet. Die meisten von ihnen stimmen auch darin überein, dass die Verwirrung eine Ursache der Zerstörung und Vernichtung ist. Doch ich frage mich, ob es sich um Verwirrung oder Überdruss handelt.

Ist es Erschlaffung, so bedeutet es das Ende einer Nation und die Besiegelung eines jeden Volkes. Der Überdruss bedeutet ein Hinscheiden in der Form des Einschlafens und

den Tod in der Form des Schlafes. Doch wenn es sich tatsächlich um eine Verwirrung handelt, so wäre sie meiner Ansicht nach nützlich, weil sie zeigt, was im Geist einer Nation verborgen ist, weil ihr Rausch einem Zustand der Klarheit und Heiterkeit Platz machen und weil sich ihre Bewusstlosigkeit in Wachsamkeit wandeln wird. Sie wird einem Sturm gleichen, der die Bäume durch seine Kraft erschüttert, doch nicht, um sie zu entwurzeln, sondern um die welken Zweige und das trockene Laub abzuschütteln. Und wenn diese Verwirrung in einer Nation erscheint, die noch in einem gewissen ursprünglichen Zustand verharrt, so ist sie ein gutes Zeichen für die Existenz schöpferischer Kräfte in seinen Individuen und der Bereitschaft in ihrer Gesamtheit. Der Dunst ist das erste Wort, und der Dunst ist nichts anderes als das verworrene, ungestaltete Leben.
Der Einfluss der politischen Entwicklung wird also die Verwirrung in der arabischen Welt in Ordnung umwandeln, sowie die Dunkelheit und Unklarheit in Klarheit und Transparenz. Nie und niemals aber kann sie den Überdruss in Leidenschaft wandeln oder die Müdigkeit gar in Begeisterung. Ein Töpfer kann aus Ton einen Krug für Wein oder Essig machen, aber aus Sand oder Kieselsteinen allein kann er nichts schaffen.

4. *Wird die arabische Sprache in den Hochschulen und anderen Schulen verbreitet und werden alle Fächer in dieser Sprache gelehrt?*

Die arabische Sprache wird in den Hochschulen und Schulen nicht verbreitet, solange diese Schulen keinen rein nationalen Charakter haben. Und alle Fächer werden solange nicht in dieser Sprache gelehrt, bis diese Schulen aus den Händen von Wohlfahrtsverbänden, konfessionellen Gemeinschaften und missionarisch motivierten Verbänden in die Hände der einheimischen staatlichen Verantwortung übergehen. In Syrien beispielsweise stellt die Ausbildung eine Art Almosen des Westens dar. Wir schluckten und wir schlucken immer noch das Brot des Almosens, weil wir sonst verhungert wären. Dieses Brot hat uns das Leben gerettet. Doch nachdem wir das Leben zurückerhalten hatten, hat es uns getötet. Es hat uns belebt, weil es unsere Sinne und unseren Verstand weckte. Aber es hat uns anschließend getötet, weil es unsere Worte zerstreute, unsere Einheit schwächte und unsere Beziehungen und Bande zerschnitt. Es hat unsere Religionsgemeinschaften und Volksgruppen einander entfremdet, bis das Land eine Ansammlung kleiner Kolonien wurde mit unterschiedlichem Geschmack und entgegengesetzten Tendenzen. Und jede dieser kleinen Kolonien hängt von einer der westlichen Nationen ab, hisst ihre Fahne, preist ihre Vorzüge und erweist ihr die Ehre. Der junge Mensch, der einen Happen Ausbildung an einer amerikanischen Schule erhalten hat, wird zu einem Vertreter amerikanischer Zivilisation; ein anderer, der einen Schluck Ausbildung an einer Jesuitenschule erhielt, wird zu einem französischen Botschafter; und wieder ein anderer, der ein Hemd trägt, das in Russland verfertigt wurde, wird zu einem Vertreter Russlands ... bis zum Ende dieser Art Schulen und ihrer Ausbildung zu Vertretern, Beauftragten und Botschaftern anderer Länder. Der beste Beweis für das Gesagte ist der Meinungsunterschied und die Gegensätzlichkeit der Tendenzen, die man heute bezüglich der politischen Zukunft Syriens feststellen kann. Diejenigen, die ihre Ausbildung in englischer Sprache erhielten, würden Amerika oder England gerne als Schutzmacht in ihrem Land sehen. Diejenigen, die weder in der einen noch in der anderen Sprache studiert haben, folgen einer Politik, die ihrem Verständnis der Dinge entspricht.

Unsere politischen Tendenzen gegenüber den Nationen, auf deren Kosten wir unsere Ausbildung erhielten, ist ein Zeugnis für das Gefühl der Dankbarkeit der Orientalen. Doch was für ein Gefühl ist das, das auf der einen Seite einen Stein aufrichtet und gleichzeitig auf der anderen Seite eine ganze Mauer abbaut. Und welches Gefühl ist das, das eine Blume erblühen lässt, und dabei einen Wald entwurzelt, das uns einen Tag leben lässt, um uns dann ein Jahrhundert sterben zu lassen? Die wirklichen Wohltäter und wahren Freigebigen im Westen haben nicht Gräten und Dornen ins Brot gemischt, das sie uns geschickt haben. Sie haben versucht, uns zu helfen, ohne uns Schaden zuzufügen. Woher kommen aber die Dornen und die Gräten? Das ist eine Frage, die ich bei anderer Gelegenheit erörtern werde. Es wird eine Zeit kommen, in der die arabische Sprache in den Hochschulen und anderen Schulen verbreitet wird und in der alle Fächer in arabischer Sprache gelehrt werden. Dann werden unsere politischen Tendenzen geeint werden, und unser nationales Ziel wird sich deutlich herauskristallisieren, weil bereits in der Schule die verschiedenen Strömungen geeint und das Ziel aufgezeigt wurden. Dies wird sich aber nicht verwirklichen lassen, solange wir nicht die Möglichkeit haben, unsere heranwachsende Jugend auf Kosten des Staates auszubilden. Dieses Ziel wird nicht eher erreicht werden, bis sich jeder von uns als Sohn einer Heimat fühlt, statt zwei verschiedene Heimaten zu besitzen, eine für den Körper und eine für den Geist. Wir werden das Ziel nicht eher erreichen, bis wir das Brot des Almosens eintauschen gegen ein Brot, das in unseren eigenen Häusern gebacken wird, denn der bedürftige Bettler kann dem freigebigen Spender keine Bedingungen stellen. Wer Almosen empfängt, kann sich demjenigen nicht widersetzen, der es ihm spendet. Wer empfängt, ist immer unfrei; wer aber gibt, ist frei.

5. *Wird die klassische arabische Sprache die verschiedenen Volksdialekte überwinden und sie einen?*

Die volkstümlichen Dialektformen ändern sich ständig, sie entwickeln und erneuern sich, und was ihnen rau ist, wird geschliffen. Aber sie werden nie und niemals überwunden werden, und sie dürfen auch nicht überwunden werden, weil sie der Ursprung dessen sind, was wir als klassisch bezeichnen, und die Quelle dessen, was wir als wirkungsvolle Rhetorik ansehen.

Die Sprachen folgen dem Beispiel aller anderen Dinge, nämlich dem Gesetz, dass das Angemessene das Bleibende ist. In den Volksdialekten ist der größte Teil angemessen und wird überdauern, denn er steht dem Denken der Nation und seinem Streben näher. Ich habe gesagt, dass sie überdauern werden, und damit meine ich, dass sie sich dem Sprachkörper eingliedern und ein Teil des Ganzen werden.

Jede Sprache des Westens hat mehrere volkstümliche Dialekte. Diese Dialekte haben literarische und künstlerische Ausdrucksformen gefunden, die nichts zu wünschen übrig lassen, was ihre Schönheit, ihre Eleganz und ihre Originalität betrifft. Es gibt in Europa und Amerika begabte Dichter, denen es gelungen ist, in ihrer Dichtung eine glückliche und höchst wirksame Verbindung zwischen Dialekt und Hochsprache herzustellen. Meiner Meinung nach gibt es in den verschiedenen volkstümlichen Dichtformen wie mawwal[1], zagal[2] und anderen sehr originellen Anspielungen, geistvolle Metaphern und elegante Ausdrücke, die – wenn wir sie mit Gedichten in der Hochsprache vergleichen, welche unsere Zeitungen und Zeitschriften füllen – sich wie ein Strauß duftender Blumen ausnehmen

1 volkstümliche Liedform im Metrum Basit
2 volksliedhaftes arabisches Strophengedicht

neben einem Bündel Holz oder wie eine Gruppe tanzender und singender junger Mädchen neben einer Ansammlung einbalsamierter Leichen. Die moderne italienische Sprache war im Mittelalter ein Volksdialekt, und die Gebildeten bezeichneten sie als barbarische Mundart. Doch als Dante, Petrarka, Camunis und Franz von Assisi ihre unsterblichen Werke in dieser barbarischen Mundart niederschrieben, wurden diese Dialekte zur klassischen Sprache Italiens; und die lateinische Sprache wurde zu einem Skelett, das sich nur noch im Sarg, auf den Schultern von Reaktionären, vorwärts bewegen kann.

Die Volksdialekte Ägyptens, Syriens und des Irak sind nicht weiter von der Sprache Muarris und Mutanabbis entfernt als die barbarische Mundart von der Sprache Ovids und Vergils. Wenn im Nahen Osten eine bedeutende Persönlichkeit erschiene und ein wichtiges Buch in einem dieser Dialekte schriebe, so würde dieser Dialekt zur klassischen Sprache werden. Doch ich befürchte, dass dies in der arabischen Welt nicht so schnell geschieht, weil die Orientalen mehr zur Vergangenheit tendieren als zur Gegenwart und zur Zukunft. Sie sind konservativ, ob sie es zugeben oder nicht. Und wenn einer unter ihnen begabt ist und seine Begabung zum Ausdruck bringen will, so muss er den ausgetretenen rhetorischen Pfaden folgen, auf denen die Alten gegangen sind. Doch die Wege der Alten sind nichts anderes als der kürzeste Weg zwischen der Wiege des Denkens und seinem Grab.

6. Welche sind die besten Maßnahmen, die arabische Sprache lebendig zu erhalten?

Die besten Maßnahmen, ja sogar das einzige Mittel, die Sprache lebendig zu erhalten, befindet sich im Herzen des

Dichters, auf seinen Lippen und in seiner Hand. Der Dichter ist der Vermittler zwischen der schöpferischen Kraft und den Menschen. Er ist der Faden, der die Verbindung herstellt zwischen dem, was sich im Reich der Seele und der Welt der Forschung ereignet. Er überträgt in die Welt des Bewahrens und Registrierens, was in der Werkstatt des Denkens geboren wird.

Der Dichter ist zugleich Vater und Mutter der Sprache. Sie folgt ihm, wohin er geht, und sie lagert, wo er anhält. Wenn er stirbt, sitzt sie weinend und klagend an seinem Grab, bis ein anderer Dichter vorbeikommt und sie an die Hand nimmt.

Wenn der Dichter Vater und Mutter der Sprache ist, so ist der Imitator der Weber ihres Leichentuchs und ihr Totengräber.

Ich bezeichne als Dichter jeden Erfinder, ob er groß ist oder klein; jeden Entdecker, ob er stark ist oder schwach; jeden schöpferischen Menschen, ob er anerkannt oder gering geschätzt wird; jeden, der das Leben liebt, ob er ein Imam oder ein Taugenichts ist; und jeden, der den Tagen und Nächten mit Ehrfurcht begegnet, ob er ein Philosoph ist oder ein Wächter in den Weingärten.

Doch der Nachahmer ist derjenige, der weder etwas erfunden, noch etwas entdeckt hat. Vielmehr entlehnt er sein geistiges und geistliches Leben von seinen Zeitgenossen, und er verfertigt sich ein geistiges Kleid aus den Flicken der Kleidung seiner Vorgänger.

Ich bezeichne als Dichter jenen Bauer, der sein Feld mit einem Pflug umpflügt, der auch nur ein wenig besser ist als der Pflug, den er von seinem Vater geerbt hat – und nach ihm kommt jemand, der dem neuen Pflug einen neuen Namen gibt; oder jenen Gärtner, der aus einer gelben und einer roten Blume eine orangefarbene Blume züchtet, und nach ihm kommt jemand, der der neuen Blume einen neuen Namen gibt; oder jenen Weber, der an seinem Webstuhl einen Stoff mit Bildern und Mustern webt, der sich von den Stoffen anderer Weber unterscheidet, und nach ihm kommt jemand und nennt seine Stoffe mit neuen Namen.

Ich bezeichne als Dichter jenen Seemann, der auf seinem Schiff, das zwei Segel hat, ein drittes Segel hisst, jenen Maurer, der ein Haus mit zwei Türen und zwei Fenstern baut inmitten von Häusern, die nur eine Tür und ein Fenster besitzen; und jenen Färber, der Farben zusammenstellt, die vor ihm noch nie jemand gemischt hat, so dass eine neue Farbe entsteht. Nach dem Seemann, dem Maurer und dem Färber wird jemand kommen, der die Ergebnisse ihrer schöpferischen Arbeit mit neuen Namen benennt, und so fügt er dem Schiff der Sprache ein neues Segel hinzu, dem Haus der Sprache ein neues Fenster und dem Gewand der Sprache eine neue Farbe.

Der Nachahmer jedoch ist derjenige, der zwischen einem Ort und einem anderen dem Weg folgt, auf dem schon Tausende von Karawanen gezogen sind. Und aus Angst sich zu verirren, weicht er keinen Schritt von diesem ab. Er ist derjenige, der in der Art, sein Leben, seine Nahrung und seine Kleidung zu verdienen, den ausgetretenen Pfaden folgt, auf denen Tausende und aber Tausende von Jahrhunderten vorbeigezogen sind. Sein Leben ist wie ein Echo und sein Sein wie ein schwacher Schatten einer entfernten Wirklichkeit, von der er nichts weiß und auch nichts wissen will.

Ich bezeichne als Dichter jenen Frommen, der in den Tempel seiner Seele eintritt und sich niederkniet, bald weinend und bald frohlockend, bald klagend und bald glücklich, zuhörend oder anrufend und fürbittend, und der diesen Tempel verlässt, während sich auf seinen Lippen bereits neue Wörter, Verben, Buchstaben und Ableitungen zu einem Gebet formen, das sich täglich erneuert, ebenso wie er jede Nacht seiner Sehnsucht neuen Ausdruck verleiht, und so fügt er der Gitarre der Sprache eine neue goldene Saite hinzu und legt ein duftendes Scheit Holz in ihren Ofen.

Der Nachahmer aber ist derjenige, der das Gebet des Betenden und die Fürbitte der Fürbittenden ohne Willen und Gefühl wiederholt, und so belässt er die Sprache da, wo er sie aufgefunden hat, und die persönliche Redekunst da, wo es weder Redekunst noch Persönlichkeit gibt.

Als Dichter bezeichne ich denjenigen, der sich zurückzieht, wenn er eine Frau liebt, der sich vom breiten ausgetretenen Weg der Menschen absondert, um ihre Träume mit der Pracht des Tages zu bekleiden, mit der Furcht der Nacht, dem Klagen der Stürme und dem Schweigen der Täler. Dann flechtet sie aus ihren Erfahrungen eine Krone für das Haupt der Sprache, und aus ihrem Glück reiht sie Perlen auf zu einer Kette für den Hals der Sprache.

Der Nachahmer dagegen ist ein Imitator bis hinein in seine Liebe, seine Liebesgedichte und seine Vergleiche: wenn er das Gesicht und den Hals seiner Geliebten beschreibt, spricht er vom Vollmond und der Gazelle; ihre Haare, ihre Gestalt und ihre Blicke vergleicht er mit der Nacht, mit Weidenzweigen und Pfeilen; wenn er klagt, spricht er vom Augenlid, das keine Ruhe findet, von der Ferne der Morgenröte und vom gestrengen Tadler. Wenn er ein rhetorisches Wunder vollbringen will, wird er sich so ausdrücken: »Meine Geliebte regnet Perlen von Tränen aus den Narzissen ihrer Augen, um die Rosen ihrer Wangen zu betauen, und mit der Kälte ihrer Zähne beißt sie in ihre weintraubengleichen Fingerspitzen.« Unser Freund, der Papagei, singt dieses alte Lied, ohne zu wissen, dass er mit seiner Dummheit den Sprachinhalt vergiftet und durch seine Abgeschmacktheit den Wert und die Würde der Sprache abnutzt.

Ich sprach bisher von dem Erfinder und seinem Nutzen für die Menschen und die Sprache sowie von dem Nachahmer und seinem Schaden für sie. Und ich habe diejenigen noch nicht erwähnt, die ihr ganzes Leben damit zubringen, vielbändige Wörterbücher und Lexika zusammenzustellen oder Sprachlehrbücher zu verfassen. Ich habe diese Autoren bisher mit keinem Wort erwähnt, weil sie meiner Meinung nach dem Ufer bei Flut und Ebbe gleichen. Ihre Aufgabe besteht lediglich im Sieben der Sprache – zwar ist das Sieben eine wichtige Funktion, aber was können die Siebenden sieben, wenn die schöpferische Kraft in einer Nation versiegt ist, wenn diese Nation nicht imstande ist, etwas anderes zu säen als Unkraut, etwas anderes zu ernten als dürre Halme und etwas anderes auf ihren Tennen zu speichern als Dornen und Kletten?

Ich wiederhole, dass das Leben der Sprache und alles, was mit ihr zusammenhängt, von der schöpferischen Kraft und Phantasie des Dichters abhängt. Haben wir solche Dichter? Ja, wir haben solche Dichter. Jeder Orientale kann ein Dichter sein in seinem Garten, auf seinem Feld, an seinem Webstuhl, in seinem Tempel, auf seiner Kanzel und in seiner Bibliothek. Jeder Orientale kann sich aus der Gefangenschaft der Imitation und Tradition befreien. Dann tritt er hinaus ans Licht der Sonne und reiht sich ein in den Reigen des Lebens. Jeder Orientale kann sich der schöpferischen Kraft anvertrauen, die in seiner Seele verborgen ist, jener ewigen unendlichen Kraft, die im Stande ist, aus Steinen Kinder Gottes zu machen.

Denjenigen aber, die ihren Talenten Ausdruck verleihen und schreiben wollen, ihnen wünsche ich, dass sie daran gehindert werden mögen, den Spuren der Menschen zu folgen, die ihnen vorangegangen sind. Es ist besser für euch und die arabische Sprache, eine bescheidene Hütte aus eigenen Mitteln zu bauen, als einen Palast zu errichten, in dem alles entliehen und entlehnt ist. Möge euch euer Ehrgefühl verbieten, Dichtung zu Lobreden sowie Trauer- und Glückwunschgedichten herabzuwürdigen und zu degradieren. Es wäre besser für euch und die arabische Sprache, verlassen und verachtet zu sterben, als dass ihr eure Herzen mit dem Weihrauch von Idolen und Statuen verbrennt. Möge euer nationaler Eifer euch dazu veranlassen, das orientalische Leben darzustellen mit allen eigentümlichen Leiden und Freuden, die es enthält. Es wird für die arabische Sprache und für euch besser sein, die einfachen Dinge eurer Umgebung darzustellen und sie in das Gewand eurer Phantasie zu hüllen als das Beste und Schönste ins Arabische zu übertragen, was im Westen geschrieben wurde.

Ibn al-Farid

Omar Ibn al-Farid war ein göttlicher Dichter. Seine unersättliche Seele trank den Wein des Geistes, bis sie trunken war. Dann schwebte er durch die Welt der Ideen und Empfindungen, welche die Träume der Dichter, die Gefühle der Liebenden und die Sehnsüchte der Mystiker birgt. Ernüchtert kommt er zurück in die Welt der sichtbaren Dinge, um das, was er gesehen und gehört hat, in schöner und ergreifender Sprache aufzuzeichnen.

Wenn wir seine Kunst betrachten sowie das darin enthaltene Darstellungsvermögen seelischer Vorgänge, dann erkennen wir ihn als einen Priester im Tempel des absoluten Denkens, einen Prinzen im Königreich der grenzenlosen Phantasie und einen hervorragenden General in der Armee der Mystiker. Diese Armee bewegt sich nur langsam auf das Königreich der Wahrheit zu, doch sie besiegt unterwegs die Banalität und Geistlosigkeit des Lebens, indem ihr Blick stets auf die Größe und Erhabenheit des Lebens gerichtet ist.

Ibn al-Farid lebte in einer Zeit, der es an geistigem Schaffen und geistlichen Werten mangelte, zwischen Menschen, die sich ausschließlich der Imitation und Überlieferung widmeten, die ihre Zeit damit verbrachten aufzuzeigen, was der Islam an literarischen und philosophischen Errungenschaften hinterlassen hat. Doch das Genie – und das Genie ist ein göttliches Wunder – hat den Dichter aus Hama dazu veranlasst, sich von seiner Zeit und seinem Milieu abzuwenden und die Einsamkeit zu wählen, um in ihr aufzuschreiben, was ihm als unvergängliche Dichtung erschien, die das, was im Leben erscheint, mit dem, was sich in ihm befindet, verbindet.

Ibn al-Farid wählte seine Themen nicht – wie al-Mutanabi es tat – aus dem alltäglichen Leben. Er beschäftigte sich auch nicht mit den Rätseln und Geheimnissen des Lebens – wie al-Muarri –; vielmehr schloss er seine Augen vor der Welt, um zu sehen, was sich hinter ihr verbirgt, und er schloss seine Ohren vor dem Lärm der Welt, um die Melodien der Unendlichkeit zu hören.
Das ist Ibn al-Farid. Sein lauterer Geist gleicht den Strahlen der Sonne, sein Herz brennt wie ein Feuer und sein klares Denken gleicht einem See im Gebirge. Wenn er auch weniger mutig war als die Gahiliyun[1] und weniger Eleganz besaß als die Muwaladun[2], so enthält seine Dichtung aber, was seine Vorgänger nicht erträumten und seine Nachfolger nie erreichten.

1 die vorislamische Zeit
2 teils vorislamische, teils islamische Zeit (auch Zeitgenossen Muhammads)

Die neue Zeit

Zur Zeit gibt es im Orient zwei einander bekämpfende Denkweisen: das alte Denken und das neue Denken. Das alte Denken wird überwunden werden, denn seine Kräfte haben sich erschöpft und sein Lebenswille ist versiegt.

Im Orient macht sich ein Erwachen bemerkbar, das dem Schlaf zu entrinnen sucht. Der Zustand des Wachens wird schließlich der Sieger sein, denn die Sonne ist sein Führer und das Morgenrot ist seine Armee.

Auf den Feldern des Orients – und gestern noch war der Orient ein ausgedehnter, weitläufiger Friedhof – erhebt sich der jugendliche Frühling und ruft die Bewohner der Gräber auf, zu erwachen und sich in Bewegung zu setzen mit der neuen Zeit. Sobald der Frühling sein Lied anstimmt, steht der vom Winter Niedergeschlagene wieder auf, schlägt sein Leichentuch zurück und geht. Im Raum des Orients machen sich belebende Erschütterungen bemerkbar, die sich vertiefen, verlängern und verbreitern, bis sie die aufmerksamen sensiblen Seelen erreichen und miteinander vereinigen, und sie umgeben die stolzen empfindsamen Herzen, um sie zu gewinnen.

Im Orient gibt es zur Zeit zwei Herren: einen Herrn, der befiehlt und verbietet und dem Gehorsam geleistet wird; doch er ist ein Greis, der im Sterben liegt; – der andere Herr schweigt wie die Gesetze und Satzungen; er verhält sich ruhig in der Gewissheit seines gerechten Anspruchs; er ist mächtig und hat starke Arme; er vertraut seiner Kraft und Tüchtigkeit. Im Orient gibt es heutzutage zwei Kategorien von Menschen: den Menschen von gestern und den Menschen von morgen. Von welchen der beiden bist du, Orient?

Komm näher, damit ich dich aufmerksam betrachte und beobachte und mir aufgrund deiner Gesichtszüge und deiner äußeren Erscheinung ein Bild davon mache, ob du von denjenigen bist, die zum Licht streben, oder von denen, die in die Dunkelheit gehen. Komm, erzähl mir, was und wer du bist.

Bist du ein Politiker, der sich insgeheim sagt: Ich will für mich Nutzen ziehen aus meiner Nation, oder bist du ein stolzer, empfindsamer Mensch, der sich sagt: Ich sehne mich danach, meiner Nation zu nützen.
Wenn du der Erste bist, bist du ein Parasit; bist du aber der Zweite, so bist du eine Oase in der Wüste.

Bist du ein Kaufmann, dem die Not seiner Mitmenschen als Mittel zur Bereicherung dient und der die Bedürfnisse monopolisiert, damit er für einen Dinar verkaufen kann, was er für einen Dirham erworben hat? Oder bist du ein fleißiger, strebsamer Mensch, der den Warenaustausch zwischen dem Weber und dem Sämann erleichtert, der sich als ein Glied in der Kette versteht zwischen dem Wünschenden und dem Gewünschten und der sich für den Wünschenden und das Gewünschte gleichermaßen nützlich macht?
Wenn du der Erste bist, bist du ein Krimineller, ob du im Schloss oder im Gefängnis wohnst; und wenn du der Zweite bist, bist du ein Wohltäter, ob die Menschen dir Dankbarkeit erweisen oder nicht.

Bist du ein religiöser Führer, der sich aus der Gutgläubigkeit der Menschen einen Purpurmantel weben und sich aus der Schlichtheit ihrer Seelen eine Krone verfertigen lässt, der vorgibt, den Teufel zu verachten und dennoch von seinen Gütern lebt?

Oder bist du ein gottesfürchtiger Mensch, der in der Tugend des Einzelnen die Grundlage für den Aufstieg und Fortschritt einer Nation sieht, sowie in der gründlichen Erforschung seiner Seele eine Leiter erblickt, die ihn zum universellen Geist führt?
Wenn du der Erste bist, bist du ein Ungläubiger, gleichviel ob du tagsüber fastest und die Nacht hindurch betest. Wenn du aber der Zweite bist, so bist du eine Lilie im Paradiesgarten der Gerechtigkeit, ob ihr Duft sich (in den Nasen der Menschen) verliert oder ob er in der Kuppel des Weltraums schwebt, wo der Duft der Blüten aufbewahrt wird.

Bist du ein Journalist, der sein Denken und seine Grundsätze auf dem Sklavenmarkt sammelt, der blüht und gedeiht aufgrund der Auswahl der Nachrichten von Elend und Unglück, dem Geier gleich, der sich nur auf verwesende Kadaver stürzt? Oder bist du ein Lehrer, der am Pult der Zivilisation steht und seine Ermahnungen und Lehren vom Ursprung der Zeit erhält, und der erst, nachdem er selber seine Lehren daraus gezogen hat, sie an die Menschen weitervermittelt.
Wenn du der Erste bist, so gleichst du eiternden Geschwüren; bist du aber der Zweite, so bist du Balsam und Arznei.

Bist du ein Gouverneur, der sich unterwürfig verhält gegenüber demjenigen, der ihn mit diesem Amt betraute, und diejenigen verachtet, die ihm anvertraut wurden, einer, der keine Handbewegung macht, ohne gleichzeitig dabei seine Taschen zu füllen, und der keinen Schritt tut, ohne daraus einen Vorteil zu ziehen? Oder bist du ein treuer Verwalter, der der Sache seines Volkes dient, der seine Interessen vertritt und dessen Wünsche zu verwirklichen sucht?

Wenn du der Erste bist, so bist du ein Unkraut auf der Tenne der Nation, und wenn du der Zweite bist, der Segen in ihren Speichern.

Bist du ein Ehemann, der sich selber erlaubt, was er seiner Ehefrau verbietet; der ausgeht und sich vergnügt, während in seinem Gürtel der Schlüssel zu ihrem Gefängnis steckt; der isst, worauf er Appetit hat, bis er krank wird, während sie einsam vor einem leeren Tisch sitzt? Oder bist du ein Begleiter, der nirgendwohin geht, ohne die Hand seiner Begleiterin in seiner Hand zu halten, der nichts unternimmt, bevor sie ihre Meinung dazu geäußert hat, und der nicht erfolgreich ist, ohne dass sie Anteil hat an seiner Freude und an seiner Ehre?
Wenn du der Erste bist, so bist du übrig geblieben von längst erloschenen Volksstämmen, die noch in Höhlen wohnten und Tierhäute trugen. Wenn du aber der Zweite bist, bist du der Vorläufer einer Nation, die mit der Morgenröte voranschreitet zum Mittag der Gerechtigkeit und Klugheit.

Bist du ein Schriftsteller oder ein Forscher, dessen Kopf sich über unsere Köpfe erhebt, wobei seine Gedanken in die Abgründe der Vergangenheit zurückkehren, wo Generationen ihre geflickten und abgetragenen Kleider deponieren sowie alles, was für sie keinen Wert mehr besaß? Oder bist du ein klarer Gedanke, der seine Umgebung erforscht um zu wissen, was für ihn nützlich und was für ihn schädlich ist, und der sein Leben damit zubringt, das Nützliche zu schaffen und das Schädliche zu zerstören?
Wenn du der Erste bist, bist du ein Tor und Einfaltspinsel; bist du dagegen der Zweite, so bist du Brot für die Hungernden und Wasser für die Durstenden.

Bist du ein Dichter, der vor den Toren der Prinzen aufspielt, der auf Hochzeiten Blumen streut und bei Begräbnissen an der Spitze des Leichenzuges schreitet mit einem feuchten Schwamm, den er ausdrückt, sobald der Zug den Friedhof erreicht, oder bist du ein begabter Dichter, in dessen Hände Gott eine Gitarre gelegt hat, der er göttliche Melodien entlockt, die in uns Ehrfurcht wecken vor dem Leben und was es an Schönheit und Schrecken enthält?
Wenn du der Erste bist, gehörst du zu den Betrügern, die in unseren Seelen das Gegenteil von dem bewirken, was sie sagen; wenn sie weinen, lachen wir, und wenn sie fröhlich sind, trauern wir. Wenn du aber der Zweite bist, so bist du das Strahlen in unseren Blicken, die Sehnsucht in unseren Herzen und die göttliche Vision in unserer Ekstase.

Im Orient gibt es zwei Arten von Prozessionen oder Umzügen: die eine besteht aus Greisen mit gebeugten Rücken; sie ziehen langsam vorwärts, auf krummen Stäben gestützt; sie sind außer Atem und erschöpft, obgleich ihr Zug sich abwärts von oben nach unten bewegt – die andere bilden junge Menschen, die rasch vorwärts schreiten, als ob sie Flügel hätten; dabei jauchzen und jubeln sie, als gäbe es in ihren Kehlen Saiten von Lauten und Gitarren; sie steigen mühelos bergauf, als gäbe es auf den Gipfeln der Berge eine Kraft, die sie anzieht, und einen Zauber, der sie fasziniert.
Von welcher Gruppe bist du, Orientale, und welchem Zug hast du dich angeschlossen? Frag dich selbst! Verlange von dir eine Antwort im Schweigen der Nacht, wenn deine Seele erwacht ist aus ihrer Betäubung durch ihre Umgebung: ob du einer von den Sklaven des Gestern oder einer der Freien des Morgen bist.
Lass dir gesagt sein, dass die Söhne des Gestern im Leichenzug der Epoche ziehen, die sie geschaffen hat und die

sie geschaffen haben. Sie ziehen an einem Tau, deren Fäden die Zeit morsch und brüchig werden ließ; und wenn sie daran reißen – und es wird bald der Fall sein –, dann fallen diejenigen, die daran ziehen, in ein Grab des Vergessens. Sie bewohnen Häuser, deren Fundamente baufällig sind; wenn der Sturm sich erhebt – und er wird sich bald erheben –, stürzen diese Häuser über ihren Köpfen zusammen und werden zu ihren Gräbern. Ihre Gedanken und Reden, ihre Dispute und schriftlichen Werke, ihre Ämter und Kanzleien sind nichts als Ketten, die sie herumschleppen und unter deren Last sie stöhnen, doch wegen ihrer Schwäche können sie sie nicht abschütteln.

Die Kinder des Morgen aber sind diejenigen, die das Leben gerufen hat. Sie folgen dem Ruf mit sicheren Schritten und erhobenen Köpfen. Sie sind das Morgenrot einer neuen Zeit. Weder verhüllt der Rauch ihr Licht, noch übertönt das Klirren der Ketten ihre Stimmen, und der üble Geruch der Sümpfe kann ihren Wohlgeruch nicht aufheben. Sie sind eine kleine Gruppe inmitten zahlloser Gruppen mit zahlreichen Anhängern. Doch in einem blühenden Zweig steckt etwas, was man in einem abgestorbenen Wald vergeblich sucht, und in einem einzigen Korn Weizen kann man finden, was ein ganzer Berg Stroh nicht enthält. Sie sind eine unbekannte Gruppe, aber sie kennen einander, und den höchsten Gipfeln gleich, sehen sie einander; sie hören ihre Rufe und reden miteinander; die Grotten hingegen sind blind und sehen nicht, sie sind taub und hören nicht. Sie aber sind Samenkörner, die Gott auf ein Feld gestreut hat; die Kraft ihres Innern sprengte die Hüllen, und nun sind sie die zarten Pflanzen, die sich vor dem Antlitz der Sonne neigen; und sie werden riesige Bäume werden, deren Wurzeln sich im Herzen der Erde ausstrecken und deren Zweige in die Tiefen des Himmels emporsteigen.

Die Einsamkeit und die Zurückgezogenheit

Das Leben ist eine Insel in einem Meer der Einsamkeit und Zurückgezogenheit.
Das Leben ist eine Insel, deren Felsen die Wünsche und deren Bäume die Träume sind, deren Blumen die Verlassenheit und deren Quellen der Durst ist. Sie liegt inmitten eines Meeres der Einsamkeit und Zurückgezogenheit.

Dein Leben, Bruder, ist eine Insel, die von allen anderen Inseln und Territorien abgetrennt ist. Obgleich du Schiffe und Barken an andere Ufer aussendest und obwohl Flotten und Geschwader deine Ufer erreichen, bist du dennoch eine abgetrennte Insel, allein durch dein Leid, abgesondert durch deine Freude, abgelegen durch deine Sehnsucht und unbekannt durch deine Geheimnisse und Rätsel.
Ich sah dich, Bruder, auf einem Berg Gold sitzen, glücklich über deinen Reichtum, und du übertrafst den Gesang des Dichters, dass jedes Stäubchen Gold einen Faden darstellt, der das Denken der Menschen mit deinem Denken verbindet und ihre Neigungen und Tendenzen mit den deinen verknüpft.

Ich sah dich als Eroberer Truppen von Soldaten gegen eine unzugängliche Festung führen, die du zerstörtest und einnahmst.
Doch als ich ein zweites Mal hinsah, entdeckte ich hinter der Mauer deiner Schätze ein Herz, das in seiner Einsamkeit und Zurückgezogenheit zitterte, wie ein Verdurstender zittert, der in seinem selbst gemachten Käfig aus Gold und Perlen sitzt, aber kein Wasser hat.

Ich sah dich, Bruder, auf dem Thron der Ehre sitzen, umgeben von Menschen, die deinen Namen rühmten, deine guten Taten priesen und auf dich blickten, als seien sie in der Gegenwart eines Propheten, der ihre Seelen und Geister erhob, bis sie mit ihm die Sterne und Planeten umkreisten. Du sahst sie an, und dein Gesicht spiegelte die Glückseligkeit und Überwältigung der Macht, und es hatte den Anschein, als ob du für sie wärest, was die Seele für den Körper ist.

Doch als ich ein zweites Mal hinschaute, sah ich dein einsames »Ich« neben deinem Thron stehen, und es litt an seiner Entfremdung und erstickte an seiner Einsamkeit; ich sah es die Hände nach allen Seiten ausstrecken, als ob sie um Mitleid bäten und ein Almosen von unsichtbaren Geistern erbettelten; dann sah ich es über die Köpfe der Menschen hinweg zu einem entfernten Ort blicken, einem Ort, der völlig leer ist und an dem sich nichts befindet außer seiner Einsamkeit und Zurückgezogenheit.

Ich sah dich, Bruder, verliebt in eine schöne Frau, wie du dein schmelzendes Herz auf den Scheitel ihres Haares vergossest und ihre Handflächen mit Küssen bedecktest. Sie schaute dich verliebt an, ihre Blicke voller Zärtlichkeit, und auf ihren Lippen lag die Süße der Mütterlichkeit. Da sagte ich mir: die Liebe hat die Einsamkeit dieses Mannes aufgehoben und sein Alleinsein beendet; er ist zurückgekehrt zum universellen Geist, der durch die Liebe anzieht, was sich von ihm gelöst hatte in die Leere und ins Vergessen.

Doch ich sah dich ein zweites Mal, und ich entdeckte in den Falten deines verliebten Herzens ein einsames Herz, das vergeblich versucht, auf den Kopf einer Frau zu verströmen, was in ihm verborgen ist; und ich erblickte hinter deiner liebenden Seele eine andere einsame Seele, die dem Nebel glich, der vergeblich versuchte, zu Tränen in den Händen seiner Begleiterin zu werden.

Dein Leben, Bruder, ist ein einsames Haus, weit entfernt von allen Häusern und von allen Lebenden. Und dein inneres Leben ist ein Haus, das abseits liegt von den äußeren Erscheinungen, denen die Menschen deinen Namen verleihen. Wenn dein Haus dunkel ist, kannst du es nicht mit den Lampen deines Nachbarn erhellen; wenn es in einer Wüste steht, kannst du es nicht in einen blühenden Garten versetzen, den ein anderer angelegt hat; wenn es auf dem Gipfel eines Berges steht, kannst du es nicht in ein Tal versetzen, das die Füße der anderen geebnet haben.
Dein geistiges Leben, Bruder, ist von Einsamkeit und Zurückgezogenheit geprägt, und ohne diese Einsamkeit und jene Zurückgezogenheit wärst du nicht, was du bist, und wäre ich nicht, was ich bin. Ohne diese Einsamkeit und Zurückgezogenheit hätte ich beim Klang deiner Stimme geglaubt, dass ich spreche, und beim Anblick deines Gesichtes hätte ich geglaubt, mich in einem Spiegel zu sehen.

Irm Dat al-Imad – die verborgene Stadt

»Hast du nicht gesehen, wie dein Herr an Aad Irm Dat al-Imad gehandelt hat; er hat nichts Gleichwertiges in der Welt geschaffen.« *Koran*

»Einige meiner Nationen werden sie betreten.« *Hadith*

Einleitung zu Irm Dat al-Imad

Nachdem Schaddad Ibn Aad die gesamte Welt in Besitz genommen hatte, befahl er tausend Emiren von den Emiren des Stammes der Aad, nach einer weiten Fläche Land Ausschau zu halten, die reich ist an Wasserquellen und guter Luft und die vom Gebirge weit entfernt ist, um dort eine goldene Stadt zu errichten. Jene Emire begaben sich auf die Suche, wobei jeder von tausend Männern aus ihrer Dienerschaft und Gefolgschaft begleitet wurden. Sie hielten überall Ausschau, bis sie zu einem weitläufigen Gelände gelangten, reich an Wasserquellen und guter Luft. Dieser Platz gefiel ihnen, und sie befragten Ingenieure und Baumeister, den Plan für eine gewaltige quadratische Stadt zu entwerfen, deren Außenmauern insgesamt vierzig Parasange[1] messen sollten, also jede Seite zehn Parasange.

Sie hoben die Fundamente bis zum Grundwasser aus, und sie errichteten die Grundmauern bis zur Erdoberfläche aus jemenitischem Onyx; darauf bauten sie die Stadtmauer, die sich fünfhundert Ellen über der Erdoberfläche erhob, und sie bedeckten sie mit Platten aus Gold und Silber, die das Auge nicht wahrzunehmen vermochte, wenn die Sonne darauf schien.

1 Längenmaß (2250 Meter)

Schaddad befahl allen Minen der Welt, Gold zu fördern, um es als Ziegel zu benutzen. Darüber hinaus brachten die Minen viele vergrabene Schätze zutage. Dann ließ er innerhalb der Stadt hunderttausend Paläste errichten gemäß der Zahl der Oberhäupter seines Reiches. Jedes der Schlösser war auf Säulen aufgebaut, die aus in Gold gefassten Edelsteinen und Saphiren bestanden, und jede Säule maß hundert Ellen.
Mitten durch die Stadt ließ er einen Fluss anlegen, von dem Bäche und Flüsschen zu den Palästen und Villen abzweigten, und ihre Kieselsteine waren aus Gold, Perlen und Saphiren. Die Paläste wurden vergoldet und versilbert. An die Ufer der Flüsse setzte man verschiedenartige Bäume, deren Stämme aus Gold waren, die Blätter und Früchte aus Edelsteinen, Saphiren und Perlen. Die Stadtmauern ließ er mit Moschus und Ambra besprühen. Auch einen großen Garten ließ er anlegen, den er mit Bäumen aus Smaragden, Saphiren und anderen Edelsteinen schmückte. Auf den Bäumen gab es Vögel, die man singen und zwitschern hörte ...

(aus al-Schaabi's Buch: Geschichte der Könige)

Irm Dat al-Imad

Ort:
ein Hain, bestehend aus Nussbäumen, Pappeln und Granatapfelbäumen, die ein altes, einsames Haus umgeben, das abgesondert zwischen der Quelle des Orontes und einem Dorf im Hermel im Nordosten des Libanon liegt
Zeit:
an einem Nachmittag im Juli des Jahres 1883
Personen:
Zein al-'Abidin an-Nahawandi, ein persischer Derwisch, 40 Jahre alt, Mystiker
Nagib Rahmat, ein libanesischer Schriftsteller, 33 Jahre alt

Aminat al-'Alawiat, in dieser Gegend als »Geist des Tales« bekannt, niemand weiß ihr Alter

Der Vorhang hebt sich, und auf der Bühne erscheint Zein al-'Abidin, im Schatten der Bäume sitzend. Er stützt sich auf einen Arm auf, während er in der anderen Hand einen langen Stock hält, mit dessen Spitze er runde Linien auf den Erdboden zeichnet. Einen Augenblick später nähert sich auf einem Pferd reitend Nagib Rahmat dem Hain. Er steigt vom Rücken seines Pferdes ab und bindet die Zügel seines Reittiers an einen Baumstamm. Dann schüttelt er den Staub von seinen Kleidern und nähert sich Zein al-'Abidin.

Nagib: Der Friede sei mit dir, mein Herr!

Zein: Und auch mit dir! *(indem er sein Gesicht abwendet:)* Den Friedensgruß nehmen wir an; doch was die Anrede »Herr« betrifft, wissen wir nicht, ob wir sie annehmen sollen oder nicht.

Nagib: *(indem er sich suchend umschaut)* Wohnt hier Aminat al-'Alawiat?

Zein: Dies ist eins ihrer Häuser.

Nagib: Heißt das, mein Herr, dass sie noch andere Häuser besitzt?

Zein: Ihre Wohnungen sind ohne Zahl.

Nagib: Seit heute Morgen bin ich auf der Suche nach ihr, und ich frage jeden, den ich unterwegs treffe, nach ihrem Wohnsitz. Aber niemand konnte mir bisher sagen, ob sie zwei oder mehrere Häuser hat.

Zein: Das ist ein Beweis dafür, dass du seit heute Morgen nur Menschen begegnet bist, die ausschließlich mit ihren Augen sehen und nur mit ihren Ohren hören.

Nagib: *(verwundert)* Vielleicht ist es so, wie du sagst, mein Herr. Doch sag mir, ob Aminat al-'Alawiat tatsächlich in diesem Haus wohnt.

Zein: Ja, zuweilen wohnt sie an diesem Ort.

Nagib: Weißt du möglicherweise, wo sie sich jetzt aufhält?

Zein: Sie ist überall. *(Mit seiner Hand in östliche Richtung zeigend, fährt er fort:)* Was aber ihren Körper betrifft, so geht sie zwischen den Hügeln und Tälern spazieren.

Nagib: Kannst du mir sagen, ob sie heute noch hierher zurückkommt?

Zein: Sie wird zurückkommen, so Gott will.

Nagib: *(setzt sich auf einen Stein, Zein gegenüber, den er lange betrachtet, dann sagt er)* Deinem Bart nach zu urteilen, scheinst du ein Perser zu sein.

Zein: Ja, ich bin in Nahawand geboren, in Schiraz aufgewachsen und in Nisabur ausgebildet worden. Ich habe den Orient und den Okzident der Erde bereist, doch ich blieb ein Fremder an jedem Ort.

Nagib: Alle sind wir Fremde an allen Orten der Erde.

Zein: Nein, das stimmt nicht! Ich habe mit Tausenden und aber Tausenden gesprochen und mich mit ihnen unterhalten, und alle waren mit ihrer Umgebung zufrieden. Sie hatten sich ihren Lebensbedingungen angepasst gleich den vielen Tausenden, die sich aus der weiten Welt an einen kleinen Winkel zurückgezogen haben, der für sie die Welt bedeutet.

Nagib: *(von seinen Worten beeindruckt)* Der Mensch ist naturgemäß dem Ort zugetan, an dem er das Licht der Welt erblickte.

Zein: Und der begrenzte Mensch liebt von Natur aus die Begrenzung im Leben, ebenso wie der Kurzsichtige nur eine Elle von dem Weg sieht, auf dem er geht, und nur eine Elle von der Mauer, an die er sich anlehnt.

Nagib: Es ist nicht allen von uns gegeben, die Gesamtheit des Lebens zu überschauen; und es wäre ungerecht, von den Kurzsichtigen zu verlangen, den schwachen Schimmer in der Ferne zu erblicken.

Zein: Du hast Recht, es ist ungerecht, von unreifen Trauben Wein zu erwarten.

Nagib: *(nach einem Augenblick des Schweigens)* Seit vielen Jahren höre ich, was man über Aminat al-'Alawiat erzählt, und diese Berichte haben mich so sehr beeindruckt, dass ich mich entschlossen habe, sie aufzusuchen und sie persönlich nach ihren Geheimnissen zu befragen ...

Zein: *(unterbricht ihn)* Gibt es in dieser Welt jemanden, der Aminat al-'Alawiats Geheimnisse ergründen könnte? Gibt es unter den Menschen jemanden, der auf dem Grund des Meeres wie in einem Garten spazieren könnte?

Nagib: Verzeihen Sie, mein Herr! Ich sehe, dass ich mich falsch ausgedrückt habe. Natürlich kann ich nicht Aminat al-'Alawiats Geheimnisse ergründen, aber ich möchte von ihr erfahren, wie sie Irm Dat al-Imad betreten hat.

Zein: Du hast dich nur an die Tür ihrer Träume zu stellen. Wenn dir geöffnet wird, erreichst du dein Ziel, wenn nicht, bist du der Getadelte.

Nagib: Was soll das heißen: Wenn mir nicht geöffnet wird, bin ich der Getadelte?

Zein: Ich will damit sagen, dass Aminat al'Alawiat die Menschen besser kennt, als sie sich selber kennen. Sie sieht mit einem einzigen Blick, was es in ihrem Bewusstsein, ihrem Herzen und ihrem Geist gibt. Wenn sie dich dann würdig findet, wird sie mit dir reden, sonst nicht.

Nagib: Was soll ich sagen und tun, um würdig zu erscheinen, mit ihr zu reden?

Zein: Es ist zwecklos, dich durch bestimmte Reden und Handlungen würdig zu erweisen. Sie hört überhaupt nicht auf das, was du sagst, und achtet nicht darauf, was du tust, denn sie wird mit dem Ohr ihres Ohres hören, was du nicht gesagt hast – und mit dem Auge ihres Auges wird sie sehen, was du nicht getan hast.

NAGIB: *(erstaunt)* Wie beredt deine Worte sind, und wie schön!

ZEIN: Was ich über Aminat al-'Alawiat sage, ist nichts anderes als das Stammeln eines Stummen, der ein Lied singen will.

NAGIB: Weißt du, wo diese bewundernswerte Frau geboren ist?

ZEIN: Im Herzen Gottes ist sie geboren.

NAGIB: Ich meine, wo ihr Körper zur Welt kam?

ZEIN: In der Nähe von Damaskus.

NAGIB: Kannst du mir auch etwas über ihre Eltern und über ihre Erziehung und Ausbildung sagen?

ZEIN: Du stellst ähnliche Fragen, wie die Richter und Rechtsgelehrten. Glaubst du etwa, dass man das Wesentliche durch die Kenntnis äußerer Lebensumstände erfahren kann? Genügt es, um den Geschmack des Weines zu kennen, einen Blick auf den Weinkrug zu werfen?

NAGIB: Zwischen Geist und Körper bestehen gewisse Beziehungen ebenso wie zwischen dem Körper und seiner Umgebung. Und da ich nicht an Zufälligkeiten glaube, meine ich, dass es nicht uninteressant ist, diese Bande und Beziehungen in Betracht zu ziehen.

ZEIN: Du scheinst darüber einiges zu wissen! Hör also zu! Über Aminat al-'Alawiats Mutter weiß ich nur, dass sie bei der Geburt ihrer Tochter gestorben ist. Ihr Vater, der blinde Scheich Abd al-Ghani, bekannt unter dem Namen al-Alawi, war zu seiner Zeit ein religiöser Führer der Bathiniyat[1] und des Mystizismus. Er war – Gott sei

1 Schriftgelehrte des Islams, die nach dem inneren oder verborgenen Sinn der göttlichen Schriften forschen

ihm gnädig – mit seiner Tochter so innig verbunden und er liebte sie so sehr, dass er sie selber aufzog und ausbildete; und alles, was sein Geist enthielt, teilte er ihrem Geist mit. Als Aminat al-'Alawiat volljährig wurde, war ihm bewusst, dass die Kenntnisse, die sie von ihm erhalten hatte, im Vergleich zu dem Wissen, das sie besaß, dem Schaum des Meeres zu vergleichen war. Er pflegte im Hinblick auf ihr Wissen zu sagen: Aus meiner Dunkelheit ist ein Licht erschienen, das mich erleuchtet. Nachdem sie das fünfundzwanzigste Lebensjahr erreicht hatte, brach er mit ihr nach Mekka auf, um die religiöse Pflicht des Hajj[1] zu erfüllen. Als sie die Steppe bei Damaskus durchquerten, befiel den Blinden ein Fieber, an dem er starb.

Seine Tochter begrub ihn am Fuße eines Berges. Sie blieb sieben Tage und Nächte an seinem Grab und hielt Zwiesprache mit seinem Geist, den sie bat, ihr die Geheimnisse des Überirdischen zu entdecken und ihr zu enthüllen, was sich hinter dem Schleier des Sichtbaren verbirgt. In der siebten Nacht gab ihr der Geist ihres Vaters ein, ihren Proviant auf die Schulter zu nehmen und die Reise in östliche Richtung fortzusetzen, und sie tat so. *(Er schweigt einen Augenblick, indem er den weiten Horizont betrachtet, dann fährt er fort:)* Aminat al-'Alawiat setzte den Weg durch die Steppe alleine fort, bis sie al-Rub'a al-Khali erreichte, das Herz der arabischen Halbinsel, das noch keine Karawane durchquert hat und wohin nur wenige Personen gelangten seit den Anfängen des Islams bis heute.

Die anderen Pilger aber glaubten, dass sie sich in der Einöde der Steppe verirrt habe und vor Hunger gestor-

1 die Wallfahrt nach Mekka (eine der fünf religiösen Prüfungen des Muslim)

ben sei. Als sie nach Damaskus zurückkehrten, gaben sie diesen Vermutungen Ausdruck.
Die Menschen, die ihre Güte erfahren hatten, trauerten um die beiden. Doch mit der Zeit hüllte Vergessen die Erinnerung ein, als ob sie nicht gelebt hätten. Fünf Jahre später tauchte Aminat al'Alawiat in Mossul auf. Ihr Erscheinen in all ihrer Schönheit und Würde, mit ihrem Wissen und ihrer Güte war wie das Auftauchen eines Meteors am Himmel. Danach verbrachte sie ihr Leben unter den Menschen, bald auf Reisen, bald im Kreise von Gelehrten und Imamen, mit denen sie über göttliche Dinge sprach und denen sie die Schönheiten von Irm Dat al-Imad beschrieb, mit einer solchen Beredsamkeit, wie sie das Volk nie gehört hatte. Je mehr ihr Fall bekannt und je zahlreicher die Anhänger wurden, die sich um sie scharten, um so mehr befürchteten die Gelehrten und die religiösen Führer der Stadt das Aufkommen einer neuen Häresie oder einer Verschwörung, und sie klagten sie beim Gouverneur der Stadt an. Dieser ließ sie zu sich kommen, bot ihr einen Beutel Gold an und forderte sie auf, die Stadt zu verlassen. Sie lehnte das Gold ab und verließ die Stadt noch am gleichen Tag, ohne dass sie jemand begleitete. Sie reiste nach Istanbul, Aleppo, Damaskus, Homs und Tripolis, und in all diesen Städten erweckte sie durch ihre Reden, was in den Seelen der Menschen schlummerte, und sie entflammte, was in ihren Geistern erloschen war. Zahllose Menschen versammelten sich – wie durch Zaubermacht angezogen – um sie, und sie lauschten den Berichten ihrer einmaligen Erfahrungen. Doch die Religionsgelehrten jener Städte, die sie bereiste, nahmen gegen sie Stellung. Sie zeigten sie bei den Richtern an und bereiteten ihr alle erdenklichen Arten von Unannehmlichkeiten und Verfolgungen. Da begann ihre Seele, sich nach der Einsam-

keit zu sehnen. Sie kam an diesen Ort, wo sie seitdem zurückgezogen lebt, sich ganz dem Gebet und der Meditation widmet, sich von allem zurückzieht und nur der Vertiefung der göttlichen Geheimnisse lebt.

Das ist ein wenig von dem vielen, was ich über Aminat al-'Alawiat weiß. Was Gott mir darüber hinaus an Wissen schenkte über ihr Wesen und ihre Seele sowie deren Kräfte und Gaben, darüber kann ich jetzt nicht sprechen. Wer von uns Menschen kann den Äther, der diese Welt umgibt, in Becher und Gläser füllen?

NAGIB: *(beeindruckt)* Ich bin dir dankbar, dass du die Freundlichkeit hattest, mir von deinem Wissen über diese merkwürdige Frau mitzuteilen. Mein Wunsch, sie persönlich kennen zu lernen, hat sich dadurch verstärkt.

ZEIN: *(beobachtet ihn eine Weile)* Du bist Christ, nicht wahr?

NAGIB: Ja, ich bin als Christ geboren. Doch ich weiß, wenn wir von den Religionen das entfernen, was im Laufe der Zeit an konfessionellen und sozialen Erweiterungen und Ausdrucksformen hinzugefügt wurde, erkennen wir sie alle als eine einzige Religion.

ZEIN: Du hast Recht! Und es gibt unter den Menschen wohl niemanden, der besser um die religiöse Einheit weiß als Aminat al-'Alawiat. Sie ist in den Augen der Menschen aus den verschiedensten Konfessionen wie der Morgentau, der vom Himmel herabfällt und sich als leuchtende Perlen auf die Blätter der Blumen legt. Ja, sie ist der Morgentau ... *(Zein hält plötzlich in seiner Rede an, er blickt horchend in östliche Richtung; dann gibt er Nagib ein Zeichen, aufzupassen – flüsternd:)* Da ist Aminat al-'Alawiat!

NAGIB: *(legt seine Hand an die Stirn, als ob er in den Wellen der Luft eine Veränderung wahrgenommen hätte; dann schaut er in die angedeutete Richtung und sieht Aminat al'Alawiat kommen. Er steht unbeweglich wie eine Statue, und auf seinem Gesicht zeigt sich der Ausdruck innerer Bewegtheit. Aminat al-'Alawiat tritt auf und bleibt vor den beiden Männern stehen. Ihr Gesicht, ihre Gesten und ihre Kleidung gleichen eher einem Idol vergangener Zeiten als einer modernen orientalischen Frau. Es fällt schwer, ihr Alter zu bestimmen, wenn man es aufgrund äußerer Merkmale schätzen will. Es scheint, als ob die Jugendlichkeit ihres Gesichts tausend Jahre Wissen und Erfahrung verwischen wollte. Nagib und Zein bleiben ehrfürchtig stehen, als ob sie sich in der Gegenwart eines Propheten Gottes befänden. Nachdem Aminat al-'Alawiat Nagibs Gesicht lange betrachtet hat, als ob sie bis in sein Herz schauen wollte, nähert sie sich ihm, und indem sie ihn anlächelt, sagt sie mit freundlicher Stimme:)*

AMINAT: Du bist zu uns gekommen, Mann aus dem Libanon, um Neuigkeiten zu erfahren. Aber du wirst bei uns nichts anderes erfahren, als was in dir ist, und du wirst von uns nichts anderes hören, als was dein Inneres bereits weiß.

NAGIB: *(bewegt)* Ich sah und hörte und ich glaube und bin zufrieden.

AMINAT: Begnüge dich nicht mit zu wenig! Derjenige, der mit leerem Krug zu den Quellen des Lebens kommt, soll mit zwei vollen Krügen zurückkehren. *(Sie reicht ihm ihre Hand; er ergreift sie, hält sie mit beiden Händen und küsst sie ehrerbietig, von einer inneren Kraft dazu getrieben. Sie wendet sich Zein zu, dem sie ebenfalls ihre Hand reicht, und dieser tut das Gleiche wie Nagib. Dann tritt sie ein wenig zurück und setzt sich auf einen behauenen Stein vor ihrem Haus. Sie zeigt auf herumliegende Steine und fordert Nagib auf:)* Dies sind unsere Plätze. Setz dich! *(Nagib lässt sich auf einem Stein nieder, und Zein folgt seinem Beispiel.)*

Wir sehen in deinen Augen ein Licht von den Lichtern Gottes. Derjenige, der uns in diesem Licht ansieht, erblickt unsere ungeschminkte Wahrheit. Und wir sehen in deinem Gesicht, dass es nicht die Neugier war, die dich zu uns trieb, sondern das Verlangen und der Wunsch nach der Wahrheit. Wenn du also ein Wort auf deinen Lippen hast, sag es! Wir werden dir zuhören. Und wenn du eine Frage in deinem Herzen hast, stelle sie, wir werden dir antworten.

Nagib: Ich kam hierher, um mich nach etwas zu erkundigen, worüber bei den Menschen viel geredet wird, da es ihnen so merkwürdig erscheint. Aber kaum war ich in deiner Gegenwart, da erkannte ich, dass das Leben eine Erscheinung des universellen Geistes ist. Mir geht es wie dem Fischer, der sein Netz ins Wasser warf, um Fische zu fangen; und als er es an Land zog, fand er in ihm einen Beutel kostbarer Perlen.

Aminat: Bist du gekommen, um dich nach unserem Aufenthalt in Irm Dat al-Imad zu erkundigen?

Nagib: Ja, Herrin, seit meiner Jugend weben diese drei Worte Irm Dat al-Imad meine Träume und prägen meine Vorstellungen über das, was dahinter steht an Symbolen und Visionen.

Aminat: *(hebt ihren Kopf, schließt ihre Augen und sagt mit einer Stimme, von der Nagib glaubt, dass sie aus dem Herzen des Weltraums kommt)* Ja, wir haben die verborgene Stadt erreicht, und wir haben sie betreten. Wir wohnten in ihr und haben unseren Geist an ihren Düften gelabt, unser Herz mit ihren Geheimnissen und unsere Taschen mit ihren Perlen und Saphiren gefüllt. Derjenige, der leugnet, was wir gesehen haben, ist ein Ungläubiger vor sich selbst und vor Gott.

Nagib: *(bedächtig)* Herrin, ich bin nur ein Kind, das stammelnd und stotternd zum Ausdruck bringt, was es sagen will. Wenn ich dir eine Frage stelle, so tue ich es in Demut, und wenn ich mich nach etwas erkundige, dann mit Vertrauen und Aufrichtigkeit. Werde ich in deinem Mitgefühl einen Fürsprecher finden, wenn ich dich mit meinen zahlreichen Fragen ermüde?

AMINAT: Frag, was du willst! Gott hat der Wahrheit mehrere Tore gegeben, und er öffnet sie demjenigen, der mit der Hand des Glaubens daran klopft.

NAGIB: Hast du Irm Dat al-Imad mit deinem Körper oder mit deinem Geist betreten? Ist sie eine Stadt, die aus konkreten, irdischen Elementen besteht und die an einem bestimmten Ort der Erde liegt, oder ist sie eine fiktive Stadt, die einen geistigen Zustand beschreibt, den die Propheten und die Erwählten Gottes erreichen im Zustand der Ekstase, den Gott wie einen Schleier über ihre Seelen breitet?

AMINAT: Alles, was wir auf Erden sehen oder nicht sehen, ist ein geistiger Zustand. Ich betrat die verborgene Stadt mit meinem Körper, der mein sichtbarer Geist ist, und ich betrat sie mit meinem Geist, der mein verborgener Körper ist. Wer versucht, Körper und Geist zu trennen, befindet sich im Irrtum. Die Blumen und ihr Duft sind eine untrennbare Einheit. Ein Blinder, der weder Farbe noch Form einer Blume sieht, wird sagen: Eine Blume ist Duft, der verströmt. Und er irrt sich darin ebenso wie jemand, der Schnupfen hat und behauptet: eine Blume ist nur Form und Farbe.

NAGIB: Also ist die verborgene Stadt, die wir Irm Dat al-Imad nennen, nichts anderes als ein geistiger Zustand?

AMINAT: Jeder Ort und jede Zeit ist ein geistiger Zustand, ebenso wie alles Sichtbare und alles Denkbare. Wenn du deine Augen schließt und in die Tiefen deiner Tiefen schaust, so siehst du die Welt in ihrer Gesamtheit und in ihren Teilen. Du wirst die Gesetze und Kräfte entdecken, die in ihr walten, und ihre Geheimnisse. Wenn du deine Augen schließt und deine Einsicht öffnest, wirst du den Anfang und das Ende der Welt vor Augen sehen, dieses Ende, das wiederum ein Anfang ist, und diesen Anfang, der ein Ende wird.

NAGIB: Hat jeder Mensch diese Möglichkeit, seine Augen zu schließen und das Wesen des Lebens wahrzunehmen?

AMINAT: Jeder Mensch kann sich so lange sehnen, bis die Sehnsucht den Schleier der äußeren Erscheinungen entfernt. Dann sieht er sich selbst, und wer sich selbst sieht, erblickt das Wesen des Lebens.

NAGIB: *(indem er seine Hand auf die Brust legt)* Dann existiert alles, was in der Schöpfung fühlbar und denkbar ist, hier in meinem Herzen?

AMINAT: Alles, was im Sein existiert, ist in dir, durch dich und für dich!

NAGIB: Heißt das, dass Irm Dat al-Imad in meinem Herzen existiert und nicht außerhalb von mir?

AMINAT: Alles, was vorhanden ist, ist in deinem Inneren; und alles, was sich in deinem Inneren befindet, existiert auch in Wirklichkeit. Es gibt keine Trennung zwischen den nahen und den entfernten, den hohen und den tiefen, den großen und den kleinen Dingen. Ein einziger Wassertropfen enthält alle Geheimnisse der Meere, genauso wie ein einziges Stäubchen alle Elemente der Erde enthält, und ebenso wie letztlich in einer einzigen Bewegung des Denkens alles enthalten ist, was es in der Welt an geistigen Bewegungen gibt.

NAGIB: *(verwirrt)* Es wurde mir berichtet, Herrin, dass du gewaltige Entfernungen hinter dich gebracht hast, bevor du al-Rub'a al-Khali im Herzen der arabischen Halbinsel erreichtest. Und mir wurde auch erzählt, dass der Geist deines Vaters Offenbarung und Wegweiser für dich war, der dich begleitete, bis du Irm Dat al-Imad erreicht hattest. Besteht also nicht die Notwendigkeit für denjenigen, der in die verborgene Stadt gelangen will, in einer vergleichbaren Situation zu sein und über ähnliche materielle Mittel und geistige Voraussetzungen zu verfügen wie du, um das zu erreichen, was du erreicht hast?

AMINAT: Gewiss, wir haben die weite Steppe durchquert, wir haben Hunger und Durst erduldet, die Gefahren und die Hitze des Tages auf uns genommen und ebenso die Schrecken und das Schweigen der Nacht, bevor wir die Mauern der Stadt Gottes erblickten. Aber vor uns hatten andere die Stadt erreicht, ohne einen einzigen Schritt gemacht zu haben, und sie haben ihre Schönheit und Pracht erblickt, ohne den Hunger des Körpers und den Durst des Geistes ertragen zu haben. In der Tat gibt es Brüder und Schwestern, die sich in der heiligen Stadt aufhielten, ohne ihre Häuser verlassen zu haben, in denen sie geboren wurden. *(Sie schweigt einen Augenblick, dann zeigt sie auf die duftenden Bäume, die sie umgeben:)* Jedes Samenkorn, das der Herbst auf die Erdoberfläche wirft, hat seine eigene Methode, seine Hüllen zu sprengen und sein Inneres zu befreien, um seine Blätter, Blüten und Früchte zu bilden und zu entfalten. Doch obgleich die Methoden unterschiedlich sind, so bleibt ihr Ziel das gleiche: in Ehrfurcht vor dem Antlitz der Sonne zu stehen.

ZEIN: *(geht auf und ab, und als ob er in eine himmlische Welt entrückt ist, ruft er mit sanfter Stimme)* Allah ist groß! Es gibt keinen Gott außer Allah, den großzügigen Spender, der seine Schatten zwischen Zunge und Lippen wirft!

AMINAT: Du hast Recht, sag: Allah ist groß! Es gibt keinen Gott außer Allah, und füg hinzu: Es gibt nichts außer Allah!

Zein: Es gibt nichts außer Allah!

Aminat: Sag: Es gibt keinen Gott außer Allah! Es gibt nichts außer Allah und sei Christ!

Nagib: *(neigt seinen Kopf, bewegt seine Lippen und wiederholt ihre Worte. Dann hebt er seinen Kopf und sagt)* Ich habe diese Worte gesagt, Herrin, und ich werde sie bis ans Ende meines Lebens wiederholen.

Aminat: Dein Leben hat kein Ende! Du bleibst wie alles bleibt.

Nagib: Wer bin ich und was bin ich, um ewig zu bleiben?

Aminat: Du bist du selbst, und du bist alles; deswegen wirst du ewig bleiben.

Nagib: Ich weiß, meine Herrin, dass die Elemente, aus denen sich mein Körper zusammensetzt, in der Urmaterie überdauern werden. Aber dieser Gedanke, den wir »Ich« nennen, wird auch er von ewiger Dauer sein? Wird dieser Strahl des Bewusstseins im Dunkel des Schlummers, der ihn umgibt, ewig bleiben? Bleibt diese Wasserblase, die im Sonnenlicht glänzt, und bleiben die Wellen, die das Meer gebar und die es vernichtet, um andere hervorzubringen, werden sie bestehen bleiben?

Diese Wünsche und Hoffnungen, diese Leiden und Freuden, werden sie Bestand haben? Bleiben diese schwankenden Bilder und Vorstellungen im unterbrochenen Schlaf dieser Nacht, die reich ist an Wundern und gewaltig in ihrer Weite, Tiefe und Höhe?

Aminat: *(hebt ihre Augen, als ob sie aus den reich gefüllten Taschen des Kosmos Schätze empfängt, und sie erwidert mit einer Stimme voller Zuversicht, Wissen und Erfahrung)* Alles Sein hat Bestand. Das Sein des Seienden ist ein Hinweis auf seine Ewigkeit. Und dieser Gedanke – in ihm verbirgt sich das gesamte Wissen, denn wenn er nicht existierte, so wäre das Wissen der Welt nicht existent –, er ist ein himmlisches, ewiges, unendliches Wesen. Er ändert sich nur, um in einem prächtigeren Bild zu erscheinen, und er schläft nur, um von einem schöneren Erwachen zu träumen.

Ich wundere mich über jemanden, der an die Ewigkeit der kleinsten Teilchen äußerer Hüllen glaubt, die unsere Sinnesorgane gerade noch wahrnehmen können, der aber die Ewigkeit dessen bestreitet, wofür diese Hüllen geschaffen wurden.

Ich wundere mich über denjenigen, der die Ewigkeit der Elemente bezeugt, aus denen sich das Auge zusammensetzt, der aber an der Ewigkeit des Sehens zweifelt, wozu ihm das Auge als Mittel dient. Ich wundere mich über denjenigen, der an die Ewigkeit der bewirkenden Faktoren glaubt, die Ewigkeit der Wirkung selbst aber leugnet.

Ich wundere mich über denjenigen, der sich mit den geschaffenen Dingen mehr befasst als mit dem Schöpfer selbst, der darin sichtbar wird.

Ich wundere mich über denjenigen, der das Leben in zwei Hälften teilt, wobei er an die Hälfte glaubt, die angetrieben wird, die antreibende Hälfte jedoch bestreitet.

Ich wundere mich über denjenigen, der auf diese Berge und Täler sieht, eingetaucht im Licht der Sonne, der den Wind mit den Zungen der Zweige reden hört, der den Duft der Blumen und Blüten einatmet und zu sich sagt: Nie und nimmer wird vergehen, was ich hier sehe und höre! Nie und niemals wird dahinschwinden, was ich hier gefühlt und begriffen habe! Dieser verständige Geist aber, der sieht und verehrt, der meditiert und hört, der froh und bekümmert ist, dieser Geist, der fühlt und erschauert, der sich entfaltet, sich informiert, sich vergewissert, dieser Geist, der alles umgibt, er soll sich auflösen wie die Wasserblasen auf dem Meer, wie der Schatten vor dem Licht?

In der Tat wundere ich mich über diejenigen, die seine Unvergänglichkeit leugnen.

NAGIB: *(bewegt)* Ich habe stets an meine Unsterblichkeit geglaubt, Herrin, und wer dich sprechen hört, glaubt nicht, dass er einem Felsen ähnlicher ist als einem Menschen.

AMINAT: Gott hat in jede Seele einen Propheten gesandt, der ihn zum Licht führt. Doch es gibt Menschen, die das Leben außerhalb von sich selber suchen, während das Leben in ihrem Inneren ist. Aber sie wissen das nicht.

NAGIB: Gibt es nicht außerhalb von uns Lichter, ohne die wir nicht erkennen können, was in unseren Tiefen ist? Gibt es außerhalb von uns nicht Kräfte, die unsere Kraft aufrichten? *(Er verstummt einen Augenblick, dann fährt er zögernd fort:)* Hat der Geist deines Vaters dir nicht Dinge offenbart, die die Gefangenen des Körpers nicht kennen, ebenso wie diejenigen, die den Tagen und Nächten unterliegen?

AMINAT: Gewiss, aber der Besucher klopft vergeblich an die Tür des Hauses, wenn es im Inneren niemanden gibt, der sein Klopfen hört, aufsteht und ihm die Tür öffnet. Der Mensch ist ein Wesen, das ausgespannt ist zwischen der Unendlichkeit in seinem Inneren und der Unendlichkeit seiner Umgebung. Wenn es in unserem Inneren nicht gäbe, was es dort gibt, existierte auch außerhalb von uns nicht, was dort existiert.

Der Geist meines Vaters sprach zu mir, weil mein Geist ihn einlud, und er hat meiner Vernunft offenbart, was meine Einsicht bereits wusste. Wenn ich aber keinen Hunger und Durst gehabt hätte, hätte ich weder Brot noch Wasser erhalten. Ohne meine Sehnsucht und mein Verlangen hätte ich das Ziel meiner Sehnsucht nicht erreicht.

NAGIB: Ist jeder von uns imstande, einen Faden aus seiner

Sehnsucht und seinem Verlangen zu spinnen und ihn zwischen seinem Geist und den befreiten Geistern auszuspannen? Ist es nicht vielmehr nur eine Gruppe von Menschen, die die ungewöhnliche Gabe besitzen, mit den Geistern zu reden und ihren Willen und ihre Absichten zu erfahren?

AMINAT: Es gibt zwischen den Bewohnern des Äthers und den Bewohnern der Erde Gespräche und Unterhaltungen, die so unverrückbar sind wie die Tage und die Nächte. Niemanden unter den Menschen gibt es, der nicht ihrem Willen folgt. Wie viele Handlungen vollzieht der Mensch im Glauben, sie freiwillig auszuführen, während er in Wirklichkeit gelenkt wird. Und wie viele bekannte Persönlichkeiten verdanken ihre Größe der völligen Unterwerfung unter den Willen eines Geistes, so wie sich die Saiten einer Gitarre dem Spiel des Gitarristen überlassen. Tatsächlich gibt es zwischen der Welt des Sichtbaren und der Welt des Geistigen einen Weg, den wir im Zustand der Bewusstlosigkeit und Ekstase betreten. Dann kehren wir zurück, und unsere Handflächen sind reich gefüllt mit Samen, die wir in die Erde unseres täglichen Lebens werfen, wo sie als gute Handlungen und ewige Worte aufwachsen. Ohne diese offenen Wege zwischen unserem Geist und den himmlischen Geistern wäre nichts aus der Menschheit hervorgegangen – weder ein Prophet, noch ein Poet, und kein Wissender wandelte unter ihnen.

(Sie fährt lauter fort:) Ich sage, und die kommenden Jahrhunderte werden mir Recht geben: zwischen den himmlischen und den irdischen Geistern gibt es Beziehungen, die denen zwischen Befehlenden und Untergebenen oder zwischen Warnenden und Gewarnten gleichen. Wir sind umgeben von Mächten, die unsere Seelen anziehen, von Geistern, die unsere Geister inspi-

rieren, und von Kräften, die unsere Kräfte aufrichten. Und selbst unsere Zweifel und Bedenken werden unseren Gehorsam dem Angezweifelten gegenüber nicht verweigern. Wenn wir uns den Wünschen unserer Körper zuwenden, entfernen wir uns dadurch nicht von den Absichten der Geister unserer Geister. Unsere Blindheit für die Wirklichkeit verhüllt diese nicht vor den Augen derer, die wir nicht sehen. Wenn wir stehen bleiben, bewegen wir uns durch ihre Bewegung; wenn wir schweigen, sprechen wir mit ihren Stimmen; wir schlummern nicht, ohne dass ihr Wachen unseren Schlaf aufhebt; und wir wachen nicht, ohne dass ihre Träume auf der Bühne unserer Vorstellung erscheinen. Wir und sie befinden uns in zwei Welten, die eine Welt umschließt, in zwei Zuständen, die einen einzigen Zustand birgt, und in zwei Existenzen, die ein universelles, ewiges Gewissen vereint, das weder Anfang noch Ende hat, weder Oben noch Unten, weder Grenzen noch Richtungen.

NAGIB: Wird ein Tag kommen, meine Herrin, an dem wir aufgrund wissenschaftlicher Forschungen und Sinneserfahrungen wissen werden, was unser Geist durch Vorstellungskraft und Vision erfasst und unsere Herzen durch ihre Sehnsucht erfahren? Werden wir uns des Bleibens unseres geistigen »Ich« nach dem Tod versichern können, wie es uns einige natürliche Geheimnisse bestätigen, so dass wir mit der Hand des reinen Wissens berühren, was wir jetzt mit dem Finger des Glaubens ertasten?

AMINAT: Ja, dieser Tag wird kommen! Diejenigen, die die Wahrheit mit einigen ihrer Sinne verstehen, werden nicht irren, auch wenn sie an ihr zweifeln, bis sich die Wahrheit auch den übrigen Sinnen erschließt.

Wie sonderbar ist derjenige, der die Drossel singen hört und sie in der Luft flattern sieht, aber dennoch im Zweifel darüber bleibt, was er gehört und gesehen hat, bis er sie in seinen Händen hält. Wie sonderbar ist derjenige, der von einer schönen Wahrheit träumt und dann versucht, sie durch sichtbare Formen darzustellen und zu verkörpern; und wenn es ihm nicht gelingt, dann zweifelt er an dem Traum, leugnet die Wahrheit und bestreitet die Schönheit.

Wie töricht ist derjenige, der eine Vorstellung hat, die er in ihrer Form und in ihren besonderen Merkmalen zu gestalten sucht; und wenn es ihm nicht gelingt, sie durch Vergleiche und Beweise zu demonstrieren, seine Vorstellung für einen Wahn und ihre Darstellung für sinnlos hält. Wenn er aber eine Weile darüber nachdenkt, wird er erkennen, dass die Vorstellung eine Realität ist, die sich nicht versteinern lässt, und dass die Darstellung eine Kenntnis ist, so hoch, dass sie die Ketten der Maße übersteigt, und so weit, dass es unmöglich ist, sie in Käfige aus Silben und Wörtern zu sperren.

NAGIB: Gibt es in jeder Vorstellung eine Wahrheit und in jeder Darstellung ein Wissen?

AMINAT: Ja, so ist es. Der Spiegel der Seele reflektiert nur, was vor ihr steht, und selbst wenn die Seele es anders wollte, könnte sie es nicht.

Die ruhige See spiegelt in ihren Tiefen nur die Linien der Berge, die Formen der Bäume und die Wolkengebilde, die in Wahrheit existieren, und selbst wenn der See andere Bilder spiegeln wollte, so vermag er es nicht.

Die Zellen des Geistes geben nur das Echo der Stimmen wieder, die in der leichten Brise der Luft vibrierten, und selbst wenn sie es anders wollten, so könnten sie es nicht.

Das Licht wirft nur den Schatten des vor ihm Existierenden auf die Erde, und selbst wenn es das anders wollte, vermag es das nicht.

Wahrlich, etwas glauben heißt soviel wie etwas kennen. Der Gläubige sieht mit seiner inneren Einsicht, was Forscher und Wissenschaftler mit ihren Augen nicht sehen; er versteht die verborgenen Gedanken und begreift mit seinem inneren Denken, was sie mit ihrem entlehnten Denken nicht verstehen. Der Gläubige erprobt die heiligen Wahrheiten mit Sinnen, die von den Sinnen der übrigen Menschen abweichen. Diese glauben, dass ihre Sinne eine gut gebaute Festungsmauer sind; sie gehen auf ihrem Weg und sagen sich: es gibt keine Tore zu dieser Stadt. *(Aminat steht auf und kommt einige Schritte auf Nagib zu. Mit einem Ton, der erkennen lässt, dass sie ihr Gespräch beenden und ihren Worten nichts mehr hinzufügen möchte, sagt sie:)*
Der Gläubige lebt alle Tage und Nächte, während der Ungläubige nur einige begrenzte Sekunden lebt. Wie schwer ist das Leben für denjenigen, der seine Hand zwischen seinem Gesicht und der Welt aufrichtet, so dass er nichts anderes als die Linien seiner Handflächen sehen kann. Wie groß ist mein Mitleid mit dem, der sich mit dem Rücken zur Sonne wendet und nichts sieht, als den Schatten seines Körpers, den ihr Licht auf die Erde wirft.

NAGIB: *(erhebt sich, wissend, dass die Stunde seines Abschieds naht)* Soll ich den Menschen sagen, wenn ich zu ihnen zurückkehre, dass Irm Dat al-Imad eine Stadt der Träume ist und dass Aminat al-'Alawiat kraft ihrer Sehnsucht in diese Stadt gelangte, die sie durch die Tür des Glaubens betreten hat?

AMINAT: Sag ihnen, dass Irm Dat al-Imad eine wirkliche Stadt ist, in der es Berge, Wälder, Meere und Wüsten gibt. Und sag, dass Aminat al-'Alawiat sie erreichte, nachdem sie die weite Wüste durchquert, die Qualen des Hungers und Durstes erlitten und den Kummer der

Einsamkeit und des Alleinseins erduldet hatte. Sag, dass die Mächtigen der Jahrhunderte Irm Dat al-Imad aus realen und konkreten Elementen erbaut haben. Sie haben sie nicht vor den Menschen verborgen, aber die Menschen haben ihre Seelen vor ihr versteckt. Derjenige, der nicht zu ihr gelangt, soll sich über seinen Führer beklagen und sich nicht über die Schwierigkeiten des Weges beschweren. Sag den Menschen, dass derjenige, der seine Lampe nicht anzündet, im Dunkeln nichts anderes sieht als die Finsternis. *(Sie hebt ihr Gesicht zum Himmel, auf dem ein Schleier von Mitleid und Bedauern liegt.)*

NAGIB: *(nähert sich ihr und neigt den Kopf; nachdem er eine Weile schweigend verharrt, küsst er ihre Hand und sagt)* Die Sonne ist schon untergegangen. Ich muss zurück zu den Wohnungen der Menschen, bevor die Dunkelheit den Weg verhüllt.

AMINAT: Geh im Licht! Geh im Frieden Gottes!

NAGIB: Ich werde im Licht der Fackel gehen, die du in meine Hand gelegt hast, Herrin.

AMINAT: Geh im Licht der Wahrheit, das der Sturm nicht auslöscht. *(Sie sieht ihn mit einem langen Blick voll mütterlicher Strahlen an, dann wendet sie sich von ihnen ab und schreitet unter den Bäumen, bis sie aus ihren Blicken schwindet.)*

ZEIN: *(nähert sich Nagib)* Wohin gehst du jetzt?

NAGIB: Zum Haus meiner Freunde in der Nähe der Orontesquelle.

ZEIN: Erlaubst du mir, dass ich dich begleite?

NAGIB: Es wird mir eine Freude sein. Doch ich glaubte, dass du in Aminat al-'Alawiats Nähe bleiben wolltest. Ich habe dich selig gepriesen und mir gewünscht, an deiner Stelle zu sein.

ZEIN: Wir leben vom Licht der Sonne, doch in großer

Entfernung von ihr. Wer aber kann in der Sonne leben? *(Mit bedeutungsvollem Ton:)* Ich komme einmal in der Woche hierher, erbitte den Segen und nehme Proviant mit – und wenn der Abend kommt, kehre ich zufrieden zurück.

NAGIB: Ich wünschte, alle Menschen könnten einmal in der Woche kommen, um sich Segen und Wegzehrung zu holen und zufrieden zurückzukehren. *(Nagib löst die Pferdezügel und geht zu Fuß an der Seite von Zein al-' Abidin an-Nahawandi.)*

Vorhang

Mein Schweigen ist eine Hymne

Mein Schweigen ist eine Hymne, mein Hunger eine Völlerei; mein Durst ist Wasser, und mein Wachen Trunkenheit.

Mein Kummer ist Hochzeit, meine Entfremdung Begegnung; mein Inneres enthüllt sich, mein Äußeres verhüllt sich.

Wie oft beklagte ich meine Sorgen, während mein Herz sich ihrer rühmte, und wie oft weinte ich, während mein Mund lachte.

Wie oft wünschte ich mir einen Freund, während er an meiner Seite war, wie oft erstrebte ich etwas, während es sich schon in meinem Besitz befand.

Wie oft zerstreute die ausklingende schwarze Nacht meine Träume, und die Morgendämmerung sammelte sie wieder ein.

Ich betrachtete meinen Körper durch den Spiegel meiner Ideen, da sah ich ihn als Geist, den das Denken einengte.

In mir wohnt, der mich erschuf und mein Herz weit machte; in mir ist der Tod und das Grab, die Erneuerung und Auferstehung.

Wäre ich nicht lebendig, so wäre ich auch nicht sterblich; und ohne das Verlangen meiner Seele, hätte das Grab mich nicht begehrt.

Als ich meine Seele fragte, was die Ewigkeit mit den Wünschen macht, die wir sammelten, da erwiderte sie: Ich bin die Ewigkeit!

An unsere Gegner

Du, der du uns befehdest, wir ließen uns nichts zu Schulden kommen als unsere Träume.

Sie sind Nektar ohne Gläser,
wie können wir sie unseren Tadlern anbieten?

Es sind Meere, deren Flut unser Schweigen und deren Ebbe die Tinte unserer Federn ist.

*

Ihr seid Nachbarn des Gestern; wir aber streben nach einem Tag,
dessen Morgendämmerung noch verborgen ist.

Ihr sucht die Erinnerung und ihre Trugbilder;
wir aber sind auf der Suche nach den Traumbildern der Hoffnung.

Ihr habt die Erde bis zu den äußersten Grenzen erforscht;
wir haben uns die Weite des Weltraums erwählt.

Tadelt uns ruhig und schmäht uns;
flucht, spottet und macht euch über uns lustig!

Unterdrückt uns und tut uns Unrecht, steinigt und kreuzigt uns!

Dem Geist in unserem Innern kann man keinen Schaden zufügen.

Wir sind ein Gestirn, das nicht rückwärts geht,
weder im Licht noch im Schatten.

Und wenn ihr uns für einen Spalt im Äther haltet, so könnt ihr ihn durch eure Reden doch nicht ausfüllen.

O Seele

O Seele, ohne mein Verlangen nach der Ewigkeit
vernähme ich nicht die Melodien der Zeiten.
Dann würde ich meinem Leben ein Ende setzen,
und am Morgen
wäre es ein Geheimnis, das die Gräber bergen.

*

O Seele, wenn ich mich nicht in meinen Tränen badete
und meine Wimpern nicht mit Kohel[1] schminkte,
lebte ich wie ein Blinder, der nichts
als das Gesicht der Finsternis erblickt.

*

O Seele, das Leben ist eine Nacht, die hereinbricht
und auf die das Morgenrot folgt, das kein Ende hat.
Der unstillbare Durst meiner Seele beweist mir,
dass es frisches Wasser gibt im Krug des barmherzigen
Todes.

*

O Seele, wenn der Unwissende sagt, dass der Geist
– dem Körper gleich – vergeht und dass nie
wiederkehrt, was vergangen ist,
dann sag ihm, dass die Blumen welken, während
das Samenkorn bleibt,
und dies ist die Substanz der Ewigkeit.

1 Augenschminke

Das verborgene Land

Sieh das Morgenrot! Steh auf, verlassen wir die Häuser,
in denen wir keine Freunde haben.

Was kann sich die Pflanze erhoffen, deren Blüten
sich unterscheiden von anderen Rosen und Anemonen?

Und wie kann das Neue im Herzen
übereinstimmen mit Herzen,
in denen alles veraltet ist?

Sieh den jungen Morgen, der ruft!
Hör auf ihn und lass uns seinen Schritten folgen!

Wir sind des Abends überdrüssig, der behauptet,
dass das Morgenlicht sein Werk sei.

*

Wir verbrachten das Leben in einem Tal,
gesäumt von den Schatten der Sorgen.

Wir sahen die Verzweiflung wie Vogelscharen
aus Adlern und Eulen über den Felsen schweben.

Wir tranken Siechtum vom Wasser der Tümpel
und aßen das Gift der unreifen Trauben.

Wir trugen die Geduld als Gewand, und als es
verbrannte, haben wir uns mit der Asche bekleidet.

Wir breiteten unsere Matten aus;
und als wir darauf schliefen,
verwandelten sie sich in Spreu und Dornen.

*

O Land, das uns seit Anbeginn verborgen ist! Wie können wir zu dir gelangen und auf welchem Weg dich erreichen?

Welch eine Wüste außerhalb von dir! Ein Gebirge hoher Mauern! Und wer von uns führt uns zu dir?

Bist du eine Luftspiegelung oder eine Hoffnung
in den Seelen derer, die Unerreichbares begehren?

Bist du ein Traum, der in den Herzen schwebt
und beim Erwachen enteilt?

Oder sind es Wolken, die beim Sonnenuntergang
ins Meer der Finsternis versinken?

*

O Land des Denkens, Wiege unserer Väter,
die das Wahre verehrten und die Schönheit anbeteten!

Wir suchten dich nicht mit Hilfe von Fahrzeugen,
an Bord eines Schiffes oder auf dem Rücken des Reittiers.

Du liegst weder im Osten noch im Westen,
weder auf der nördlichen noch auf der südlichen Halbkugel.

Dich finden wir weder in der Luft noch in den Tiefen des Meeres,
nicht in der Weite der Wüste und nicht auf zerklüftetem Gelände.

Du bist Licht und Feuer in unseren Geistern,
Du bist in meiner Brust mein zitterndes Herz.

Die Qual der Greise

Die Zeit der Liebe, die Jugend, ist zerronnen,
und unser Leben entschwindet wie ein blasser Schatten.

Die Vergangenheit wird ausgelöscht, wie die Zeile eines Buches auf feuchtem Papier.

Unsere Tage bescheren uns Folterqualen,
sie geizen mit Freuden und Vergnügen.

Was wir leidenschaftlich liebten,
endete in Verzweiflung.

Und was wir einst erstrebten,
verdrießt und langweilt uns nun.

Was uns gestern betrübte, ist vergangen
wie ein Traum zwischen Nacht und Morgengraun.

*

Hat die Hoffnung auf die Unsterblichkeit der Seele uns abgelenkt von der Erinnerung an vergangene Zeiten?

Kann der Schlummer die Spuren der Küsse
von den Lippen wischen,
die den Rosen der Wangen galten?

Hat sich unser der Verdruss bemächtigt und lässt uns vergessen die Trunkenheit einer Beziehung und die Sehnsucht der Trennung?

Hat der Tod die Ohren geschlossen, die das Stöhnen der Tyrannen und die Melodien des Schweigens vernahmen?

Wird das Grab die Augenlider verhüllen, die seine Geheimnisse erblickten, das wohl gehütete Geheimnis?

*

Wie viele tranken wir von den Gläsern, die in der Hand des Mundschenks wie glimmende Kohle leuchteten?

Wir schlürften mit den Lippen die Melodien
der Sanftheit, die sich im Mund des Glases gesammelt hatten.

Wir rezitierten Gedichte, bis die Sterne
des Himmels die Stimmen der Seelen hörten.

Diese Tage welkten wie die Blumen, als der Schnee aus dem Herzen des Winters fiel.

Was die Hände des Schicksals großzügig spendeten, hat die Hand des Elends heimlich geraubt.

*

Wenn wir das gewusst hätten, hätten wir keine Nacht verpasst zwischen Schlummer und Schlaf!
Wenn wir das gewusst hätten, hätten wir keinen Augenblick versäumt zwischen Leere und Schlaflosigkeit!
Wenn wir das gewusst hätten, hätten wir keinen Moment unserer Liebe in der Trennung verbracht!

Jetzt wissen wir es. Doch erst nachdem das Schicksal rief: Brecht auf und geht!

Jetzt hören und bedenken wir es. Doch erst beim Ruf der Gräber: Nähert euch!

Bei Gott, mein Herz!

Bei Gott, mein Herz, verbirg deine Liebe
und verhehle, was du bezweifelst,
vor denen, die dich sehen, sonst
wird es dir zum Schaden gereichen!

*

Wer Geheimnisse preisgibt,
gleicht einem Narren.
Und Schweigen und Geheimhaltung
Geziemt dem, der liebt.

Bei Gott, mein Herz, wenn jemand zu dir kommt
und wissen will, was dir widerfahren ist,
verbirg es
und halte es geheim!

*

Wenn sie dich fragen, mein Herz:
Wo ist deine Geliebte?
Dann sag: Sie hat einen anderen gefesselt!
Und suche abzulenken.

Bei Gott, mein Herz,
verhülle dein Inneres!
Und wisse, was dich
schwächt, das heilt dich.

*

Die Liebe ist in den Geistern
wie der Wein in den Gläsern.
Was davon zum Vorschein kommt, ist Wasser,
und was verborgen bleibt, ist der Geist.

Bei Gott, mein Herz, verbirg deinen Kummer,
wenn die Meere toben
und die Gestirne drohen!
Du wirst der Gefahr entrinnen!

Lied der Nacht

Die Nacht schweigt. Und im Gewand des Schweigens verbergen sich ihre Träume.
Der Vollmond steht am Himmel, und lässt die Zeit nicht aus den Augen.

*

Komm, Tochter der Felder, lass uns die Weingärten der Liebenden aufsuchen!
Vielleicht können wir mit dem Saft der Reben die Flammen der Sehnsucht löschen.

*

Hör die Nachtigall in den Feldern! Sie verströmt ihre Melodien ins Firmament,
das die Berge mit dem Duft blühender Bäume füllen.

*

Fürchte dich nicht, Jüngling! Die Sterne halten die Kunde geheim, und die Nebel der Nacht verhüllen die Geheimnisse der Weingärten.

*

Fürchte dich nicht, Jüngling! Die Braut des Dschinn schläft ihren Rausch aus.
Fast wäre sie aus den Augen der Nymphen entschwunden.

*

Und der Prinz der Dschinne[1] geht gedankenverloren vorbei.
Er ist verliebt wie ich, und kann nicht enthüllen, was ihn verzehrt.

1 im Volksglauben der Muslime und schon im vorislamischen Arabien: Teufel, böser Geist, Dämon

Das Meer

In der Stille der Nacht, wenn das Erwachen des Menschen
aus den Falten des Schleiers hervortritt,
ruft der Wald: Ich bin die Entschlossenheit, die im Sonnenlicht aus dem Herzen der Erde wächst.
Doch das Meer verharrt schweigend
und sagt zu sich selbst: Die Entschlossenheit bin ich!

Und der Felsen spricht: Die Jahrhunderte haben mich als ein Symbol errichtet,
das bis zum Jüngsten Tag währt.
Doch das Meer verharrt schweigend und sagt
zu sich selbst: Das Symbol bin ich!

Und der Wind spricht: Was für eine erstaunliche Verbindung
bin ich zwischen Dunst und Himmel!
Doch das Meer verharrt schweigend und sagt
zu sich selbst: Mir gehört der Wind!

Und der Fluss spricht: Was für ein erfrischender Trunk bin ich,
der den Durst der Erde löscht!
Doch das Meer verharrt schweigend und sagt
zu sich: Mir gehört der Fluss!

Und der aufragende Gipfel sagt: Ich bleibe hier,
solange die Sterne am Himmel stehen!
Doch das Meer verharrt schweigend und sagt
zu sich: Mir gehören die Gipfel der Berge!

Und das Denken spricht: Ich bin der König,
außer mir gibt es keinen anderen König in dieser Welt!
Doch das Meer verharrt ruhig und sagt
in seinem Schlaf: Mir gehört alles!

Die Amsel

Zwitschere dein Lied, Amsel,
denn das Lied ist das Geheimnis der Schöpfung.
O wäre ich wie du,
frei von Gefangenschaft und Fesseln!

Wäre ich ein Geist wie du,
der über dem Tal am Himmel schwebt.
Ich tränke das Licht wie Wein
aus Gläsern von Äther!

Wäre ich rein wie du,
genügsam und zufrieden gleich dir,
auf das achtend, was kommen wird,
und nicht beachtend, was vergangen ist!

Wäre ich so zart
und so prächtig wie du,
der Wind würde meine Flügel entfalten,
damit der Tau sie schmückt.

Wäre mein Denken wie das deine!
Es schwebte über den Wolken
und verströmte seine Melodien
zwischen Wald und Himmel.

Zwitschere dein Lied, Amsel,
und vertreibe Kummer und Sorgen.
In deiner Stimme gibt es eine Stimme,
die an das Ohr meines Ohres dringt.

Der mächtige Löwe

In der Finsternis der Nacht schreitet er gemessenen Schrittes,
furchtbar und erschreckend wie die Nacht selbst.
Er ist einsam und allein, als hätte die Erde nichts und niemand
außer ihn geschaffen, den starken, mächtigen Herrn.

Hoch aufgerichtet berührt er mit seinen Füßen die Erde,
wie der Wolkenrand die Berggipfel berührt.
Es scheint, als wäre der Körper unter seinem Gewand aus
Strahlen, Dunst und Nebel beschaffen.

Ich wandte mich an ihn und sprach: O Traumbild, das den Lauf
der Nacht anhält, bist du ein Dschinn oder ein Mensch?
Wütend entgegnete er, und Spott mischte sich in seine Stimme:
Ich bin der Schatten des Schicksals!

Da antwortete ich: Du irrst, Traumbild! Der Schicksalsspruch starb
an dem Tag, als die Hände der Hebamme mich umfassten.
Er sagte verlegen: Ich bin die Liebe, die das Leben gibt,
das sie erhält.

Nein, erwiderte ich, die Liebe gleicht einer Blume; sie lebt nicht weiter,
nachdem die Blüten des Frühlings welkten.
Zornig sagte er, während das Rauschen des Meeres in seiner Stimme widerhallte:
Ich bin der furchtbare Tod!

Der Tod ist ein Morgen, entgegnete ich. Wenn er kommt, weckt er den schlafenden aus seinem Schlaf.
Da sagte er hochmütig: Ich bin die Ehre; und wer mich nicht erwirbt, stirbt an seinem Unvermögen.

Ich sagte: Der Tod ist ein Schatten, der sich abwendet, und sich verflüchtigt zwischen Grab und Leichentuch.
Misstrauisch entgegnete er: Ich bin das Geheimnis, das Verbindung schafft zwischen Geist und Körper.

Doch ich antwortete: Das Geheimnis schwindet wie ein Traum, wenn das Wachen des Denkens es enthüllt.
Da entgegnete er heftig: Spare dir die Mühe, mich zu fragen, wer ich bin! Ich sagte: Ist meine Frage tadelnswert?

Vielsagend meinte er: Ich bin du! Frage weder die Erde noch den Himmel nach mir!
Und wenn du mich kennen willst, sieh am Morgen und am Abend in den Spiegel!

Nach diesen Worten schwand er aus meinen Blicken wie Rauch, den der Wind davonträgt.
Und er ließ Gedanken in mir zurück, die bis zum anderen Morgen zwischen den Phantomen der Morgenröte schwebten.

Wenn ihr webt

Wenn ihr um meine Tage Zweifel spinnt
und um meine Nächte Vorwürfe webt,

zerstört nicht die feste Burg meiner Geduld
und entfernt nicht aus meinem Becher den Wein!

In meinem Leben gibt es ein Haus für die Stille,
in meinem Herzen einen Tempel für den Frieden.

Wer sich vom Mahl des Schicksals nährt,
fürchtet nicht, den Schlaf zu kosten.

Das Ansehen

Während der Ebbe schrieb ich eine Zeile auf den Sand,
in die ich alles legte, was mein Verstand und Geist enthält.

Während der Flut kehrte ich zurück, um die Worte zu lesen,
und ich fand am Ufer nichts als meine Unwissenheit.

Gestern

Gestern gehörte mir ein Herz, das die Menschen und sich besänftigte – ich habe es verloren!

Dies war eine Epoche meines Lebens, die ich verbrachte, zwischen Liebesfreud und Liebesleid.

Doch die Liebe ist wie ein Stern im Himmel, dessen Licht bei Anbruch des Morgens erlischt.

Die Freude der Liebe ist ein Luftschloss ohne Bestand, die Schönheit der Liebe ein Schatten, der nicht währt.

Und die Zeit der Liebe ist ein Traum, der vergeht, wenn die Vernunft erwacht.

*

Wie oft durchwache ich die Nacht, und die Sehnsucht wachte mit mir; ich ließ sie nicht aus den Augen, um nicht einzuschlafen.

Die Visionen der Leidenschaft umstanden mein Bett, und vereitelten meinen Schlaf.

Erschöpfung flüsterte mir in die Ohren: Wer ans Ziel gelangen will, beklagt nicht seine Schwäche!

Jene Tage sind vergangen. Freut euch Augen, ihnen in den Träumen zu begegnen!

Hüte dich, meine Seele, vor der Erinnerung an diese Zeit und was in ihr geschah!

*

Wenn die Brise der Morgendämmerung aufkam, drehte ich mich vor Freude im Tanze.

Wenn die Wolken Regen brachten, hielt ich ihn für Wein, und füllte mein Glas damit.

Und wenn der Vollmond am Himmel stand, während sie an meiner Seite war, fragte ich mich: Hat er denn keine Scheu?

All dies war gestern! Und was gestern war, hat sich mit dem Nebel aufgelöst.

Meine Vergangenheit verflüchtigte sich mit der Zeit,
wie die Brise die aufgereihten Perlen einer Kette verweht.

*

Söhne meiner Mutter, wenn Suad[1] kommt, und die Jugend nach ihrem traurigen Liebhaber fragt,

Sagt ihr, dass die Tage der Trennung die Flammen in meinem Herzen erstickten.

An die Stelle der Glut trat Asche, und die Zeit verwischte die Spuren der Tränen.

Wenn sie darüber zürnt, ärgert euch nicht! Weint sie, habt Mitleid mit ihr!

1 Frauenname

Und wenn sie lacht, wundert euch nicht, denn so geht es allen Liebenden.

*

Wüsste ich nur, ob zurückkehrt, was vergangen ist, und ob sich die Liebenden wieder begegnen?

Gibt es für meine Seele nach dem Schlaf ein Erwachen,
das mir das Gesicht meiner dunklen Vergangenheit zeigt?

Präsentiert sich der September etwa mit Frühlingsliedern,
während Herbstblätter seine Ohren bedecken?

Nein, für mein Herz gibt es weder Erneuerung noch Auferstehung, und die geschnittenen Zweige grünen nicht mehr.

Die Hand des Mähers kann die Blumen nicht beleben,
nachdem seine Sichel sie abgemäht hat.

*

Der Geist veraltete in meinem Körper, er nimmt nichts anderes mehr wahr als die Schatten der Jahre.
Wenn die Sympathie in meinem Herzen nachlässt, nimmt sie den Stab der Geduld zu Hilfe.

Meine Wünsche werden sich krümmen und beugen,
bevor ich die Grenze der Vierzig erreichte.
Und wenn sie kommt und fragt: Was ist mit ihm geschehen?
Sagt ihr: Der Wahnsinn suchte ihn heim.

Und wenn sie fragt: Wird er davon geheilt werden?
So antwortet ihr: Der Tod wird ihn davon heilen!

Was der Bach sagt

Ich wanderte durchs Tal, als der Morgen anbrach, und das Geheimnis verkündete: dass das Sein kein Ende hat.

Plötzlich stand ich vor einem Bach, der durch das Tal fließt, und singend sagte:

Das Leben besteht nicht aus Wohlbefinden, sondern aus Suchen und Streben.
Der Tod kommt nicht mit Gesängen, sondern mit Verzweiflung und Krankheit.
Der Weise erweist sich nicht durch Worte, sondern durch das Geheimnis, das sich dahinter verbirgt.
Den Angesehenen erkennt man nicht an seiner Stellung, vielmehr gebührt diese Ehre dem, der einen hohen Rang ablehnt.
Den Edlen erkennt man nicht an seinen Ahnen. Wie viele Edle waren Opfer ihrer Vorfahren?
Den unterwürfigen Menschen erkennt man nicht an seinen Ketten, denn Ketten können prächtiger sein als kostbarer Schmuck.
Das Paradies besteht nicht in der Belohnung, vielmehr befindet es sich in den reinen Herzen.
Die Hölle besteht nicht aus Qualen, sondern sie ist in den leeren Herzen.
Der Besitz misst sich nicht im Gold. Wie viele Vagabunden sind reicher als die Reichen?
Der Arme erweist sich nicht durch Geringschätzung, denn der Reichtum der Welt ist ein Laib Brot und ein Gewand.

Die Schönheit zeigt sich nicht in den Gesichtern, denn sie
ist ein warmer Strahl für die Herzen.
Die Vollkommenheit besteht nicht in der Unbescholtenheit, vielleicht hat derjenige mehr Verdienste, der Fehler begeht.

Das ist es, was der Bach den Felsen sagte,
die an seiner Rechten und Linken aufragten.

Und vielleicht stammt, was er sagte,
von den Geheimnissen der Meere.

Nachwort

Im gleichen Jahr, in dem Gibrans Meisterwerk *Der Prophet* erscheint, im Jahr 1923, wird auch sein letztes Buch in arabischer Sprache veröffentlicht: *Al-Bada'i wa at-Tara'if*, dessen englischer Titel *Best Things and Masterpieces* lautet. Der Titel der deutschen Übersetzung sollte ursprünglich *Schöne und seltene Weisheiten* heißen, doch der deutsche Verleger änderte ihn im Einvernehmen mit dem Übersetzer in *Erde und Seele*, da dieses Buch Gibrans schönste Texte über die Erde und über die Seele enthält.

Außerdem umfasst die Sammlung eine Reihe heterogener Texte wie etwa eine Abhandlung über die arabische Sprache oder Aufsätze über hervorragende arabische und islamische Dichter und Denker wie Ibn Sina, al-Ghazali, Ibn al-Farid und Jorji Zaidan oder die mysteriöse Geschichte »Ein Schiff im Nebel«, die in Venedig spielt. Es ist eine Sammlung früherer und aktueller Texte. Darunter kann man Kostbarkeiten finden wie den Einakter »Iram Dhat al-Imad« (»Iram, die Stadt auf den Säulen«). Dabei handelt es sich um eine verborgene Wüstenstadt aus Gold und kostbaren Steinen, die auch im Koran und in den Märchen von *Tausend und einer Nacht* erwähnt wird. Ursprünglich vom geheimnisvollen Stamm der Aad bewohnt, wird sie nach deren Aussterben von Djinnen bewacht. (Najjar 872f) Der Schriftsteller Nagib Rahmeh (mit dem Gibran sich wahrscheinlich identifiziert, denn er trägt den Familiennamen seiner Mutter) sucht Amina al-Alawiyya auf, die Iram besucht haben soll, um sie über die Beschaffenheit der Stadt zu befragen. Doch bevor Amina ihm darauf antwortet, initiiert sie ihn in das mystische Denken: Sie lehrt ihn, dass die

Wissenschaft zur Weltkenntnis nicht ausreiche, sondern dass es des Glaubens und der Intuition bedürfe. Sie belehrt ihn auch über die Einheit des Seins und der Religionen und weist ihn darauf hin, dass sich die gesamte Schöpfung im Innersten des Menschen befinde. Auf seine Frage, ob Iram eine konkrete Stadt sei oder ein Zustand des Geistes, verblüfft sie ihn durch ihre Antwort, dass beides der Fall sei. Iram sei sowohl eine Stadt im Jemen, die sie besucht habe, als auch das Symbol eines spirituellen Zustandes. Dies erinnert an Gibrans vielbeschworene Einheit von Körper und Seele, Materie und Geist. Iram ist ein Symbol der Seele; es befindet sich da, wo die Seele das Übernatürliche berührt. (Jad Hatem 31)

Einige Biographen wie Robin Waterfield sind der Ansicht, dass »Iram« Gibrans mystischstes Werk ist, in dem viele seiner religiösen Überzeugungen zum Ausdruck kommen. Waterfield bedauert, dass dieses Werk zu wenig bekannt ist, da es einen Schlüssel bietet zum Verständnis seiner anderen Werke. (Waterfield 254)

Zu Unrecht stand *Erde und Seele* immer im Schatten des im gleichen Jahr erschienenen *Propheten* und wurde von den Rezensenten stiefmütterlich behandelt. (Dahdah 450) Diese Sammlung enthält auch Gibrans vielzitierte Versprosa »Ihr habt euren Libanon und ich den meinen«, in dem er dem Libanon der Politiker und Religionsführer seinen Libanon der Naturschönheiten gegenüberstellt. Dieser Text hat bis heute nichts an Aktualität eingebüßt.

Und wie schon erwähnt, gibt es zwei besonders eindrucksvolle Texte über die Erde. Im ersten heißt es: *»Ich bin der Schoß und das Grab, und ich werde der Schoß und das Grab bleiben, bis die Sterne vergehen und die Sonne zu Asche verbrennt.«* (139) Und in seiner Hymne an die Erde schreibt Gibran:

»Wie freigebig bist du, o Erde, und wie groß ist deine Geduld … Wir lärmen und du lächelst. Wir verlassen dich und du verzeihst. Wir fluchen und du segnest. Wir entheiligen und du heiligst«. (148)

Die Natur evozieren unter anderem auch die Texte: »Lied der Nacht«, »Das Meer«, »Die Amsel«, »Was der Bach sagt«. Das Gedicht »Das verborgene Land« überschreitet die Grenzen der Natur hin zum Übernatürlichen, dem auch das Gedicht »O Seele« gewidmet ist.

So finden wir in dieser Sammlung Geschichten von irdischen und überirdischen Dingen, von Natur und Übernatur, wie es der Titel *Erde und Seele* gut zum Ausdruck bringt.

Sand und Schaum

Aphorismen

Immer wandere ich auf diesen Stränden, zwischen Sand und Schaum.
Die Flut wird meine Fußstapfen auslöschen und der Wind den Schaum fortblasen.
Aber das Meer und der Strand werden übrig bleiben.
Ewig.

Einmal füllte ich meine Hand mit Nebel.
Dann öffnete ich sie, und siehe, der Nebel wurde zu einem Wurm.
Und ich schloss und öffnete meine Hand abermals, und siehe da, da war es ein Vogel.
Und wieder schloss und öffnete ich meine Hand, und in ihrer Vertiefung stand ein Mensch mit traurigem Gesicht, nach oben gerichtet.
Und noch einmal schloss ich meine Hand, und als ich sie öffnete, war darin nichts als Nebel.
Doch ich hörte einen überaus lieblichen Gesang.

Es war gestern, als ich mich selbst als ein Bruchstück dachte, ohne Rhythmus in der Lebenssphäre zitternd.
Heute weiß ich, dass ich die Sphäre bin und sich das ganze Leben in rhythmischen Bruchstücken in mir bewegt.

Sie sagen mir bei ihrem Erwachen: »Du und die Welt, in der du lebst, seid nur ein Sandkorn an dem unendlichen Strand eines unendlichen Meeres.«
Und in meinem Traum antwortete ich ihnen: »Ich bin das unendliche Meer, und alle Lebewesen sind nur Sandkörner an meinem Strand.«

Nur einmal machte man mich stumm. Es war, als mich jemand fragte: »Wer bist du?«

Der erste Gedanke Gottes war ein Engel.
Das erste Wort Gottes war ein Mensch.

Wir waren unruhige, unstete, sehnsüchtige Kreaturen, Millionen Jahre bevor uns das Meer und der Wind im Walde Worte gab.
Nun, wie können wir das Alter der Tage in uns ausdrücken, nur mit dem Klang vergangener Zeiten?

Die Sphinx sprach nur einmal, und sie sagte: »Ein Sandkorn ist eine Wüste, und eine Wüste ist ein Sandkorn; und nun lasst uns wieder schweigen.«
Ich hörte die Sphinx, aber ich verstand sie nicht.

Einmal sah ich das Gesicht einer Frau, und ich erblickte alle ihre noch nicht geborenen Kinder. Und eine Frau sah in mein Gesicht, und sie kannte alle meine Vorfahren, die gestorben waren, bevor sie geboren wurde.

Jetzt möchte ich mich selbst verwirklichen. Aber wie sollte ich, es sei denn, ich würde ein Planet, auf dem Leben besteht?
Ist das nicht das Ziel eines jeden Menschen?

Eine Perle ist ein Tempel, mit Schmerz um ein Sandkorn erbaut.
Welches Verlangen bildete unsere Körper und um welche Körner?

Wenn Gott mich, einen Kieselstein, in jenen wunderbaren See werfen würde, störte ich seine Oberfläche mit zahllosen Kreisen.
Aber wenn ich die Tiefen erreichte, würde ich sehr ruhig.

Gib mir Schweigsamkeit, und ich will der Nacht trotzen.

Ich wurde zum zweiten Male geboren, als meine Seele und mein Körper einander liebten und sich vermählten.

Ich kannte einmal einen Mann, dessen Ohren überaus scharf waren, aber er war stumm. Er hat seine Zunge in einer Schlacht verloren.
Ich weiß jetzt, welche Art Schlachten dieser Mann ausfocht, bevor das große Schweigen kam. Ich freue mich, dass er tot ist.
Die Welt ist nicht groß genug für zwei von uns.

Lange lag ich im Staub Ägyptens, schweigend und ohne Kenntnis der Jahreszeiten.
Dann gebar mich die Sonne, und ich stand auf und wanderte an den Ufern des Nils,
singend mit den Tagen und träumend mit den Nächten.
Und jetzt tritt die Sonne mit tausend Füßen auf mir herum, um mich wieder in den Staub Ägyptens zurück zu legen.
Aber siehe, welch Wunder und Rätsel.
Dieselbe Sonne, die mich zusammenfügte, kann mich nicht auseinander streuen.
Noch immer bin ich aufrecht, und sicheren Fußes wandere ich an den Ufern des Nils.

Erinnerung ist eine Form der Begegnung.

Vergesslichkeit ist eine Form der Freiheit.

Wir messen die Zeit nach der Bewegung unzähliger Sonnen; und jene messen die Zeit mit kleinen Maschinen in ihren kleinen Taschen.
Nun sage mir, wie können wir uns jemals am gleichen Platz und zur gleichen Zeit treffen?

Es gibt keinen Raum zwischen der Erde und der Sonne für denjenigen, der aus den Fenstern der Milchstraße heruntersieht.

Die Menschheit ist ein Fluss des Lichtes, der aus der Endlichkeit zur Unendlichkeit fließt.

Beneiden nicht die im Äther wohnenden Geister den Menschen um seinen Schmerz?

Auf dem Weg zur heiligen Stadt traf ich einen anderen Pilger und fragte ihn: »Ist dieses wirklich der Weg zur heiligen Stadt?«
Und er sagte: »Folge mir, und du wirst die heilige Stadt in einem Tag und in einer Nacht erreichen.«
Und ich folgte ihm. Wir wanderten viele Tage und Nächte, ohne die heilige Stadt zu erreichen. Und was mich überraschte: er wurde böse auf mich, weil er mich irregeleitet hatte.

Mache mich, o Gott, zur Beute des Löwen, ehe du das Kaninchen zu meiner Beute machst.

Nur auf dem Pfad der Nacht erreicht man die Morgenröte.

Mein Haus sagte zu mir: »Verlass mich nicht, denn hier wohnt deine Vergangenheit.«
Und die Straße sagte zu mir: »Komm und folge mir, denn ich bin deine Zukunft.«
Und ich sage zu beiden, zu meinem Haus und zu der Straße: »Ich habe weder Vergangenheit noch habe ich Zukunft. Wenn ich hier bleibe, ist ein Gehen in meinem Verweilen; und wenn ich gehe, ist ein Verweilen in meinem Gang. Nur Liebe und Tod ändern die Dinge.«

Wie kann ich den Glauben an die Gerechtigkeit im Leben verlieren, wenn die Träume derer, die auf Federn schlafen, nicht schöner sind als die Träume derer, die auf der Erde schlafen?

Seltsam, das Verlangen nach bestimmten Vergnügen ist ein Teil meiner Schmerzen.

Siebenmal habe ich meine Seele verachtet:
Das erste Mal, als ich sie sanftmütig sah, damit sie Größe erreichte.
Das zweite Mal, als ich sie vor den Verkrüppelten hinken sah.
Das dritte Mal, als sie zwischen Schwerem und Leichtem wählen konnte und sie das Leichte wählte.
Das vierte Mal, als sie ein Unrecht beging und sich selbst damit tröstete, dass andere ebenfalls Unrecht begehen.
Das fünfte Mal, als sie etwas aus Schwäche unterließ und ihrer Ausdauer Stärke zuschrieb.
Das sechste Mal, als sie die Hässlichkeit eines Gesichtes verachtete und nicht wusste, dass es eine ihrer eigenen Masken war.
Und das siebente Mal, als sie einen Lobgesang anstimmte und es für Kunst hielt.

Ich kenne die absolute Wahrheit nicht. Aber ich stehe meiner Unwissenheit demütig gegenüber, und darin liegt meine Ehre und meine Belohnung.

Es liegt ein Raum zwischen der schöpferischen Einbildungskraft eines Menschen und dem, was ein Mensch erreicht, den er nur durch seine Sehnsucht durchschreiten kann.

Das Paradies ist dort, hinter dieser Tür im nächsten Zimmer; aber ich habe den Schlüssel verloren.
Vielleicht habe ich ihn nur verlegt.

Du bist blind, und ich bin taubstumm, lass uns deshalb uns die Hand geben und einander verstehen.

Die Bedeutung eines Menschen liegt nicht in dem, was er erreicht, sondern vielmehr in dem, was er sich zu erreichen sehnt.

Einige von uns sind wie Druckerschwärze und einige wie Papier. Wenn es nicht wegen der Schlechtigkeit von einigen von uns wäre, wären einige unter uns stumm.
Wenn es nicht für die Unschuld von einigen von uns wäre, wären einige unter uns blind.

Gib mir Gehör, und ich werde dir Stimme geben.

Unser Verstand ist ein Schwamm, unser Herz ein Strom. Ist es nicht seltsam, dass die meisten von uns lieber das Saugen wählen, statt sich zu ergießen?

Wenn du dich nach Segnung sehnst, die du nicht beim Namen nennen kannst, und wenn du dich grämst, und den Grund nicht kennst, dann wächst du wahrhaftig mit allen Dingen, die wachsen, und brichst zu deinem größeren Selbst auf.

Wenn jemand durch ein Traumbild berauscht ist, hält er den schwachen Ausdruck der Erscheinung für den wahrhaftigen Wein.

Du trinkst Wein, um berauscht zu werden; und ich trinke, dass er mich ernüchtern möge von jenem anderen Wein.

Wenn mein Becher leer ist, finde ich mich mit seiner Leere ab; wenn er jedoch halb voll ist, ärgere ich mich über seine halbe Fülle.

Die Wirklichkeit eines anderen Menschen liegt nicht darin, was er dir offenbart, sondern in dem, was er dir nicht offenbaren kann.
Wenn du ihn daher verstehen willst, höre nicht auf das, was er sagt, sondern vielmehr auf das, was er verschweigt.

Die Hälfte von dem, was ich sage, ist bedeutungslos; aber ich sage es so, dass die andere Hälfte dich erreichen kann.

Sinn für Humor ist Sinn für ein Maß.

Meine Einsamkeit wurde geboren, als ein Mensch meine geschwätzigen Fehler lobte und meine schweigenden Werte tadelte.

Wenn das Leben keinen Sänger findet, der ihm aus dem Herzen singt, bringt es einen Philosophen hervor, der von des Lebens Geist spricht.

Eine Wahrheit muss stets gegenwärtig sein, um manchmal geäußert zu werden.

Das Ursprüngliche in uns ist Schweigsamkeit; das Erworbene Beredsamkeit.

Die Lebensstimme in mir kann des Lebens Ohr in dir nicht erreichen; lass uns jedoch reden, damit wir uns nicht so allein fühlen.

Wenn zwei Frauen sprechen, sagen sie nichts aus; wenn eine Frau spricht, enthüllt sie das ganze Leben.

Frösche mögen lauter brüllen als Stiere, aber sie können nicht den Pflug auf dem Felde nach sich ziehen, auch nicht das Rad der Weinpresse drehen, und aus ihrer Haut kann man keine Schuhe machen.

Nur die Stummen beneiden die Redsamen.

Wenn der Winter sagen würde: »Der Frühling ist in meinem Herzen«, wer wollte dem Winter Glauben schenken?

Jeder Same birgt eine Sehnsucht.

Solltest du wirklich deine Augen öffnen und sehen, du würdest dein Ebenbild in allen Bildern erblicken.
Und solltest du deine Ohren öffnen und hören, du würdest deine eigene Stimme in allen Stimmen hören.

Es gehören zwei dazu, die Wahrheit zu entdecken; einer, der sie ausspricht, und einer, der sie versteht.

Wenn auch ein Wortschwall für immer auf uns lastet, so ist doch unsere Tiefe auf ewig schweigsam.

Viele Lehren sind wie eine Fensterscheibe. Durch sie sehen wir die Wahrheit, aber sie trennt uns von der Wirklichkeit.

Lasst uns jetzt Versteck spielen. Solltest du dich in meinem Herzen verstecken, wäre es nicht schwierig dich zu finden. Aber solltest du dich hinter deiner eigenen Maskerade verstecken, würde es für jedermann nutzlos sein, dich zu suchen.

Eine Frau kann ihr Gesicht mit einem Lächeln verschleiern.

Wie edel ist das traurige Herz, das ein fröhliches Lied mit fröhlichem Herzen singen möchte.

Der, der eine Frau verstehen, Geist zergliedern oder das Rätsel der Schweigsamkeit lösen möchte, ist genau der Mann, der, von einem Traum erwachend, an einem Frühstückstisch sitzt.

Lasst uns weder eigen noch abgesondert sein. Des Poeten Geist und der Schwanz des Skorpions erheben sich mit der gleichen Pracht von der gleichen Erde.

Du schuldest demjenigen, der dir dient, mehr als Gold. Schenke ihm dein Herz oder diene ihm.

Nein, wir haben nicht vergebens gelebt. Hat man nicht Türme aus unseren Knochen gebaut?

Ich würde mit all jenen wandern, die wandern. Ich würde nicht stehen bleiben um zuzuschauen, wie die Prozession vorüberzieht.

Jeder Drachen bringt einen St. Georg zur Welt, der ihn erschlägt.

Bäume sind Gedichte, die die Erde in den Himmel schreibt. Wir fällen sie und verwandeln sie in Papier, um unsere Leere darauf auszudrücken.

Solltest du Lust haben zu schreiben (und nur die Götter wissen, warum du es solltest), benötigst du Wissen, Kunst und Magie – das Wissen um die Musik der Worte, die Kunst, kunstlos zu sein, und die Magie, deine Leser zu lieben.

Sie tauchen ihre Schreibfedern in unsere Herzen, und sie glauben, sie werden inspiriert.

Würde ein Baum seine Lebensgeschichte schreiben, so wäre sie nicht unähnlich der Geschichte eines Geschlechts.

Wenn ich zu wählen hätte zwischen der Kraft, ein Gedicht zu schreiben, und der Verzückung eines ungeschriebenen Gedichtes, würde ich die Verzückung wählen. Es ist die bessere Dichtkunst. Aber du und all meine Nachbarn seid übereingekommen, dass ich immer schlecht wähle.

Dichtung ist keine Meinung, die man äußert. Es ist ein Gesang, der sich aus einer blutenden Wunde oder einem lächelnden Mund erhebt.

Worte sind zeitlos. Du solltest sie aussprechen oder niederschreiben mit dem Wissen um ihre Zeitlosigkeit.

Ein Dichter ist ein entthronter König, der zwischen der Asche seines Palastes sitzt und versucht, ein Selbstbildnis aus der Asche zu gestalten.

Dichtung ist ein Anteil an Freude und Schmerz und Wunder, mit ein paar Zutaten aus dem Wörterbuch.

Vergeblich wird ein Dichter die Mutter der Lieder seines Herzens suchen.

Ich sagte einmal zu einem Dichter: »Wir werden deine Worte nicht zu schätzen wissen, bevor du stirbst.«
Und er antwortete und sagte: »Ja, der Tod ist immer eine Offenbarung. Und wenn du wirklich meinen Wert wissen willst, ist es, dass ich mehr in meinem Herzen habe als auf meiner Zunge und mehr in meinem Verlangen als auf meiner Hand.«

Wenn du von Schönheit singst, obwohl du allein im Herzen der Wüste bist, wirst du Gehör finden.

Dichtung ist Weisheit, die das Herz entzückt. Weisheit ist Dichtung, die in der Seele singt.
Wenn wir das Herz eines Menschen entzücken und zur gleichen Zeit in seiner Seele singen könnten, dann würden wir wirklich im Schatten Gottes leben.

Höhere Eingebung will stets nur singen und niemals erklären.

Wir singen oft Wiegenlieder für unsere Kinder, damit wir selbst schlafen können.

All unsere Worte sind nur Brosamen, die vom Festmahl unseres Geistes herunterfallen.

Das Denken ist immer der Stein des Anstoßes für die Dichtkunst.

Der ist ein großer Sänger, der von unserem Schweigen singt.

Wie kannst du singen, wenn dein Mund mit Speise gefüllt ist?
Wie sollte deine Hand zum Segen erhoben sein, wenn sie mit Gold gefüllt ist?

Man sagt, dass die Nachtigall ihre Brust mit einem Dorn durchdringt, wenn sie ein Liebeslied singt.
Wir tun das alle. Wie sonst könnten wir singen?

Genialität ist nur das Lied eines Rotkehlchens am Beginn eines langsam werdenden Frühlings.

Sogar ein höchst beflügelter Geist kann die physische Notwendigkeit nicht umgehen.

Ein Wahnsinniger ist nicht weniger ein Musiker als du und ich; nur das Instrument, auf dem er spielt, ist ein bisschen verstimmt.

Das Lied, das ruhig im Herzen einer Mutter liegt, singt auf den Lippen ihres Kindes.

Kein Sehnen bleibt unerfüllt.

Niemals habe ich mich mit meinem anderen Selbst gänzlich vertragen. Der wahre Grund scheint zwischen uns zu liegen.

Dein anderes Selbst ist immer um dich bekümmert. Deine andere Hälfte jedoch wächst auf der Sorge; damit ist alles gut.

Es gibt keine Anstrengung der Seele und des Körpers außer im Geist derjenigen, deren Seelen schlafen und deren Körper verstimmt sind.

Wenn du die Mitte des Lebens erreichst, wirst du Schönheit in allen Dingen finden, sogar in den Augen, die blind für das Schöne sind.

Wir leben nur, um Schönheit zu entdecken. Alles andere ist eine Art des Wartens.

Säe ein Samenkorn in die Erde, und sie wird dir eine Blume hervorbringen. Träume deinen Traum zum Himmel, und er wird dir deine Geliebte bringen.

Der Teufel starb gerade an dem Tag, an dem du geboren wurdest.
Nun musst du nicht mehr durch die Hölle gehen, um einen Engel zu treffen.

Viele Frauen leihen sich das Herz eines Mannes; sehr wenige können es in Besitz nehmen.

Wenn du besitzen willst, darfst du nicht beanspruchen.
Wenn die Hand eines Mannes die Hand einer Frau berührt, berühren sie beide das Herz der Ewigkeit.

Liebe ist der Schleier zwischen Liebenden.

Jeder Mann liebt zwei Frauen; die eine ist die Schöpfung seiner Einbildungskraft, und die andere ist noch nicht geboren.

Männer, die den Frauen nicht ihre kleinen Fehler vergeben, werden sich niemals an ihren großen Tugenden erfreuen.

Liebe, die sich nicht jeden Tag selbst erneuert, wird eine Gewohnheit und dann Sklaverei.

Liebende umarmen das, was zwischen ihnen liegt, eher als einander.

Liebe und Zweifel sind niemals nur oberflächlich bekannt gewesen.

Liebe ist ein Wort des Lichtes, geschrieben von einer Hand des Lichtes, auf einer Seite des Lichtes.

Freundschaft ist immer eine angenehme Verantwortung, niemals eine günstige Gelegenheit.

Wenn du deinen Freund nicht bedingungslos verstehst, wirst du ihn niemals verstehen.

Dein strahlendstes Gewand ist aus der Weberei eines anderen Menschen;
dein schmackhaftestes Mahl ist jenes, das du am Tisch eines anderen Menschen isst;
dein bequemstes Bett steht im Haus eines anderen Menschen.
Nun sage mir, wie kannst du dich von den anderen Menschen absondern?

Dein Verstand und mein Herz werden sich niemals einigen, bis dein Verstand aufhört, in Zahlen zu leben und mein Herz im Dunkel.

Wir werden niemals einander verstehen, bis wir die Sprache auf sieben Worte reduzieren.

Wie soll mein Herz entsiegelt werden, ohne gebrochen worden zu sein?

Nur großes Leid oder große Freude können deine Wahrheit offenbaren.
Wenn du offenbart würdest, müsstest du entweder nackt in der Sonne tanzen oder dein Leid tragen.

Sollte die Natur auf das achten, was wir über die Zufriedenheit sagen, kein Fluss würde zum Meer streben und kein Winter würde zu Frühling werden.
Sollte sie alles beachten, was wir über die Sparsamkeit sagen, wie viele von uns würden diese Luft atmen?

Du siehst nur deinen Schatten, wenn du deinen Rücken zur Sonne drehst.

Du bist frei vor des Tages Sonne und vor den Sternen der Nacht;
und du bist frei, wenn weder Sonne noch Mond noch Sterne da sind.
Du bist sogar frei, wenn du deine Augen vor allem Sein schließt.
Aber du bist ein Sklave dessen, den du liebst.
Und ein Sklave dessen, der dich liebt, weil er dich liebt.

Wir sind alle Bettler am Tor des Tempels, und jeder von uns empfängt seinen Teil von der Freigebigkeit des Königs, wenn er den Tempel betritt und wenn er ihn verlässt.
Aber wir sind alle neidisch aufeinander, was eine andere Weise ist, den König herabzusetzen.

Du kannst nicht über deinen Appetit hinaus essen.
Die andere Hälfte des Brotlaibes gehört einem anderen Menschen, und es sollte ein wenig übrig bleiben für den zufälligen Gast.

Alle Häuser würden Gräber sein, wären sie nicht für Gäste.

Es sagte ein gnädiger Wolf zu einem einfachen Schaf: »Willst du nicht unser Haus mit einem Besuch beehren?« Und das Schaf antwortete: »Wir würden dein Haus mit einem Besuch beehrt haben, wenn es nicht in deinem Magen läge.«

Ich hielt meinen Gast auf der Schwelle an und sagte: »Nein, wische deine Füße nicht ab, wenn du eintrittst, sondern wenn du herausgehst.«

Großzügigkeit besteht nicht darin, dass du mir das gibst, was ich mehr benötige als du. Sie besteht jedoch darin, dass du mir das gibst, was du eher benötigst als ich.

Du bist wahrhaftig wohltätig, wenn du gibst. Und wenn du gibst, drehe dein Gesicht weg, damit du nicht die Schüchternheit des Empfängers siehst.

Der Unterschied zwischen dem reichsten und dem ärmsten Mann ist nur ein Tag des Hungers und eine Stunde Durst.

Wir leihen oft von unserer Zukunft, um die Schulden unserer Vergangenheit zu zahlen.

Auch ich bin von Engeln und Teufeln besucht worden, aber ich bin sie losgeworden.
Wenn es ein Engel ist, bete ich ein altes Gebet, und er ist gelangweilt.
Ist es ein Teufel, vertraue ich ihm eine alte Sünde an, und er geht an mir vorüber.

Im Grunde ist dies kein schlechtes Gefängnis, aber ich mag nicht diese Wand zwischen meiner Zelle und der Zelle des nächsten Gefangenen.
Dennoch versichere ich dir, dass ich weder den Wärter noch den Erbauer des Gefängnisses schelten möchte.

Diejenigen, die dir eine Schlange geben, wenn du um einen Fisch bittest, haben vielleicht nur Schlangen, um sie dir zu geben. Ihrerseits ist es dann Großzügigkeit.

Betrug gelingt manchmal, aber er begeht immer Selbstmord.

Du bist wirklich nachsichtig, wenn du Mördern vergibst, die niemals Blut vergießen, Dieben, die niemals stehlen, und Lügnern, die keine Unwahrheit aussprechen.

Derjenige, der seinen Finger auf das legen kann, was Gut und Böse trennt, ist zugleich der, der sogar den Gewandsaum Gottes berühren kann.

Wie sollst du erwarten, dass Blumen in deinen Händen erblühen, wenn dein Herz ein Vulkan ist.

Eine seltsame Form der Selbstnachsicht. Es gibt Zeiten, da wünschte ich, dass man mir Unrecht tat und mich betrog, damit ich auf Kosten derer lachen könne, die denken, dass ich nicht weiß, dass man mir Unrecht tut und mich betrügt.

Was soll ich über den sagen, der der Verfolger ist und die Rolle des Verfolgten spielt?

Lass den, der seine beschmutzten Hände an deinem Gewand reinigt, dein Gewand nehmen. Er kann es wieder gebrauchen; du sicherlich nicht.

Es ist schade, dass Geldwechsler keine guten Gärtner sein können.

Bitte wasche deine angeborenen Fehler nicht mit deinen erworbenen Tugenden rein. Ich möchte die Fehler haben; sie sind wie meine eigenen.

Wie oft habe ich mir Verbrechen zugeschrieben, die ich nie begangen habe, damit der andere Mensch sich in meiner Gegenwart wohl fühlen kann.

Sogar die Masken des Lebens sind Masken tieferer Geheimnisse.

Du kannst andere nur nach deinem Wissen um dich selbst beurteilen.
Nun, sage mir, wer unter uns ist schuldig und wer unschuldig?

Nur ein Idiot und ein Genie brechen die von Menschen geschaffenen Gesetze; sie sind dem Herzen Gottes am nächsten.

Der wahrlich Gerechte ist der, der sich halb schuldig fühlt für deine Missetaten.

Nur, wenn man dich verfolgt, wirst du schnell.

Ich habe keine Feinde, o Gott, aber wenn ich je einen Feind haben sollte, lass seine Stärke meiner ebenbürtig sein.
Allein die Wahrheit mag der Sieger sein.

Du wirst ganz freundlich zu deinem Feind sein, wenn ihr beide im Sterben liegt.

Vielleicht kann ein Mensch aus Selbstverteidigung sich das Leben nehmen.

Vor langer Zeit lebte ein Mann, der gekreuzigt wurde, weil er allzu liebevoll und überdies liebenswürdig war.
Sonderbar zum Erzählen, gestern traf ich ihn drei Mal.
Das erste Mal bat er einen Polizisten, eine Hure nicht ins Gefängnis zu stecken; das zweite Mal trank er Wein mit einem Ausgestoßenen; und das dritte Mal hatte er im Innern einer Kirche einen Boxkampf mit einem Gründer.

Wenn alles Gute und Böse, von dem sie sprechen, wahr wäre, dann ist mein Leben ein langes Verbrechen.

Mitleid ist nur halbe Gerechtigkeit.

Der Einzige, der ungerecht zu mir war, ist derjenige, zu dessen Bruder ich ungerecht gewesen bin.

Wenn du einen Mann siehst, den man zum Gefängnis führt, sage in deinem Herzen: »Vielleicht ist er aus einem engeren Gefängnis entkommen.«
Und wenn du einen betrunkenen Mann siehst, sage in deinem Herzen: »Vielleicht sucht er vor etwas noch Unschönerem zu entkommen.«

Oftmals hasste ich aus Selbstverteidigung; aber wenn ich stärker wäre, hätte ich nicht solch eine Waffe gebraucht.

Wie einfältig ist der, der den Hass in seinen Augen mit dem Lächeln seiner Lippen flicken möchte.

Nur, wer unter mir ist, kann mich beneiden oder hassen.
Ich bin nie beneidet oder gehasst worden; ich stehe über niemandem.
Nur, wer über mir ist, kann mich loben oder herabsetzen.
Ich bin nie gelobt oder herabgesetzt worden; ich stehe unter niemandem.

Wenn du zu mir sagst: »Ich verstehe dich nicht«, übertreibst du meinen Wert und gibst eine Beleidigung, mit der du dich nicht verdient machst.

Wie niederträchtig bin ich, wenn mir das Leben Gold gibt und ich dir Silber gebe und mich dabei für großzügig halte.

Wenn du den Mittelpunkt des Lebens erreichst, wirst du dich selbst nicht größer als der Verbrecher und nicht kleiner als der Prophet finden.

Seltsam, dass du die Langsamfüßigen bemitleiden solltest und nicht die langsam Gesonnenen, und die Blindäugigen eher als die Blindherzigen.

Es ist weiser für den Lahmen, seine Krücken nicht über dem Kopf seines Feindes zu zerbrechen.

Wie blind ist der, der dir aus seiner Tasche gibt, was er aus deinem Herzen nehmen mag.

Das Leben ist eine Prozession. Wer langsamen Fußes ist, findet sie zu schnell, und er tritt heraus.
Und wer schnellen Fußes ist, findet sie zu langsam und tritt ebenfalls heraus.

Wenn es solch ein Ding wie die Sünde gibt, dann begehen sie einige von uns rückwärts, den Fußspuren unserer Vorfahren folgend, und einige begehen sie vorwärts, unsere Kinder beherrschend.

Der wahrhaft Gute ist der, der zu all denen hält, die für schlecht gehalten werden.

Wir sind alle Gefangene, aber einige von uns leben in Zellen mit Fenstern und einige in Zellen ohne Fenster.

Seltsam, dass wir all unser Unrecht mit mehr Nachdruck verteidigen als unsere Rechte.

Wenn wir unsere Sünden einander bekennen würden, würden wir alle übereinander lachen über unseren Mangel an Originalität.
Sollten wir unsere Tugenden offenbaren, würden wir über den selben Grund lachen.

Ein Individuum steht so lange über menschlichen Gesetzen, bis es ein Verbrechen gegen die von Menschen aufgestellten Regeln begeht.
Danach steht es weder über noch unter jemandem.

Regierung ist eine Abmachung zwischen dir und mir. Wir haben beide oft Unrecht.

Verbrechen ist entweder ein anderer Name für Not oder als Krankheit anzusehen.

Gibt es einen größeren Fehler, als sich der Fehler anderer Menschen bewusst zu sein?

Wenn der andere Mensch über dich lacht, kannst du ihn bedauern; aber wenn du über ihn lachst, solltest du dir niemals selbst vergeben.
Wenn dich der andere Mensch kränkt, magst du das Unrecht vergessen; aber wenn du ihn kränkst, wirst du dich immer erinnern.
In Wirklichkeit ist der andere Mensch dein empfindlichstes Selbst in einem anderen Körper.

Wie unachtsam bist du, wenn du die Menschen mit deinen Flügeln fliegen lassen möchtest, und du kannst ihnen nicht einmal eine Feder geben.

Einmal saß ein Mann an meiner Tafel und aß mein Brot, trank meinen Wein, ging weg und lachte über mich.
Dann kam er wieder wegen Brot und Wein, und ich wies ihn verächtlich zurück.
Und die Engel lachten über mich.

Hass ist eine tote Sache. Wer von euch möchte ein Grabmal sein?

Es ist die Ehre des Ermordeten, dass er nicht der Mörder ist.

Die Bühne der Menschlichkeit ist in ihrem schweigenden Herzen, niemals in ihrem redsamen Verstand.

Sie halten mich für verrückt, weil ich meine Tage nicht für Gold verkaufen will.
Und ich halte sie für verrückt, weil sie glauben, meine Tage hätten einen Preis.

Sie breiteten ihren Reichtum an Gold und Silber, Elfenbein und Ebenholz vor uns aus, und wir breiteten unsere Herzen und unseren Geist vor ihnen aus.
Und doch hielten sie sich selbst für die Gastgeber und uns für die Gäste.

Lieber möchte ich zu den geringsten Menschen gehören, mit Träumen und dem Verlangen, sie zu erfüllen, als der Größte zu sein, ohne Träume und ohne Verlangen.

Der erbärmlichste unter den Menschen ist der, der seine Träume in Gold und Silber verwandelt.

Wir klettern alle auf den Gipfel unseres Herzenswunsches zu. Würde der andere Kletterer deine Wegzehrung und deine Geldbörse stehlen und würde fett von dem einen und schwer von dem anderen, solltest du ihn bedauern.
Das Klettern wird schwerer für seinen Körper sein, und die Last wird seinen Weg verlängern. Und solltest du in deiner Magerkeit sehen, wie sein Körper keucht, hilf ihm einen Schritt; es wird deine Schnelligkeit erhöhen.

Du kannst nicht irgend jemanden über dein Wissen von ihm hinaus richten; wie klein ist dein Wissen.

Ich würde keinem Eroberer zuhören, der den Besiegten predigt.

Der wahrhaft freie Mensch ist der, der die Last der leibeigenen Sklaven geduldig trägt.

Vor tausend Jahren sagte mein Nachbar zu mir: »Ich hasse das Leben, weil es nichts als Schmerz ist.«
Und gestern kam ich an einem Friedhof vorbei und sah auf seinem Grab das Leben tanzen.

Streit in der Natur ist nur Unordnung, die sich nach Ordnung sehnt.

Einsamkeit ist ein ruhiger Sturm, der all unsere toten Teile zerbricht.
Jedoch treibt er unsere lebendige Wurzel tiefer in das lebendige Herz der lebendigen Erde.

Einmal erzählte ich einem Bach vom Meer, doch der Bach hielt mich für einen phantasiereichen Übertreiber.
Und einmal erzählte ich dem Meer vom Bach, doch das Meer hielt mich für einen geringschätzigen Verleumder.

Wie beschränkt ist eine Einsicht, die die Geschäftigkeit der Ameise über den Gesang der Heuschrecke erhebt.

Die größten Werte in dieser Welt können die kleinsten in einer anderen sein.

Das Tiefe und das Hohe gehen in gerader Linie zur Tiefe oder zur Höhe; nur das Umfassende kann sich in Kreisen bewegen.

Wir würden vor dem Glühwürmchen ebenso ehrfürchtig stehen wie vor der Sonne, wenn wir nicht an unsere Vorstellung von Gewicht und Maß gebunden wären.

Ein Gelehrter ohne Vorstellungskraft ist ein Metzger mit stumpfen Messern und abgenutztem Schleifstein.
Aber was möchtest du, da wir nicht alle Vegetarier sind?

Wenn du singst, hört dich der Hungrige mit seinem Magen.

Der Tod ist nicht näher bei den Bejahrten als bei den Neugeborenen; das Leben auch nicht.

Wenn du aufrichtig sein musst, sei in Schönheit aufrichtig; sonst halte dich still, weil ein Mann in deiner Nachbarschaft ist, der gerade stirbt.

Möglicherweise ist ein Begräbnis unter Menschen ein Hochzeitsfest unter Engeln.

Eine vergessene Wirklichkeit mag sterben und in ihrem Testament siebentausend Wirklichkeiten und Fakten hinterlassen, die bei ihrem Begräbnis und dem Bau eines Grabes verwendet werden.

In Wahrheit reden wir nur zu uns selbst, aber manchmal reden wir laut genug, damit andere uns hören können.

Klar ist das, was nie gesehen wurde, bis jemand es einfach ausspricht.

Wenn die Milchstraße nicht in mir wäre, wie sollte ich sie gesehen oder wie gekannt haben?

Wenn ich nicht ein Arzt unter Ärzten bin, würden sie nicht glauben, dass ich Astronom bin.

Vielleicht ist die Perle für das Meer die Beschreibung einer Muschel.
Vielleicht ist der Diamant für die Zeit die Beschreibung von Kohle.

Ruhm ist der Schatten einer Leidenschaft, die im Licht steht.

Eine Wurzel ist eine Blume, die Ruhm verachtet.

Schönheit überragt Religion und Wissenschaft.

Jeder große Mensch, den ich kannte, hatte etwas Kleines in seiner Aufmachung; und es war das kleine Etwas, das Untätigkeit, Wahnsinn oder Selbstmord verhütete.

Der wahrhaft große Mensch ist der, der niemanden beherrscht und der von niemandem beherrscht wird.

Ich glaube nicht, dass der Mensch einfach mittelmäßig ist, weil er die Verbrecher und die Propheten tötet.

Toleranz ist Liebe, belastet mit der Krankheit des Hochmuts.

Die Würmer werden sich drehen; aber ist es nicht seltsam, dass sogar Elefanten sich fügen werden?

Ich bin die Flamme, und ich bin der trockene Busch; ein Teil von mir verzehrt den anderen.

Wir alle suchen den Gipfel des heiligen Berges, aber wäre unser Weg nicht kürzer, wenn wir die Vergangenheit für eine Karte und nicht für einen Führer hielten?

Weisheit hört auf, Weisheit zu sein, wenn sie zu stolz wird, um zu weinen, zu ernst, um zu lachen, und zu sehr von sich eingenommen, um anderes zu sehen als sich selbst.

Hätte ich mich voll gestopft mit allem, was du weißt, welchen Raum würde ich für alles, was du nicht weißt, haben?

Ich habe Schweigen von den Beredsamen gelernt, Toleranz von den Intoleranten und Freundlichkeit von den Unfreundlichen; doch seltsam, ich bin diesen Lehrern nicht dankbar.

Ein Frömmler ist ein stocktauber Redner.

Das Schweigen des Neidischen ist zu geräuschvoll.

Wenn du das Ende von dem erreichst, was du wissen solltest, stehst du am Anfang dessen, was du fühlen solltest.

Eine Übertreibung ist eine Wahrheit, die ihre Ruhe verloren hat.

Wenn du nur das siehst, was das Licht offenbart, und nur das hörst, was der Schall verkündet, dann kannst du in Wahrheit nicht sehen, nicht hören.

Eine Tatsache ist eine Wahrheit, die des Geschlechtes beraubt ist.

Du kannst nicht zur gleichen Zeit lachen und unfreundlich sein.

Meinem Herzen am nächsten ist ein König ohne Königreich und ein armer Mann, der nicht weiß, wie man bettelt.

Ein schüchternes Versagen ist edler als ein anmaßender Erfolg.

Grabe irgendwo in der Erde, und du wirst einen Schatz finden, nur musst du mit dem Vertrauen eines Bauern graben.

Es sagte ein gejagter Fuchs, der von zwanzig Reitern und einer Meute von zwanzig Hunden verfolgt wurde: »Natürlich werden sie mich töten. Aber wie arm und dumm müssen sie sein. Sicher wäre es wertlos für zwanzig Füchse, die auf zwanzig Eseln reiten und von zwanzig Wölfen unterstützt werden, einen einzigen Mann zu jagen und zu töten.«

Es ist der Verstand in uns, der sich den Gesetzen fügt, die wir gemacht haben, aber niemals der Geist in uns.

Ich bin ein Reisender und ein Seefahrer, und jeden Tag entdecke ich eine neue Region in meiner Seele.

Eine Frau sagte protestierend: »Natürlich war es ein gerechter Krieg. Mein Sohn fiel dabei.«

Ich sagte zum Leben: »Ich möchte den Tod sprechen hören.« Und das Leben redete ein wenig lauter und sagte: »Jetzt hörst du ihn.«

Wenn du alle Geheimnisse des Lebens gelöst hast, sehnst du dich nach dem Tod, denn er ist nur ein anderes Geheimnis des Lebens.
Geburt und Tod sind die beiden edelsten Ausdrücke für Tapferkeit.

Mein Freund, du und ich werden Fremde für das Leben bleiben,
füreinander und jeder für sich selbst,
bis zu dem Tag, an dem du reden wirst und ich hören werde,
deine Stimme für meine eigene haltend;
und wenn ich vor dir stehen werde
in der Meinung, ich selbst stünde vor einem Spiegel.

Der Mensch besteht aus zwei Teilen: einer wacht in der Dunkelheit, und der andere schläft im Licht.

Man sagte mir: »Solltest du dich selbst kennen, würdest du alle Menschen kennen.«
Und ich sagte: »Nur wenn ich alle Menschen suche, werde ich mich selbst kennen.«

Ein Einsiedler ist jemand, der auf die Welt der Bruchstücke verzichtet, um sich an der ganzen Welt ohne Unterbrechung zu erfreuen.

Es liegt ein grünes Feld zwischen dem Gelehrten und dem Dichter; sollte der Gelehrte es überqueren, würde er ein weiser Mann; sollte es der Dichter überqueren, würde er ein Prophet.

Gestern Abend sah ich Philosophen auf dem Marktplatz ihre Köpfe in Körben umhertragend und laut schreiend: »Weisheit! Weisheit zu verkaufen!«
Arme Philosophen! Sie müssen notgedrungen ihre Köpfe verkaufen, um ihre Herzen zu ernähren.

Es sagte ein Philosoph zu einem Straßenfeger: »Ich bedaure dich. Hart und schmutzig ist dein Tagewerk.«
Und der Straßenfeger sagte: »Vielen Dank, Herr. Aber sage mir, was für Arbeit hast du?«
Und der Philosoph antwortete und sagte: »Ich studiere des Menschen Geist, seine Taten und sein Verlangen.«
Da fuhr der Straßenfeger fort zu fegen und sagte mit einem Lächeln: »Ich bedaure dich auch.«

Wer der Wahrheit zuhört, ist nicht geringer als der, der die Wahrheit ausspricht.

Kein Mensch kann die Grenze zwischen Notwendigkeiten und Luxus ziehen. Nur die Engel können das, und Engel sind weise und besonnen. Vielleicht sind die Engel unsere besseren Gedanken im Raum.

Der ist der wahre Prinz, der seinen Thron im Herzen des Derwisch findet.

Großzügigkeit gibt mehr als du kannst, und Stolz nimmt weniger als du benötigst.

In Wahrheit bist du keinem Menschen etwas schuldig. Du schuldest allen Menschen alles.

All die, die in der Vergangenheit gelebt haben, leben jetzt mit uns. Sicherlich würde niemand unter uns ein unfreundlicher Gastgeber sein.

Wer sich am meisten sehnt, lebt am längsten.

Man sagt mir: »Ein Vogel in der Hand ist soviel wert wie zehn im Busch.«
Aber ich sage: »Ein Vogel und eine Feder im Busch ist mehr wert als zehn Vögel in der Hand.«
Dein Suchen nach dieser Feder ist das Leben auf beschwingten Füßen; nein, es ist das Leben selbst.

Es gibt hier nur zwei Elemente, Schönheit und Wahrheit. Schönheit in den Herzen der Liebenden und Wahrheit in den Armen der Ackerbauern.

Große Schönheit bezaubert mich, aber eine noch größere Schönheit befreit mich von ihr selbst.

Schönheit scheint heller im Herzen dessen, der sich danach sehnt, als in den Augen dessen, der sie sieht.

Ich bewundere den Menschen, der mir seine Seele offenbart; ich ehre den, der seine Träume entschleiert. Aber warum bin ich schüchtern und sogar ein bisschen beschämt vor dem, der mir dient?

Die Begabten waren einst stolz, Prinzen zu dienen.
Nun beanspruchen sie, den Armen dienend, Ehre.

Die Engel wissen, dass zu viele praktische Menschen ihr Brot mit dem Schweiß auf der Stirn des Träumenden essen.

Witz ist oft eine Maske. Wenn du sie zerreißen könntest, würdest du entweder einen verärgerten Geist oder Gaukelei treibende Klugheit finden.

Der, der Verstand hat, schreibt mir Verständnis zu und der Dumme Dummheit. Ich glaube, sie haben beide Recht.

Nur die mit Geheimnissen in ihren Herzen können die Geheimnisse in unseren Herzen ahnen.

Wer an deinem Vergnügen teilhaben möchte, aber nicht an deinem Schmerz, soll den Schlüssel zu einem der sieben Tore des Paradieses verlieren.

Ja, es gibt ein Nirvanah; du spürst es, wenn du dein Schaf zu einer grünen Weide führst, dein Kind zu Bett bringst und die letzte Zeile deines Gedichtes schreibst.

Wir wählen unsere Freuden und Leiden lange aus, bevor wir sie erproben.

Traurigkeit ist nur eine Mauer zwischen zwei Gärten.

Wenn entweder deine Freude oder deine Sorge groß wird, wird die Welt klein.

Verlangen ist das halbe Leben; Gleichgültigkeit der halbe Tod.

Die bitterste Sache an unseren heutigen Sorgen ist die Erinnerung an unsere gestrigen Freuden.

Man sagt zu mir: »Du musst notgedrungen zwischen den Vergnügen dieser Welt und dem Frieden der nächsten Welt wählen.«
Und ich sage zu ihnen: »Ich habe beides gewählt, die Freuden dieser Welt und den Frieden der nächsten. Denn ich weiß in meinem Herzen, dass der größte Poet nur ein Gedicht schrieb, und das klingt perfekt und ist auch perfekt gereimt.«

Vertrauen ist eine Oase im Herzen, die von der Karawane des Denkens nie erreicht wird.

Wenn du deinen Höhepunkt erreichst, sollst du Wünsche aussprechen, aber nur um zu wünschen; und du sollst hungern für den Hunger; und du sollst für den größeren Durst dursten.

Wenn du dem Wind deine Geheimnisse offenbarst, solltest du den Wind nicht tadeln, wenn er sie den Bäumen offenbart.

Die Blumen des Frühlings sind die Träume des Winters, am Frühstückstisch der Engel erzählt.

Es sagte ein Stinktier zu einer Knolle: »Sieh, wie schnell ich laufe, während du weder gehen und nicht einmal kriechen kannst.«
Sagte die Knolle zum Stinktier: »O, edelster Schnellläufer, eile bitte schnell!«

Schildkröten können mehr über die Straßen erzählen als Hasen.

Seltsam, dass Geschöpfe ohne Rückgrat die härteste Schale haben.

Wer am meisten redet, ist der am wenigsten Gescheite, und es gibt kaum einen Unterschied zwischen einem Redner und einem Versteigerer.

Sei dankbar, dass du weder unter dem Ruhm eines Vaters leben musst noch unter dem Reichtum eines Onkels.
Aber vor allem sei dankbar, dass niemand unter einem von beidem, deinem Ruhm oder deinem Reichtum, wird leben müssen.

Nur, wenn ein Jongleur es verpasst, seinen Ball zu fangen, wirkt er auf mich.

Der Neidische preist mich unwissend.

Lang warst du ein Traum in deiner Mutter Schlaf, und dann erwachte sie, um dich zu gebären.

Der Keim des Geschlechtes ist in deiner Mutter Sehnen.

Mein Vater und Mutter wünschten ein Kind, und sie zeugten mich.
Und ich wünschte eine Mutter und einen Vater, und ich zeugte die Nacht und das Meer.

Einige unserer Kinder sind unsere Rechtfertigung und einige nur unser Bedauern.

Wenn die Nacht kommt und du bist auch dunkel, lege dich hin, sei mit Willen dunkel.
Und wenn der Morgen kommt und du bist noch dunkel, stehe auf und sage zum Tag mit Willen: »Ich bin noch dunkel.«
Es ist töricht, eine Rolle mit der Nacht und dem Tag zu spielen.
Sie würden beide über dich lachen.

Der Berg, in Nebel verhüllt, ist kein Hügel; eine Eiche im Regen ist keine Trauerweide.

Siehe, hier ist ein Widerspruch: Die Tiefe und die Höhe sind näher zueinander als die Mitte zu beiden.

Als ich als klarer Spiegel vor dir stand, starrtest du mich an und sahest dein Gesicht.
Dann sagtest du: »Ich liebe dich.«
Aber in Wahrheit liebtest du dich selbst in mir.

Wenn du dich daran erfreust, deinen Nächsten zu lieben, hört es auf, eine Tugend zu sein.

Liebe, die nicht immer wieder neu entsteht, stirbt ständig.

Du kannst nicht Jugend und das Wissen um sie zur gleichen Zeit besitzen; denn die Jugend ist zu beschäftigt, um das Leben zu kennen, und das Wissen ist zu beschäftigt, um sich selbst im Leben zu suchen.

Du magst an deinem Fenster sitzen und die Passanten beobachten. Und während du beobachtest, magst du eine Nonne sehen, die zu deiner Rechten geht und eine Prostituierte zu deiner Linken.
Und du magst in deiner Einfalt sagen: »Wie edel ist die eine und wie unedel die andere.«
Und solltest du deine Augen schließen und eine Weile lauschen, würdest du eine Stimme hören, die in den Äther flüstert: »Die eine sucht mich im Gebet, und die andere im Schmerz. Und im Geist von beiden liegt ein Raum für meinen Geist.«

Einmal, alle hundert Jahre, trifft Jesus von Nazareth den Jesus der Christen in einem Garten zwischen den Hügeln des Libanon. Und sie sprechen lange; und jedes Mal geht Jesus von Nazareth fort, indem er zum Jesus der Christen sagt: »Mein Freund, ich fürchte, wir werden niemals, niemals übereinstimmen.«

Möge Gott die Überreichen ernähren!

Ein großer Mann hat zwei Herzen; das eine segnet und das andere hat Geduld.

Sollte jemand eine Lüge erzählen, die weder dich noch jemand anders verletzt, warum sagst du nicht in deinem Herzen, dass das Haus seiner Tatsachen zu klein ist für seine Vorstellungen und er es für größeren Raum verlassen muss?

Hinter jeder verschlossenen Tür liegt ein Geheimnis, versiegelt mit sieben Siegeln.

Was wäre, wenn die Sorge ein neues Fenster in der Ostwand deines Hauses ist?

Du magst denjenigen vergessen, mit dem du gelacht, aber nie denjenigen, mit dem du geweint hast.

Es muss etwas seltsam Heiliges im Salz sein. Es ist in unseren Tränen und im Ozean.

Unser Gott mit seinem gnädigen Durst wird uns alle trinken, den Tautropfen und die Träne.

Du bist nur ein Bruchstück deines riesigen Selbst, ein Mund, der Brot sucht, und eine blinde Hand, die einen Becher an einen durstigen Mund hält.

Wenn du nur eine Elle über Geschlecht, Land und dein Selbst wachsen wolltest, würdest du göttlich werden.

Wenn ich du wäre, würde ich bei Ebbe keinen Fehler am Meer finden.
Es ist ein gutes Schiff, und unser Kapitän ist fähig; es ist nur unser Magen, der in Unordnung ist.

Wonach wir uns sehnen und was wir nicht erreichen können, ist teurer als das, was wir bereits erreichten.

Solltest du auf einer Wolke sitzen, so würdest du keine Grenzlinie zwischen dem einen und dem anderen Land sehen, auch nicht den Grenzstein zwischen einer Farm und einer anderen.
Es ist schade, dass man auf keiner Wolke sitzen kann.

Vor sieben Jahrhunderten flogen sieben weiße Tauben aus einem tiefen Tal zu dem schneeweißen Gipfel des Berges. Einer der sieben Männer, die den Flug beobachteten, sagte: »Ich sehe einen schwarzen Fleck auf dem Flügel der siebenten Taube.«
Heute erzählen die Menschen in dem Tal von sieben schwarzen Tauben, die zum Gipfel des verschneiten Berges flogen.

Im Herbst sammelte ich alle meine Sorgen und vergrub sie in meinem Garten.
Und als der April wiederkehrte und der Frühling kam, die Erde zu heiraten, da wuchsen in meinem Garten schöne Blumen, nicht zu vergleichen mit allen anderen Blumen.
Und meine Nachbarn kamen, um sie anzuschauen, und sie sagten zu mir: »Willst du uns, wenn der Herbst wiederkommt, zur Saatzeit, nicht auch Samen dieser Blumen geben, damit wir sie in unseren Gärten haben?«

Es ist in der Tat bedauerlich, wenn ich eine leere Hand den Menschen entgegenstrecke und nichts empfange; aber es ist hoffnungslos, wenn ich eine volle Hand ausstrecke und niemanden finde, der nimmt.

Ich sehne mich nach der Ewigkeit, weil ich dort meine ungeschriebenen Gedichte und ungemalten Gemälde treffen werde.

Kunst ist ein Schritt von der Natur zur Unendlichkeit.

Ein Kunstwerk ist ein Nebel, der in ein Bild geschnitzt ist.

Sogar die Hände, die Kronen aus Dornen machen, sind besser als untätige Hände.

Unsere geheimsten Tränen suchen nie unsere Augen.

Jeder Mensch ist der Nachkomme eines jeden Königs und eines jeden Sklaven, der je lebte.

Wenn Jesus' Urgroßvater gewusst hätte, was in ihm verborgen lag, würde er nicht in Ehrfurcht vor sich selbst gestanden haben?

War die Liebe von Judas' Mutter für ihren Sohn geringer als die Liebe Marias zu Jesus?

Es gibt drei Wunderdinge unseres Bruders Jesus, die noch nicht in der Bibel stehen, das erste, dass er ein Mensch war wie du und ich; das zweite, dass er einen Sinn für Humor hatte; und das dritte, dass er wusste, dass er ein Sieger durch Besiegte war.

Gekreuzigter, du bist auf meinem Herzen gekreuzigt; und die Nägel, die deine Hände durchbohren, durchbohren die Wände meines Herzens.
Und morgen, wenn ein Fremder an diesem Golgatha vorbeigeht, wird er nicht wissen, dass hier zwei bluten.
Er wird es für das Blut eines Menschen halten.

Du magst vom gesegneten Berg gehört haben. Es ist der höchste Berg in unserer Welt.
Solltest du den Gipfel erreichen, hättest du nur ein Verlangen, und zwar, herab zu steigen und mit denen zu sein, die im tiefsten Tal wohnen. Deshalb nennt man ihn den gesegneten Berg.

Jeden Gedanken, den ich in die Sprache eingekerkert habe, muss ich durch meine Taten befreien.

Nachwort

Gibran hatte die Angewohnheit, stets Notizzettel bei sich zu haben, um Einfälle, Ideen und Formulierungen darauf zu notieren. Barbara Young, die ihm in den letzten Jahren als Sekretärin zur Hand ging, erzählt in ihrer Biographie über Gibran, dass sie eines Tages den Entschluss fasste, all die beschriebenen Papierfetzen und Zettel, die in seinem Atelier herumlagen, zu sammeln und in einem Buch zu veröffentlichen. Als sie Gibran ihre Idee mitteilte, machte er sich zunächst darüber lustig und sagte, es wäre nicht mehr als Sand und Schaum, womit der Buchtitel bereits geboren war. Mit der Zeit freundete er sich mit der Idee an und er steckte ihr hin und wieder Zettel zu, auf denen er einen Gedanken brillant formuliert hatte, mit den Worten: »Da, für dich – die du Sand und Schaum sammelst!« (Young 101)

Im Herbst des Jahres 1925 kündigte Gibran der Frau seines Verlegers, Blanche Knopf, das neue Werk an (Najjar 920), und im Jahr 1926 erscheint die Aphorismensammlung mit 322 Aphorismen und mit sieben Reproduktionen seiner Zeichnungen bei Alfred Knopf.

Aus dem Briefwechsel mit seinem Verleger geht hervor, dass er viel Wert auf die Aufmachung dieses Buches legte. (Najjar 920) Zu der arabischen Übersetzung, die im Dezember 1926 erschien, schrieb Gibran eine Einleitung, in der es heißt: »Dieses kleine Buch ist nur eine Handvoll Sand und eine andere Handvoll Schaum. Zwischen die Sandkörner habe ich die Samen meines Herzens gestreut, und auf den Schaum habe ich das Wesen meiner Seele verströmt. Im Herzen eines jeden Menschen gibt es ein wenig Sand

und ein wenig Schaum.« Der Text beginnt mit den Worten: *»Immer wandere ich auf diesen Stränden, zwischen Sand und Schaum. Die Flut wird meine Fußstapfen auslöschen und der Wind den Schaum fortblasen. Aber das Meer und der Sand werden übrigbleiben. Ewig.«* (239)
Auch hier finden sich die wichtigsten Metaphern, die im gesamten Werk verstreut sind, etwa der Nebel, der eine große Rolle spielt: Er ist das Unbestimmte, Formlose, aus dem alle Formen hervorgehen und wieder zurückkehren. Er ist auch ein Symbol der Ewigkeit. So endet sein Buch *Die Rückkehr des Propheten* mit einer eindrucksvollen Hymne an den Nebel. Auch über Blumen, Gärten, Flüsse, Meer und über die Nacht gibt es in diesem Werk schöne Aphorismen. In vielen knappen Sätzen verbirgt sich eine ganze Philosophie: Robin Waterfield deutet in seinem Buch über Gibran folgenden Aphorismus: »Es liegt ein grünes Feld zwischen dem Gelehrten und dem Dichter; sollte der Gelehrte es überqueren, würde er ein weiser Mann; sollte es der Dichter überqueren, würde er ein Prophet.« (268) Das grüne Feld ist eine Metapher für das Leben. Es macht den Gelehrten weise und den Dichter zum Propheten. Der Unterschied zwischen dem Dichter und dem Propheten liegt also darin, dass der Prophet lebt, was er lehrt. (Waterfield 229f) Ein anderer Aphorismus besagt: »Wenn das Leben keinen Sänger findet, der ihm aus dem Herzen singt, bringt es einen Philosophen hervor, der von des Lebens Geist spricht.« (246) Es ist offensichtlich, wen von beiden Gibran vorzieht und mit wem er sich identifiziert, er, der von sich sagte, dass er keiner Philosophie angehöre, sondern »Lebenist« sei.
Auch wird oft der Gedanke formuliert, dass nicht nur der Makrokosmos den Mikrokosmos enthält, sondern dass auch umgekehrt im Mikrokosmos der Makrokosmos enthalten ist: *»Sie sagen mir bei ihrem Erwachen: ›Du und die Welt, in der du lebst, seid nur ein Sandkorn an dem unendli-*

chen Strand eines unendlichen Meeres.‹ Und in meinem Traum antwortete ich ihnen: ›Ich bin das unendliche Meer‹« (239) oder »*Die Sphinx sprach nur einmal, und sie sagte: ›Ein Sandkorn ist eine Wüste, und eine Wüste ist ein Sandkorn‹«* (240) oder »*Im Kern der Dattel verbirgt sich das Geheimnis der ganzen Palme«* (88).

Ebenso ist im Mikrokosmos dieser Aphorismensammlung auch Gibrans Gesamtwerk enthalten. So sind manche Werke von ihm hier in einer kurzen, prägnanten Formel resümiert und zum Ausdruck gebracht, wie etwa *Jesus Menschensohn* in dem Aphorismus: »*Einmal, alle hundert Jahre, trifft Jesus von Nazareth den Jesus der Christen in einem Garten zwischen den Hügeln des Libanon. Und sie sprechen lange. Und jedes Mal geht Jesus von Nazareth fort, indem er zum Jesus der Christen sagt: ›Mein Freund, ich fürchte, wir werden niemals, niemals übereinstimmen‹«* (274).

Der Wanderer

Inhalt

Der Wanderer
287

Kleider
287

Der Adler und die Lerche
288

Das Liebeslied
289

Tränen und Gelächter
290

Auf dem Jahrmarkt
290

Die beiden Prinzessinnen
291

Der Blitz
292

Der Einsiedler und die Tiere
292

Der Prophet und das Kind
293

Die Perle
294

Leib und Seele
295

Der König
295
In den Sand geschrieben
298
Die drei Gaben
298
Friede und Krieg
299
Die Tänzerin
300
Die beiden Schutzengel
301
Die Statue
302
Der Tausch
303
Liebe und Hass
303
Träume
304
Der Narr
304
Die Frösche
305
Gesetze und Gesetzgebung
306
Gestern, heute und morgen
307

Der Philosoph und der Schuster
308
Die Brückenbauer
309
Unterwegs nach Zaad
309
Ein Gürtel voll Gold
311
Die rote Erde
312
Vollmond
312
Der Prophet als Eremit
312
Alter Wein
313
Die zwei Gedichte
314
Lady Ruth
315
Die Maus und die Katze
315
Der Fluch
316
Die Granatäpfel
317
Gott und Götter
317

Die taube Frau
318

Die Frage
320

Das Zepter
320

Der Pfad
321

Der Wal und der Schmetterling
322

Ansteckender Friede
323

Der Schatten
324

Siebzig Jahre alt
324

Gottfindung
325

Der Fluss
325

Die zwei Jäger
326

Der andere Wanderer
327

Der Wanderer

Ich traf ihn an einer Wegkreuzung; ein Mantel und ein Stab waren alles, was er mit sich führte; sein Gesicht überzog ein Schleier aus Wehmut. Wir grüßten uns, und ich lud ihn ein.

»Komm in mein Haus und sei mein Gast!«

Er ging mit mir. An der Schwelle des Hauses hießen uns meine Frau und meine Kinder willkommen. Er lächelte sie an, und sie freuten sich über sein Kommen. Dann saßen wir alle zusammen am Tisch und waren glücklich über seine Gegenwart, denn eine geheimnisvolle Ruhe ging von ihm aus.

Nach dem Abendessen setzten wir uns ans Feuer und ich erkundigte mich nach seinen Wanderungen. Er erzählte uns viele Geschichten an diesem und auch am folgenden Abend, die gewebt waren aus der Mühsal seiner Tage. Wenngleich er selber freundlich war, so sind seine Geschichten geprägt vom Staub und von den Beschwerden seiner Wege.

Als er nach drei Tagen von uns ging, hatten wir nicht das Gefühl, dass uns ein Gast verlassen hatte; vielmehr war es, als hielte sich einer von uns draußen im Garten auf.

Kleider

Eines Tages trafen sich die Schönheit und die Hässlichkeit am Meeresufer. »Lass uns im Meer baden!«, schlugen sie einander vor. Sie entkleideten sich und gingen ins Wasser. Nach einer Weile kam die Hässlichkeit ans Ufer zu-

rück, legte die Kleider der Schönheit an und schlich sich weg.
Als die Schönheit des Badens müde war, stieg sie aus dem Wasser. Sie suchte vergeblich nach ihren Kleidern. Da sie zu scheu war, um nackt zu bleiben, zog sie die Kleider der Hässlichkeit an.
Seitdem verwechseln die Menschen die beiden. Doch es gibt einige unter ihnen, die das Antlitz der Schönheit sehen und ihre Kleider ignorieren. Und es gibt andere, die das Gesicht der Hässlichkeit sehen und sich durch ihre Kleidung nicht täuschen lassen.

Der Adler und die Lerche

Auf einem Berggipfel begegneten sich eine Lerche und ein Adler.
»Guten Morgen, mein Herr«, grüßte die Lerche.
Der Adler erwiderte ihren Gruß herablassend: »Guten Morgen.«
»Ich hoffe, es geht dir gut«, fuhr die Lerche fort.
»Es ist alles in Ordnung«, sagte der Adler, »aber weißt du nicht, dass wir die Könige der Vögel sind und dass es uns gebührt, eine Unterhaltung zu eröffnen?«
»Aber wir gehören doch zur gleichen Familie«, erwiderte die Lerche.
»Wer hat dir denn das weisgemacht?«, fragte der Adler missbilligend.
»Lass dich daran erinnern, dass ich ebenso hoch fliegen kann wie du«, sprach die Lerche, »und außerdem verbreite ich Freude und Glück durch meinen Gesang, was du von dir nicht behaupten kannst.«
»Freude und Glück«, krächzte der Adler und wütete: »Du vermessene Kreatur! Mit einem Hieb meines Schnabels

könnte ich dich töten! Du bist ja kaum so groß wie meine Kralle.«

Die Lerche ließ sich auf dem Rücken des Adlers nieder und begann, auf seinen Federn herumzuhacken. Der Adler, der sich belästigt fühlte, flog flink empor, um die Lerche abzuschütteln. Als es ihm nicht gelang, ließ er sich verdrießlicher als zuvor auf dem Berggipfel nieder und verwünschte die Lerche, die immer noch auf seinem Rücken saß.

In diesem Augenblick kam eine Schildkröte vorbei und lachte über den Anblick, der sich ihr bot; sie lachte so herzhaft, dass sie fast auf den Rücken gefallen wäre.

Der Adler blickte auf die Schildkröte hinab und schimpfte: »Was gibt es da zu lachen, du dummes Kriechtier, das an der Erde haftet?«

»Warum ich lache?«, erwiderte die Schildkröte. »Ich sehe, dass man dich zu einem Reittier gemacht hat und dass dir ein kleiner Vogel aufsitzt, der besser ist als du.«

»Kümmere dich um deine Angelegenheiten«, entgegnete der Adler, »das ist eine Familienangelegenheit zwischen meiner Schwester und mir.«

Das Liebeslied

Ein Dichter schrieb einmal ein zauberhaftes Liebeslied. Er machte davon mehrere Abschriften und schickte sie seinen Freunden und Bekannten – sowohl Männern als auch Frauen – und darunter war auch eine junge Frau, die er nur einmal in seinem Leben getroffen hatte und die jenseits des Gebirges wohnte.

Ein oder zwei Tage später kam ein Bote der jungen Frau mit einem Antwortschreiben, in dem es hieß: »Lass mich dir versichern, dass ich tief berührt bin von dem Liebes-

lied, das du für mich geschrieben hast. Komm zu meinen Eltern, damit wir die Verlobung vorbereiten!«
Der Dichter schrieb ihr zurück: »Meine liebe Freundin, dies war ein Liebeslied aus dem Herzen eines Dichters, wie es jeder Mann jeder Frau singt.«
Ihre Antwort ließ nicht lange auf sich warten. Sie lautete: »Du Heuchler und Lügner! Von heute an bis zu meinem Todestag werde ich deinetwegen alle Dichter hassen.«

Tränen und Gelächter

Eines Abends trafen sich eine Hyäne und ein Krokodil am Nilufer. Sie begrüßten sich, und die Hyäne sprach: »Wie geht es Ihnen, mein Herr?«
Das Krokodil erwiderte: »Mir geht es schlecht! Manchmal weine ich vor lauter Schmerz und Sorgen, und dann behaupten alle: ›Es sind nur Krokodilstränen!‹ Und das kränkt mich unsäglich.«
Die Hyäne entgegnete darauf: »Du sprichst von deinem Schmerz und deinen Sorgen. Aber denk auch einmal an mich! Ich sehe die Schönheit der Welt und ihre Wunder, und vor lauter Freude lache ich. Dann sagen die Bewohner des Dschungels: ›Es ist nur das Gelächter einer Hyäne!‹«

Auf dem Jahrmarkt

Ein hübsches Mädchen vom Land ging einmal auf den Jahrmarkt. Ihr Gesicht glich Lilien und Rosen, ihr Haar leuchtete wie ein Sonnenuntergang und auf ihren Lippen lächelte das Morgenrot.
Sobald diese anmutige Fremde auf dem Jahrmarkt erschien, war sie von jungen Männern umringt. Einer wollte

mit ihr tanzen, ein anderer wollte ihr zu Ehren einen Kuchen anschneiden. Und alle wollten sie die Wangen des Mädchens küssen, denn es war schließlich Jahrmarkt.
Das junge Mädchen war entsetzt, und sie verachtete diese jungen Männer. Sie wies sie zurecht, und einen von ihnen schlug sie sogar ins Gesicht. Dann lief sie weg.
Auf dem Heimweg sagte sie sich: »Wie unhöflich und ungebildet sind diese jungen Männer doch! Es ist unerträglich!«
Ein Jahr verging, in dem das junge Mädchen viel über Jahrmärkte und junge Männer nachdachte. Dann ging sie wieder auf den Jahrmarkt, und ihr Gesicht glich immer noch Lilien und Rosen, ihr Haar leuchtete wie ein Sonnenuntergang, und auf ihren Lippen lächelte das Morgenrot.
Doch die jungen Männer, die sie sahen, wandten sich dieses Mal von ihr ab. Den ganzen Tag lang blieb sie unbeachtet und alleine.
Am Abend sagte sie sich auf ihrem Heimweg: »Ich bin entsetzt! Wie unhöflich und ungebildet sind diese jungen Männer doch! Es spottet jeder Beschreibung!«

Die beiden Prinzessinnen

In der Stadt Schawakis lebte ein Prinz, den jeder liebte, Männer, Frauen und Kinder; sogar die Tiere des Feldes kamen und begrüßten ihn. Nur seine Frau, hieß es, liebte ihn nicht, sondern verachtete ihn sogar.
Eines Tages stattete die Prinzessin einer Nachbarschaft der Prinzessin von Schawakis einen Besuch ab. Als sie zusammensaßen und sich unterhielten, kam die Sprache auch auf ihre Ehemänner.
Die Prinzessin von Schawakis sagte leidenschaftlich: »Ich beneide dich um dein Glück mit deinem Gatten, dem Prin-

zen, mit dem du schon so viele Jahre glücklich verheiratet bist. Ich hingegen verachte meinen Gemahl, denn er gehört nicht mir alleine. Ich bin wahrlich eine unglückliche Frau!«
Die Besucherin sah sie lange aufmerksam an. Dann sagte sie: »Meine Freundin, in Wahrheit liebst du deinen Garten und empfindest glühende Leidenschaft für ihn, denn das Leben einer Frau gleicht dem Frühling in einem Garten. Mich und meinen Gemahl solltest du dagegen bedauern, denn wir ertragen einander nur noch in stiller Ergebung. Du und die anderen haltet dies zu Unrecht für Glück.«

Der Blitz

An einem stürmischen Tag war ein Bischof gerade in seiner Kathedrale, als eine Frau hereinkam. Sie trat vor den Bischof und fragte ihn: »Ich bin keine Christin. Kann ich dennoch vor dem Höllenfeuer gerettet werden?«
Der Bischof blickte die Frau an und sagte: »Nein, nur diejenigen, die mit Wasser und dem Heiligen Geist getauft sind, werden gerettet werden.«
Als er noch sprach, schlug ein Blitz in die Kathedrale ein und entzündete ein Feuer darin.
Die Männer der Stadt eilten herbei. Sie konnten nur noch die Frau retten. Der Bischof wurde ein Opfer der Flammen.

Der Einsiedler und die Tiere

Es lebte einmal ein Einsiedler inmitten grüner Hügel. Er besaß einen reinen Geist und ein unschuldiges Herz. Alle Tiere der Erde und alle Vögel des Himmels kamen paarweise zu ihm, scharten sich um ihn und lauschten seinen Worten. Sie verharrten bei ihm, bis die Nacht kam. Dann

erteilte er ihnen seinen Segen und überließ sie dem Wind und dem Wald.
Eines Abends, als er von der Liebe sprach, erhob eine Leopardin ihren Kopf und sagte zu dem Einsiedler: »Du sprichst zu uns von der Liebe – sag uns, wo deine Gefährtin ist!« »Ich habe keine Gefährtin«, antwortete der Einsiedler.
Da erhob sich ein Schrei der Verwunderung in der Versammlung der Tiere und sie sagten unter sich: »Wie kann er uns etwas von Liebe und Ehe erzählen, wenn er nichts davon weiß?« Enttäuscht zogen sich die Tiere von ihm zurück und ließen ihn allein.
In dieser Nacht lag der Einsiedler auf seiner Matte mit dem Gesicht zur Erde; er weinte bitterlich und schlug sich mit seinen Händen an die Brust.

Der Prophet und das Kind

Eines Tages traf der Prophet Scharia ein Kind in einem Garten. Das Kind rannte auf ihn zu und grüßte ihn: »Guten Morgen, mein Herr!« Der Prophet erwiderte seinen Gruß und fügte hinzu: »Wie ich sehe, bist du alleine.«
Das Kind sagte lachend: »Es hat mich eine Menge Zeit gekostet, meine Kinderfrau loszuwerden. Sie glaubt, ich wäre hinter dieser Hecke dort, doch wie du siehst, bin ich hier.«
Der Junge sah den Propheten an und stellte fest: »Du bist ja auch allein. Was hast du mit deiner Kinderfrau gemacht?«
»Das ist etwas anderes«, antwortete der Prophet. »Es kommt nicht oft vor, dass ich sie loswerde, aber nun sucht sie mich sicher auch hinter dieser Hecke.« Das Kind klatschte in die Hände und jauchzte: »Dann bist du ja auch deinem Aufpasser entwischt! Ist es nicht toll, einmal ohne Aufsicht zu sein?«

Nach einer Weile wollte das Kind wissen: »Wer bist du eigentlich?«
»Man nennt mich den Propheten Scharia«, war seine Antwort. »Und sag, wer bist du?«
»Ich bin nur ich selbst«, sagte das Kind. »Meine Kinderfrau sucht mich, und sie weiß nicht, wo ich bin.«
Da schaute der Prophet zum Himmel und sagte: »Ich bin auch vor meiner Kinderfrau geflohen. Aber sie wird mich wieder finden.«
»Ich weiß, meine wird mich auch wieder finden«, entgegnete das Kind.
In diesem Augenblick hörte man eine Frauenstimme den Namen des Kindes rufen. »Siehst du«, sprach das Kind, »ich sagte dir ja, dass sie mich finden wird.«
Kurz darauf vernahm man eine andere Stimme: »Wo bist du, Scharia?« Und der Prophet sagte: »Siehst du, mein Kind, auch mich hat man wieder gefunden.«
Scharia blickte zum Himmel empor und antwortete: »Hier bin ich.«

Die Perle

Eine Auster sagte zu ihrer Nachbarin: »Ich empfinde einen großen Schmerz in meinem Innern. Etwas Schweres, Rundes verursacht mir große Pein.«
Die andere Auster erwiderte selbstgefällig: »Dank dem Himmel und der See, dass ich keine Schmerzen habe. Ich fühle mich innen wie außen wohl.«
Ein Krebs, der vorbeikam, hörte die Unterhaltung der beiden Austern. Er wandte sich an diejenige, die keine Schmerzen empfand und sprach: »Dir geht es gut, und du fühlst dich wohl. Aber wisse: der Schmerz, den deine Nachbarin erträgt, rührt von einer Perle her, die außerordentlich schön ist.«

Leib und Seele

Ein Mann und eine Frau saßen an einem Fenster, das sich auf den Frühling öffnete. Sie saßen eng beieinander. Da sagte die Frau: »Ich liebe dich. Du bist ansehnlich, reich und stets gut gekleidet.«
Der Mann entgegnete: »Ich liebe dich auch. Du bist ein schöner Gedanke und zu einmalig, um von einer Hand festgehalten zu werden. Du bist das Lied meiner Träume.«
Da wandte sich die Frau ärgerlich von ihm ab und sagte: »Verlass mich auf der Stelle! Ich bin weder ein Gedanke noch ein Lied deiner Träume! Ich bin eine Frau, und ich möchte, dass du mich als Frau begehrst und als Mutter deiner zukünftigen Kinder.«
Sie trennten sich. Der Mann sagte sich: »Wieder ein Traum, der sich in Nebel aufgelöst hat!« Und die Frau dachte: »Was ist das nur für ein Mann, der in mir nichts als Nebel und Traum sieht!«

Der König

Die Bewohner des Königreichs Sadiq umringten den Palast ihres Königs und rebellierten gegen ihn. Da erschien der König auf der Treppe seines Palastes: in der einen Hand hielt er seine Krone und in der anderen sein Zepter. Seine majestätische Erscheinung brachte die Menge zum Schweigen. Er trat vor sie hin und sprach:
»Meine Freunde, ihr seid nicht länger meine Untertanen; ich übergebe euch meine Krone und mein Zepter; ich will einer von euch werden und mit euch zusammen arbeiten, damit unser Los sich verbessert. Wir brauchen keinen König. Lasst uns zusammen auf die Felder und in die Weinberge gehen und gemeinsam Hand anlegen! Ihr müsst mir

nur sagen, auf welches Feld oder in welchen Weinberg ich gehen soll, denn nun seid ihr alle Könige.«

Die Menschen verharrten schweigend und staunend, denn der König, den sie für den Grund ihrer Unzufriedenheit gehalten hatten, überließ ihnen seine Krone und sein Zepter und wurde einer von ihnen. Dann ging jeder seines Weges, und der König begleitete einen der Männer aufs Feld.

Doch dem Königreich Sadiq ging es nicht besser ohne König, und der Schatten der Unzufriedenheit lag nach wie vor auf dem Land. Die Menschen auf dem Marktplatz riefen nun, dass sie wieder regiert werden wollten. Die Alten und die Jungen verlangten einstimmig: »Wir wollen unseren König wieder haben!«

Sie suchten ihren König und fanden ihn, wie er sich auf einem Feld abmühte. Sie begleiteten ihn zu seinem Thron, setzten ihm die Krone wieder auf und gaben ihm sein Zepter zurück. Und sie sprachen zu ihm: »Herrsche über uns mit Macht und Gerechtigkeit.«

»Ich will euch mit Macht regieren«, sagte er, »und mögen die Götter des Himmels und der Erde mir beistehen, dass ich euch stets Gerechtigkeit widerfahren lasse!«

Bald darauf kamen Männer und Frauen zu ihm und berichteten ihm von einem Gouverneur, der sie ausbeutete und wie Leibeigene behandelte. Der König ließ den Gouverneur kommen und sprach zu ihm: »In der Waagschale Gottes hat jedes Menschenleben das gleiche Gewicht und den gleichen Wert. Da für dich das Leben derjenigen, die auf deinen Feldern und in deinen Weinbergen arbeiten, keinen Wert hat, wirst du verbannt und musst dieses Königreich für immer verlassen.«

Am folgenden Tag kam eine andere Delegation zum König und beklagte sich über die Grausamkeit einer Schlossherrin jenseits des Hügels, welche die Menschen ausnutzte und in Elend und Verzweiflung stürzte. Sofort wurde sie vor ein Gericht gestellt, und der König verbannte sie aus seinem Königreich. Er sagte zu ihr: »Diejenigen, die unsere Felder bestellen und in unseren Weinbergen arbeiten, sind nobler als wir, die wir das Brot essen, das sie backen, und den Wein trinken, den sie zubereiten. Und weil du dies nicht weißt, musst du unser Land verlassen und fern von diesem Königreich leben!«

Wieder kamen Männer und Frauen und beklagten sich darüber, dass der Bischof sie schwere Steine für die Kathedrale tragen und behauen lasse, ohne sie für ihre Arbeit zu entlohnen, obgleich seine Schatzkammern voller Gold und Silber seien, während sie selber hungrig und mittellos seien. Der König ließ den Bischof kommen und sprach zu ihm: »Dieses Kreuz, das du auf deiner Brust trägst, soll Leben spenden. Du aber hast den Menschen Lebensnotwendiges entzogen. Darum sollst du dieses Königreich verlassen und nie mehr zurückkehren!«

Einen ganzen Monat lang kamen Männer und Frauen zu ihrem König und beklagten sich über die Lasten, die man ihnen auferlegte. Und es verging kein Tag, an dem nicht einige Unterdrücker und Ausbeuter aus dem Königreich verbannt wurden. Die Menschen von Sadiq atmeten auf, und sie hatten wieder Freude an ihrem Leben.

Eines Tages gingen Alt und Jung zum Palast und riefen ihren König. Er kam zu ihnen, indem er in der einen Hand seine Krone hielt und in der anderen sein Zepter. Er sagte zu ihnen: »Was wollt ihr jetzt von mir? Seht, ich gebe euch zurück, was ihr mir als Zeichen des Königtums anvertraut habt.«

Aber sie riefen lauthals: »Nein, nein, du bist unser rechtmäßiger König. Du hast unser Land von den Schlangen befreit und die Wölfe vertrieben. Wir kommen, um dir dafür zu danken. Dein sei die Krone zum Zeichen deiner Macht und das Zepter zum Zeichen deiner Ehre!«

Der König entgegnete: »Nicht ich bin der König, sondern ihr seid es. Als ihr mich für schwach und regierungsunfähig hieltet, da wart ihr selber schwach. Nun geht es dem Land gut, weil ihr es so wollt. Ich bin nur ein Gedanke in euer aller Denken, und ich lebe in euren Taten. Es gibt keinen Herrscher, es gibt nur Menschen, die sich selbst beherrschen.

Der König ging mit Krone und Zepter in seinen Palast zurück. Die Alten und Jungen trennten sich zufrieden. Und jeder sah sich selber als König mit der Krone in der einen und dem Zepter in der anderen Hand.

In den Sand geschrieben

Ein Mann sagte zu einem anderen: »Vor langer Zeit schrieb ich bei Flut mit der Spitze meines Spazierstocks eine Zeile in den Sand, und die Menschen halten immer noch an, um sie zu lesen, und achten darauf, dass sie nicht fortgespült wird.«

»Auch ich schrieb eine Zeile in den Sand«, sagte ein anderer Mann, »aber es war bei Ebbe, und die Wellen des Meeres gingen darüber hinweg und löschten sie aus. Doch sag mir, was du geschrieben hast?«

»Ich bin der, der ist«, antwortete der Angeredete. »Und was hast du geschrieben?«.

»Ich bin nur ein Tropfen im großen Ozean«, erwiderte der andere.

Die drei Gaben

Einst lebte in der Stadt Becharre ein Prinz, der von seinen Untertanen geliebt und verehrt wurde. Doch gab es in der

Stadt auch einen armen Mann, der den Prinzen heftig kritisierte. Der Prinz wusste davon, aber er übte sich in Geduld. Schließlich schickte er an einem Winterabend einen seiner Diener mit einem Sack Mehl, einem Beutel Seife und einem Zuckerkegel zum Haus des armen Mannes. Der Diener sagte: »Der Prinz sendet dir diese Gaben als Zeichen seines Gedenkens.«
Der Mann freute sich über die Gaben, die er als Gunstbeweis des Prinzen auffasste. Stolz ging er zum Bischof, berichtete ihm von dem Geschenk des Prinzen und sagte: »Siehst du, wie sehr sich der Prinz um mein Wohlwollen bemüht!«
Doch der Bischof sprach: »Wie weise ist unser Prinz, und wie unverständig bist du! Erkennst du nicht die Symbole dieser Gaben? Das Mehl ist für deinen leeren Magen bestimmt, die Seife für deine schmutzige Haut, und der Zucker soll deine bittere Zunge süßer machen.«
Von diesem Tag an wurde der Mann misstrauisch – sogar sich selbst gegenüber. Sein Hass auf den Prinzen war größer als je zuvor, und mehr noch hasste er den Bischof, der ihm die Bedeutung der Gaben des Prinzen enthüllt hatte. Doch von nun an schwieg er.

Friede und Krieg

Drei Hunde lagen in der Sonne und unterhielten sich. Der erste sagte begeistert: »Es ist wunderbar, in diesem Hundezeitalter zu leben! Denkt nur daran, wie bequem wir heute zu Wasser und zu Land – und sogar in der Luft – reisen können! Und denkt an die vielen Erfindungen, die unser Leben angenehmer gemacht haben, und an das, was wir heute alles mit unseren Augen, Ohren und Nasen wahrnehmen können!«

Der zweite Hund fuhr fort: »Wir sind heute aufgeschlossener für die Künste. Wir bellen den Mond viel rhythmischer an als unsere Vorfahren. Und wenn wir uns im Wasser betrachten, stellen wir fest, dass unsere Gesichtszüge klarer sind als früher.«
Der dritte Hund sagte: »Was mich am meisten fasziniert, ist das ruhige Einvernehmen, das zwischen den verschiedenen Hundereichen herrscht.«
In diesem Augenblick sahen die drei Hunde den Hundefänger näherkommen. Sie sprangen auf und rannten die Straße hinunter. Und der dritte Hund spornte sie an, während sie liefen: »Um Gottes willen, rennt um euer Leben! Die Zivilisation ist hinter uns her!«

Die Tänzerin

An den Hof des Prinzen von Birkascha kam einmal eine Tänzerin mit ihren Musikern. Man erlaubte ihr, vor dem Prinzen aufzutreten, und sie tanzte zu der Musik der Laute und der Zither.
Sie tanzte den Flammentanz und den Schwertertanz. Sie tanzte den Tanz der Sterne und des Kosmos. Dann tanzte sie den Tanz der Blumen im Wind.
Schließlich trat sie vor den Thron des Prinzen und verneigte sich vor ihm. Der Prinz bat sie näher zu treten und sprach: »Schöne Frau, Tochter der Anmut und des Frohsinns, woher stammt deine Kunst? Wie kommt es, dass sich alle Elemente der Natur deinen Rhythmen und Reimen fügen?«
Die Tänzerin verneigte sich erneut vor dem Prinzen und antwortete: »Majestät, ich kenne die Antwort auf deine Frage nicht. Ich weiß nur dies: die Seele eines Philosophen wohnt in seinem Kopf, die Seele des Propheten bewohnt

sein Herz, die Seele des Sängers hat ihren Sitz in seiner Kehle. Die Seele des Tänzers aber wohnt in seinem ganzen Körper.«

Die beiden Schutzengel

Eines Abends trafen sich zwei Schutzengel am Stadttor. Sie grüßten sich und kamen miteinander ins Gespräch. Einer der beiden Engel fragte: »Was machst du zur Zeit? Welcher Auftrag wurde dir erteilt?«

Der andere antwortete: »Ich soll einen gefallenen Mann beschützen, der ein großer Sünder ist und unten im Tal wohnt. Lass dir versichern, dass es eine sehr verantwortungsvolle Aufgabe ist, mit der ich ungeheuer viel Arbeit habe.«

Der erste Engel entgegnete: »Das ist eine leichte Aufgabe im Vergleich zu der meinen! Ich kannte viele Sünder und wurde oft zu ihrem Schutz eingesetzt. Doch dieses Mal wurde mir aufgetragen, den guten Heiligen zu behüten, der da drüben in der Klause lebt. Und ich versichere dir, dass dies eine äußerst schwierige und heikle Arbeit ist.«

»Das ist eine Anmaßung«, entgegnete der andere Schutzengel. »Wie kann es schwerer sein, über einen Heiligen zu wachen, als über einen Sünder?«

»Es ist eine Unverschämtheit, mich anmaßend zu nennen«, gab der erste Engel zurück. »Ich habe nur die Wahrheit gesagt. Wenn jemand anmaßend ist, so bist du es.«

Die Engel begannen sich zu streiten – zunächst mit Worten, dann mit ihren Fäusten und Flügeln. Während sie noch stritten, kam ein Erzengel vorbei. Er gebot ihnen Einhalt und erkundigte sich nach dem Grund ihres Streites: »Wisst ihr nicht, dass es sich für Engel nicht geziemt zu streiten? Worum geht es bei eurer Meinungsverschiedenheit?«

Da sprachen beide Engel gleichzeitig, und jeder nahm für sich in Anspruch, dass die ihm anvertraute Aufgabe schwerer und verantwortungsvoller sei als die des anderen und dass er die größere Anerkennung verdiene.
Der Erzengel besann sich, dann sagte er: »Meine Freunde, ich kann jetzt nicht entscheiden, wer von euch beiden mehr Anerkennung und Lohn beanspruchen kann. Doch weil mir die Verantwortung für Frieden unter den Schutzengeln und für gute Schutzwache obliegt, so betraue ich einen jeden von euch mit der Aufgabe des anderen, die er für leichter hält. Geht an eure Arbeit und seid guten Mutes!«
Nach dieser Aufforderung gingen die beiden Schutzengel ihres Weges. Sie blickten dem Erzengel verstimmt nach, und in ihrem Herzen sagten sie sich: »Diese Erzengel! Sie machen uns das Leben von Tag zu Tag schwerer!«
Und der Erzengel hielt inne und sagte sich: »Wir sollten unsere Schutzengel noch aufmerksamer beobachten!«

Die Statue

In einem Gebirgsdorf lebte einmal ein Mann, der besaß eine uralte Scheune, die ein alter Meister geschaffen hatte. Sie lag neben dem Eingang zu seinem Haus mit dem Gesicht am Boden, und er beachtete sie nicht.
Da kam ein Mann aus der Stadt an seinem Haus vorbei; er war ein gebildeter Mann, und als er die Statue sah, fragte er den Besitzer, ob er sie verkaufen wolle. Der Besitzer erwiderte lachend: »Wer wird schon diesen glanzlosen und schmutzigen Stein kaufen wollen?«
»Ich gebe dir dieses Silberstück dafür«, sagte der Mann aus der Stadt.
Der Besitzer war überrascht und hoch erfreut. Und die

Statue wurde auf dem Rücken eines Elefanten in die Stadt gebracht.
Viele Monate später fuhr der Mann aus dem Bergdorf in die Stadt. Während er durch die Straßen der Stadt ging, sah er eine Menschenmenge vor einem Laden. Ein Mann rief mit lauter Stimme: »Treten Sie ein und entdecken Sie die schönste und wertvollste Statue der Welt! Nur zwei Silberstücke, und Sie sehen dieses großartige Meisterwerk!«
Der Mann aus dem Bergdorf zahlte zwei Silbermünzen und betrat den Laden. Da sah er die Statue, die er für ein Silberstück verkauft hatte.

Der Tausch

An einer Wegkreuzung trafen sich einst ein armer Dichter und ein reicher Dummkopf, und sie unterhielten sich miteinander. Alles, was sie sagten, enthüllte nur ihre große Unzufriedenheit.
Da kam der Engel der Straße vorüber und legte seine Hände auf die Schultern der beiden Männer.
Und siehe da, ein Wunder geschah: die beiden Männer hatten ihren Besitz getauscht.
Als sie auseinander gingen, fand der Dichter jedoch nichts als trockenen Sand in seiner Hand; und der Dummkopf schloss seine Augen, und sein Herz sah nichts als vorüberziehende Wolken.

Liebe und Hass

Eine Frau sagte zu einem Mann: »Ich liebe dich.« Der Mann antwortete: »Es liegt mir am Herzen, mich deiner Liebe würdig zu erweisen.«

Die Frau erwiderte: »Du liebst mich also nicht?« Der Mann sah sie nur schweigend an.
Da schrie die Frau: »Ich hasse dich!« Und der Mann erwiderte: »So liegt es mir am Herzen, mich deines Hasses würdig zu erweisen.«

Träume

Ein Mann hatte einen Traum. Als er erwachte, ging er zum Traumdeuter, um sich seinen Traum erklären zu lassen.
Der Traumdeuter sagte zu dem Mann: »Komm mit deinen Tagträumen zu mir, und ich will sie dir deuten. Deine Nachtträume hingegen zeugen weder von meiner Weisheit noch von deiner Vorstellungskraft.«

Der Narr

Im Garten eines Irrenhauses traf ich einen jungen Mann mit blassem Gesicht, dessen Züge jedoch liebenswürdig und geheimnisvoll waren.
Ich setzte mich neben ihn auf die Bank und fragte ihn, warum er hier sei.
Er sah mich verwundert an und sagte: »Du stellst mir eine unziemliche Frage, doch ich will sie beantworten. Mein Vater wollte aus mir eine Kopie von sich selber machen, und dasselbe wollte mein Onkel. Meine Mutter wollte, dass ich in die Fußstapfen ihres berühmten Vaters trete. Meine Schwester stellte mir ihren seefahrenden Gemahl als Vorbild hin, an dem ich mich orientieren sollte. Und mein Bruder ermunterte mich, ein Athlet wie er zu werden.
Auch meine Lehrer – sowohl der Philosophieprofessor als auch der Musiker und der Logiker – sie alle wollten aus mir ihr Spiegelbild machen. Deshalb kam ich hierher. Dieser

Ort ist geeigneter für mich, denn hier kann ich endlich ich selber sein.«
Dann wandte er sich an mich und fragte: »Sag mir, haben dich auch Erzieher und gut gemeinte Empfehlungen hierher gebracht?«
»Nein«, entgegnete ich, »ich bin ein Besucher.«
»Aha«, sagte er, »dann bist du einer von denen, die in dem Irrenhaus jenseits dieser Mauer leben.«

Die Frösche

An einem Sommertag sagte ein Frosch zu seiner Frau: »Ich befürchte, dass die Bewohner des Hauses hier am See durch unseren nächtlichen Gesang in ihrem Schlaf gestört werden.«
Seine Frau gab zurück: »Gut, aber stören sie nicht auch tagsüber unsere Stille durch ihr lautes Reden?«
»Vergiss nicht, das wir fast die ganze Nacht lang singen!«, entgegnete der Frosch.
»Und vergiss nicht, dass sie tagsüber andauernd reden oder schreien«, antwortete seine Frau.
»Und was ist mit dem Ochsenfrosch, der die ganze Nachbarschaft mit seinem schrecklichen Gequake verrückt macht?«, gab der Frosch zu bedenken.
Seine Frau erwiderte: »Und was sagst du von den Politikern, Priestern und Rednern, die an diesen See kommen und die Luft mit ihrem Geschwätz füllen?«
»Gut«, sagte der Frosch, »dann lass uns besser sein als diese menschlichen Wesen! Lass uns nachts die Ruhe respektieren und unsere Gesänge in unseren Herzen bewahren, selbst wenn der Mond auf unsere Lieder wartet und die Sterne auf unsere Verse. Lass es uns wenigstens ein, zwei oder drei Nächte versuchen!«

»Einverstanden«, sagte seine Frau, »wir werden sehen, was dein gutmütiges Herz bewirkt.«
In dieser Nacht schwiegen die Frösche, und ebenso in der folgenden und in der dritten Nacht.
Die redselige Frau, die in dem Haus am See wohnte, kam an diesem dritten Morgen zum Frühstück und sagte zu ihrem Mann: »Ich habe die letzten Nächte überhaupt nicht geschlafen! Solange ich die Stimmen der Frösche hörte, hatte ich keine Schwierigkeiten mit dem Schlafen. Etwas muss passiert sein. Seit drei Tagen höre ich die Frösche nicht mehr und die Schlaflosigkeit treibt mich zum Wahnsinn.«
Als der Frosch dies hörte, wandte er sich an seine Frau und sagte augenzwinkernd: »Und wir wurden fast verrückt vor lauter Schweigen, nicht wahr?«
»Ja, das Schweigen in der Nacht ist uns schwer gefallen«, bestätigte seine Frau, »doch nun gibt es keinen Grund mehr, unseren Gesang zu unterdrücken aus lauter Rücksicht auf diejenigen, die ihre Leere mit Lärm ausfüllen müssen.«
Und in dieser Nacht warteten der Mond und die Sterne nicht mehr vergeblich auf die Lieder und Verse der Frösche.

Gesetze und Gesetzgebung

Vor langer Zeit lebte ein weiser König. Er wollte Gesetze für seine Untergebenen erlassen. Darum lud er tausend weise Männer aus tausend verschiedenen Stämmen ein, in die Hauptstadt zu kommen und die Gesetze zu entwerfen.
Und so geschah es.
Die tausend Gesetze, die sie auf Pergament aufgezeichnet hatten, wurden dem König vorgelegt. Als er sie gelesen

hatte, weinte er, denn er hatte nicht gewusst, dass es in seinem Königreich tausend verschiedene Formen von Verbrechen gab.
Dann ließ er seinen Schreiber kommen, und mit einem Lächeln auf den Lippen diktierte er selbst ihm seine Gesetze. Es waren nur sieben an der Zahl.
Die tausend Weisen zogen verärgert fort und kehrten mit den Gesetzen, die sie aufgezeichnet hatten, zu ihren Stämmen zurück. Und jeder Stamm befolgte die Gesetze seiner weisen Männer. Und bis zum heutigen Tag besitzen sie tausend Gesetze.
Das Königreich ist groß und hat tausend Gefängnisse, und sie sind gefüllt mit Männern und Frauen, die eins der tausend Gesetze gebrochen haben.
Es ist ein weites Land, und seine Bewohner sind die Nachkommen von tausend Gesetzgebern und nur einem weisen König.

Gestern, heute und morgen

Ich sagte zu meinem Freund: »Siehst du, wie sie sich an die Schulter dieses Mannes lehnt? Gestern noch suchte sie meine Schulter.«
»Und morgen wird sie an meiner Seite gehen«, fuhr mein Freund fort.
Ich sagte: »Siehst du, wie sie sich dicht an ihn schmiegt? Gestern saß sie noch ganz eng an mich gedrängt.«
»Und morgen wird sie mich an sich drücken«, fuhr mein Freund fort.
»Sieh nur«, sagte ich, »sie trinkt den Wein aus seinem Glas! Gestern noch nahm sie Schlucke aus meinem Glas.«
»Und morgen wird sie meinen Wein trinken«, fuhr mein Freund fort.

»Sieh nur, wie liebevoll sie ihn anblickt!«, sagte ich. »Gestern schenkte sie mir solche Blicke.«
»Und morgen wird sie mich so ansehen«, fügte mein Freund hinzu.
»Hörst du sie Koseworte in sein Ohr flüstern? Gestern sagte sie mir solche Worte«, sagte ich.
»Und morgen werde ich sie hören«, fügte mein Freund hinzu.
»Schau, jetzt umarmt sie ihn!«, sagte ich. »Gestern noch herzte sie mich.«
»Und morgen wird sie ihre Arme um mich schlingen«, fügte mein Freund hinzu.
»Was für eine seltsame Frau!«, sagte ich. Doch er entgegnete: »Sie gleicht dem Leben, das alle besitzen, dem Tod, der alle heimsucht, und der Ewigkeit, die alle umarmt.«

Der Philosoph und der Schuster

Ein Philosoph kam in den Laden eines Schusters und gab diesem den Auftrag, seine abgetragenen Schuhe zu flicken. Der Schuster antwortete: »Ich bin gerade dabei, die Schuhe eines anderen Kunden zu reparieren; und es gibt noch mehr Schuhe, die ich vor deinen flicken muss. Doch lass deine Schuhe hier, trag unterdessen dieses Paar und komm morgen wieder!«
Entrüstet entgegnete der Philosoph: »Ich trage keine anderen Schuhe als meine eigenen!«
Da sagte der Schuster: »Du willst ein Philosoph sein und kannst nicht in die Schuhe eines anderen schlüpfen! In der gleichen Straße gibt es einen anderen Schuster, der Philosophen vielleicht besser versteht als ich. Geh zu ihm und lass dir deine Schuhe von ihm flicken!«

Die Brückenbauer

In Antiochia, wo der Fluss Assi ins Meer mündet, wurde eine Brücke gebaut, um die eine Hälfte der Stadt mit der anderen zu verbinden. Die riesigen Steinquader, die für den Bau benötigt wurden, schleppten Maultiere aus Antiochia auf dem Rücken vom Gebirge ans Ufer.
Als die Brücke fertig war, meißelte man in einen der Brückenpfeiler folgende Inschrift in griechischer und aramäischer Sprache: »Diese Brücke wurde von König Antiochus II. gebaut.«
Von nun an überquerten die Menschen den Fluss Assi auf der schönen, neuen Brücke.
An einem Abend stieg ein junger Mann, den alle für ein wenig verrückt hielten, zum Brückenpfeiler hinunter. Er strich die eingravierten Worte mit Holzkohle durch und schrieb darüber: »Die Steine dieser Brücke wurden von den Maultieren Antiochias aus dem Gebirge herangeschleppt. Wer die Brücke überquert, reitet auf ihrem Rücken. Sie sind die wahren Erbauer dieser Brücke.«
Als die Menschen lasen, was der Jüngling geschrieben hatte, lachten einige, andere waren verwundert, und wieder andere sagten: »Wir wissen ja, wer das geschrieben hat! Nicht zu Unrecht sagt man, dass er ein wenig verrückt sei.«
Doch ein Maultier sagte lachend zum anderen: »Weißt du noch, wie wir diese schweren Steine geschleppt haben? Wie konnte irgendjemand behaupten, König Antiochus hätte diese Brücke gebaut?«

Unterwegs nach Zaad

Auf dem Weg nach Zaad traf ein Reisender einen Mann, der in einem der umliegenden Dörfer wohnte. Der Reisende deutete mit der Hand auf ein weites Feld und fragte: »War das nicht das Schlachtfeld, auf dem König Ahlam seine Feinde besiegte?«

Der Angeredete entgegnete: »Hier hat nie eine Schlacht stattgefunden! Auf diesem Feld stand einst die große Stadt Zaad, die zu Asche verbrannte; doch jetzt ist es ein fruchtbares Feld.«

Der Reisende ging weiter, und nach einer halben Meile traf er einen anderen Mann. Wieder zeigte er auf das Feld und sprach: »Das ist also der Platz, wo einst die große Stadt Zaad stand?«

Der Mann entgegnete: »Hier hat es nie eine Stadt gegeben, sondern ein Kloster, das von der Armee des Südens zerstört wurde.«

Nach einer Weile traf der Reisende auf der Straße nach Zaad einen dritten Mann. Wieder deutete er auf das weite Feld und fragte: »Ist das der Platz, auf dem einst ein großes Kloster gestanden hat?«

Der Angeredete erwiderte: »Hier war nie ein Kloster! Unsere Vorfahren berichten, dass einst ein Meteor in diesem Feld einschlug.«

Nachdenklich ging der Reisende weiter. Da traf er einen sehr alten Mann. Er grüßte den Alten und berichtete: »Mein Herr, auf diesem Weg begegnete ich drei Männern, die in der Umgebung wohnen. Ich befragte sie alle zu diesem Feld, und jeder erzählte mir eine andere Geschichte und stritt ab, was die anderen zuvor gesagt hatten.«

Der alte Mann blickte auf und sprach: »Mein Freund, jeder dieser Männer sprach einen Teil der Wahrheit; doch nur wenige von uns sind fähig, die verschiedenen Teilwahrheiten zu einem Gesamtbild zusammenzufügen.«

Ein Gürtel voll Gold

Zwei Männer, die sich unterwegs getroffen hatten, gingen gemeinsam zur Säulenstadt Salamis. Am Nachmittag erreichten sie einen Fluss, doch es gab weit und breit keine Brücke, so dass sie das Wasser hätten überqueren können. Sie mussten entweder durch den Fluss schwimmen oder sich einen anderen Weg suchen.

Sie beschlossen: »Schwimmen wir also durch den Fluss, schließlich ist er nicht sehr breit.« Und sie sprangen ins Wasser und schwammen.

Einer der beiden Männer, der häufig in Flüssen geschwommen war, verlor in der Mitte des Stromes seine Kraft und wurde von den Wellen hinweggetragen. Der andere aber, der nie zuvor geschwommen war, gelangte ans andere Ufer. Als er seinen Begleiter mit den Wellen kämpfen sah, sprang er nochmals ins Wasser und brachte ihn sicher ans Ufer.

Der Mann, den die Wellen fortgerissen hatten, sprach zu seinem Retter: »Du sagtest doch, dass du nicht schwimmen kannst. Wie kommt es, dass du den Fluss so sicher überquert hast?«

»Mein Freund«, antwortete sein Begleiter, »siehst du diesen Gürtel, den ich trage? Er ist voller Goldmünzen, die ich in diesem Jahr für meine Frau und meine Kinder verdient habe. Es ist das Gewicht dieses Gürtels voller Gold, das mich über den Fluss trug zu meiner Frau und meinen Kindern. Und auch sie waren auf meinen Schultern, als ich schwamm.«

Und die beiden Männer setzten ihren Weg nach Salamis fort.

Die rote Erde

Ein Baum sagte zu einem Mann: »Meine Wurzeln reichen tief in die rote Erde, und ich werde dir von meinen Früchten schenken.«
Der Mann erwiderte: »Wie wir uns doch gleichen! Auch ich bin tief in der roten Erde verwurzelt. Sie ist es, die dir die Großmut verleiht, mir von deinen Früchten anzubieten, und die mich lehrt, sie dankbar anzunehmen.«

Vollmond

Der Vollmond ging prächtig über der Stadt auf, und alle Hunde begannen ihn anzubellen.
Nur ein Hund bellte nicht und sagte missbilligend: »Mit eurem Gebell könnt ihr weder die Ruhe aufwecken noch den Mond auf die Erde holen!«
Da hörten die Hunde auf zu bellen und schwiegen ehrfürchtig. Nur der Hund, der zu ihnen gesprochen hatte, bellte die ganze Nacht hindurch.

Der Prophet als Eremit

Es lebte einmal ein Prophet in einer Einsiedelei. Dreimal im Monat begab er sich in die Stadt und predigte auf dem Marktplatz über das Geben und Teilen. Er war sehr beredt und im ganzen Land bekannt.
An einem Abend kamen drei Männer in seine Einsiedelei, und er hieß sie willkommen. Sie sagten zu ihm: »Du hast uns das Geben und Teilen gepredigt, doch du suchst diejenigen, die viel geben, bei denen, die nur wenig besitzen. Wir sind davon überzeugt, dass dein Ruhm dir Reichtum

eingebracht hat. Teile nun deinen Reichtum mit uns, denn wir sind sehr bedürftig!«
Der Einsiedler antwortete: »Meine Freunde, ich habe weder Gold noch Silber. Ich besitze nur dieses Bett, diese Matte und diesen Krug Wasser. Nehmt sie euch, wenn ihr wollt.«
Da sahen sie ihn verächtlich an und verließen ihn. Der letzte der Drei blieb einen Augenblick an der Türschwelle stehen und rief: »Du Schwindler und Betrüger, du lehrst uns, was du selber nicht tust!«

Alter Wein

Es lebte einmal ein alter Mann, der zu recht stolz war auf seinen Weinkeller und den darin gelagerten Wein. Besonders stolz war er auf einen Krug eines sehr alten, kostbaren Weines, den er für eine besondere Gelegenheit aufbewahrte.
Als der Gouverneur ihn eines Tages besuchte, sagte er sich: »Dieser Krug ist zu schade für einen einfachen Gouverneur.«
Auch als der Bischof der Diözese ihm einen Besuch abstattete, dachte er bei sich: »Nein, ich werde den Krug nicht öffnen! Er wird den Wert des Weines nicht ermessen und sein Aroma nicht zu schätzen wissen.«
Und als der Prinz des Königreichs zum Essen bei ihm war, dachte er: »Mein Wein ist zu königlich für einen einfachen Prinzen.«
Sogar an dem Tag, als sein Neffe heiratete, sagte er zu sich: »Nein, all diesen Gästen will ich meinen Wein nicht anbieten.«
So vergingen die Jahre, und er starb, und wie jede Saat wurde er der Erde anvertraut. Am Tag seiner Beerdigung

holte man den Krug mit dem kostbaren alten Wein mit allen anderen Weinkrügen aus dem Keller und kredenzte ihn den Bauern der Umgebung. Und keiner von ihnen bemerkte das hohe Alter oder das besondere Aroma dieses kostbaren Weines. Für sie war alles, womit man ihre Gläser füllte, Wein – ein Wein wie jeder andere.

Die zwei Gedichte

Vor langer Zeit trafen sich auf dem Weg nach Athen zwei Dichter, und sie freuten sich über ihre Begegnung. Nach einer Weile fragte einer den anderen: »Was hast du zuletzt gedichtet? Und was macht dein Spiel auf der Lyra?«

Der andere Dichter erwiderte stolz: »Gerade habe ich das größte meiner Gedichte abgeschlossen; vielleicht das größte, das je in griechischer Sprache geschrieben wurde. Es ist eine Anrufung des allmächtigen Gottes Zeus.«

Er holte unter seinem Gewand ein Pergament hervor und sagte: »Sieh, ich habe es bei mir, und ich werde es dir gerne vorlesen. Komm, setzen wir uns in den Schatten der Zypresse!« Und der Dichter las sein Gedicht vor, und es war ein sehr langes Gedicht. Der andere sagte anerkennend: »Das ist ein großartiges Werk! Es wird die Jahrhunderte überdauern und dir zur Ehre gereichen.«

»Und was hast du in letzter Zeit geschrieben?«, erkundigte sich der so Gelobte.

»Ich habe nur wenig geschrieben«, gab sein Kollege zur Antwort, es sind nur acht Zeilen; ich schrieb sie in Erinnerung an ein Kind, das in einem Garten spielte«, und er trug diese acht Zeilen vor. Dann ging ein jeder seines Weges.

Und nun, nach zweitausend Jahren, werden die acht Zeilen dieses Dichters in allen Sprachen gelesen, und überall werden sie geschätzt und geliebt.

Und wenn auch das andere Gedicht tatsächlich die Jahrhunderte in den Bibliotheken und Gelehrtenstuben überdauerte, so wird es weder gelesen noch geliebt.

Lady Ruth

Drei Männer blickten einst aus der Ferne auf ein weißes Haus, das einsam auf einem grünen Hügel stand. Einer von ihnen sagte: »Das ist das Haus von Lady Ruth; sie ist eine alte Hexe.«

»Das ist nicht wahr«, sagte der zweite Mann. »Lady Ruth ist eine wunderschöne Frau, die sich in diesem Haus ihren Träumen hingibt.«

Ihr habt beide Unrecht«, sagte der dritte Mann. »Lady Ruth besitzt das gesamte umliegende Land, und sie beutet ihre Leibeigenen bis aufs Blut aus.«

Sie gingen weiter, während sie sich über Lady Ruth unterhielten.

An einer Kreuzung trafen sie einen alten Mann, und einer von ihnen fragte ihn: »Kannst du uns etwas über Lady Ruth erzählen, die in dem weißen Haus auf dem Hügel lebt?«

Der alte Mann sah sie lachend an und sprach: »Ich bin neunzig Jahre alt, und ich kannte Lady Ruth, als ich ein Junge war. Doch Lady Ruth starb vor achtzig Jahren, und nun steht das Haus leer. Die Leute sagen, dass es darin spuke und dass man die Eulen darin heulen höre.«

Die Maus und die Katze

Eines Abends traf ein Dichter einen Bauern. Der Dichter war ein zurückhaltender Mensch, und der Bauer war ebenfalls etwas scheu. Dennoch kamen sie ins Gespräch.

Der Bauer sagte: »Lass dir eine kleine Geschichte erzählen, die ich kürzlich hörte: Eine Maus geriet in eine Mausefalle. Während sie mit Genuss den Käse verzehrte, der darin lag, kam eine Katze vorbei. Zuerst zitterte die Maus vor Angst, doch dann wurde ihr bewusst, dass sie in der Mausefalle sicher war.

»Du hältst gerade deine Henkersmahlzeit, mein Freund«, sagte die Katze.

»Ich weiß«, erwiderte die Maus, »ich habe ein Leben und einen Tod. Doch was ist mit dir? Ich habe gehört, dass du neun Leben hast; folglich wirst du auch neun Mal sterben.«

Der Bauer sah den Dichter an und sprach: »Ist das nicht eine seltsame Geschichte?«

Der Dichter antwortete nicht. Er ging weg und sagte sich: »Gewiss, wir haben neun Leben und wir werden neun Mal sterben. Vielleicht wäre es besser, nur ein Leben zu haben – ein Leben in der Falle wie der Bauer in seiner Familie – mit einem Stück Käse als letzte Mahlzeit? Aber sind wir nicht verwandt mit den Löwen der Wüste und des Dschungels?«

Der Fluch

Ein alter Seemann erzählte einmal:

»Es ist etwa dreißig Jahre her, dass ein Matrose mit meiner Tochter durchbrannte. Ich verfluchte beide in meinem Herzen, denn ich liebte meine Tochter über alles in der Welt.

Bald darauf sank das Schiff des Matrosen auf den Meeresgrund, und mit ihm verlor ich auch meine über alles geliebte Tochter. Vor dir steht also ein Mörder, der den Tod eines Jünglings und einer jungen Frau auf dem Gewissen hat, denn es war mein Fluch, der sie tötete. Und jetzt, auf

meinem Weg zum Grab, suche ich Gottes Vergebung und Gnade.«
Das sagte der alte Mann. Aber er sagte es mit einem Anflug von Prahlerei, so als sei er stolz auf die Wirksamkeit seines Fluches.

Die Granatäpfel

Es war einmal ein Mann, der viele Granatapfelbäume in seinem Garten hatte. Im Herbst pflegte er reife Früchte auf einem silbernen Tablett vor seine Haustür zu stellen. Davor legte er ein Schild, auf das er geschrieben hatte: »Nimm dir eine Frucht und sei willkommen!«
Doch die Menschen gingen vorüber, und keiner kam seiner Aufforderung nach.
Der Mann dachte darüber nach. Im nächsten Herbst stellte er die Silberschale mit den Früchten wieder vor seine Tür; doch auf das Schild daneben hatte er mit großen Buchstaben geschrieben: »Hier gibt es die besten Granatäpfel des ganzen Landes; dafür kosten sie auch mehr als anderswo.«
Und siehe da, alle Männer und Frauen der Umgebung strömten herbei, um die Granatäpfel zu kaufen.

Gott und Götter

Auf den Stufen des Tempels der Stadt Kilafis stand ein Sophist und predigte die Existenz vieler Götter. Die Menschen dachten bei sich: »Wir wissen das doch alle. Leben sie nicht mit uns und folgen uns, wohin wir auch gehen?«
Es dauerte nicht lange, da stand wieder ein Prediger auf dem Marktplatz der Stadt und sprach zu der Menge: »Es gibt keinen Gott!« Viele, die ihn hörten, freuten sich über seine Botschaft, denn sie fürchteten die Götter.

Bald darauf kam ein Mann von großer Beredsamkeit und verkündete: »Es gibt nur einen Gott.« Da erschraken die Menschen, denn sie fürchteten das Urteil eines einzigen Gottes mehr als das von vielen Göttern.
Nach einer Weile kam ein anderer Prediger und lehrte: »Es gibt drei Götter, die als ein einziger Gott über den Winden thronen; sie haben eine gütige Mutter, die zugleich ihre Gattin und Schwester ist.«
Da waren alle getröstet, denn sie sagten sich: »Drei Götter in einem werden sich in der Beurteilung unserer Verfehlungen widersprechen, und die gütige Mutter wird uns armen, schwachen Menschen eine Fürsprecherin sein.«
Und bis zum heutigen Tag streiten sich die Menschen in der Stadt Kilafis darüber, ob es viele Götter, einen oder keinen Gott gibt oder sogar drei Götter in einem mit einer gnädigen Mutter.

Die taube Frau

Einst lebte ein reicher Mann mit seiner jungen Frau, die taub war wie ein Stein. Als sie eines Morgens beim Frühstück saßen, sagte die junge Frau: »Gestern sah ich auf dem Marktplatz seidene Gewänder aus Damaskus, Tücher aus Indien, Halsketten aus Persien und Armbänder aus Yamman. Es scheint, dass die Karawanen all dies erst kürzlich in unsere Stadt brachten. Und sieh mich an: Ich bin die Frau eines reichen Mannes und laufe in Lumpen herum! Ich möchte mir einige dieser schönen Dinge kaufen.«
Der Mann sagte, während er seinen Morgenkaffee trank: »Meine Liebe, es gibt keinen Grund, warum du nicht auf den Markt gehen solltest, um alles zu kaufen, was dein Herz begehrt.«
»Nein! Nein!«, erwiderte die taube Frau. »Immer sagst du

nur ›nein‹! Soll ich bei unseren Freunden in abgetragenen Kleidern erscheinen und deinen Wohlstand und meine Familie beschämen?«

Der Mann entgegnete: »Ich sagte nicht ›nein‹. Geh ruhig auf den Markt und kauf dir die schönsten Gewänder und den kostbarsten Schmuck von all dem, was in unsere Stadt gebracht wurde.«

Wieder missdeutete die Frau seine Antwort und sagte: »Von allen Reichen der Stadt bist du der geizigste. Du verwehrst mir alles, was schön und begehrenswert ist; die anderen Frauen meines Alters spazieren in den kostbarsten Gewändern durch die Gärten der Stadt.«

Sie begann zu weinen. Und unter Tränen wiederholte sie: »Immer sagst du ›nein‹, wenn ich mir ein Gewand oder ein Schmuckstück wünsche!«

Ihr Mann war sehr gerührt. Er stand auf, nahm eine Handvoll Gold aus seinem Geldschrank, legte es vor sie hin und sagte freundlich: »Geh auf den Markt, meine Liebe, und kauf dir alles, was dein Herz begehrt.«

Von diesem Tag an erschien die taube, junge Frau immer mit Tränen in den Augen vor ihrem Mann, wenn sie etwas zu haben wünschte, und er legte ihr dann schweigend eine Hand voll Gold in den Schoß.

Da geschah es, dass die junge Frau sich in einen Jüngling verliebte, der lange Reisen zu unternehmen pflegte. Und immer, wenn er auf Reisen war, saß sie an ihrem Fenster und weinte.

Und wenn ihr Mann sie so weinen sah, sagte er sich: »Sicher sind neue Karawanen in der Stadt eingetroffen mit seidenen Kleidern und kostbaren Juwelen.«

Und er nahm eine Hand voll Gold aus seinem Geldschrank und legte es vor sie hin.

Die Frage

Vor tausend Jahren trafen sich zwei Philosophen an einem Hang des Libanongebirges. Da fragte der eine den anderen: »Wohin gehst du?«
Sein Kollege erwiderte: »Ich suche nach der Quelle der Jugend; ich weiß, dass sie in diesem Gebirge entspringen soll. Ich fand Schriften, die besagen, dass sie der Sonne zufließt. Und was suchst du hier?«
»Ich suche das Geheimnis des Todes«, war die Antwort.
Da waren beide Philosophen der Meinung, dass es dem anderen an Gründlichkeit des Wissens mangele, und sie bezichtigten sich gegenseitig geistiger Blindheit.
Während die beiden noch heftig stritten, näherte sich ein Mann, den man in seinem Dorf für einfältig hielt. Als er die beiden diskutieren sah, hielt er inne und hörte sich ihre Argumente an. Dann wandte er sich an sie und sagte: »Es scheint mir, dass ihr beide der gleichen philosophischen Schule angehört. Ihr sprecht von der gleichen Sache, aber in unterschiedlichen Worten. Der eine von euch sucht die Quelle der Jugend und der andere das Geheimnis des Todes. In Wahrheit sind beide eins, und diese eine Quelle befindet sich in euch.« Dann ging der Fremde weiter mit den Worten: »Lebt wohl, ihr weisen Männer«, und er lächelte nachsichtig. Die beiden Philosophen sahen sich einen Augenblick schweigend an und lachten auch. Einer von ihnen sagte: »Also, sollen wir nicht zusammen auf die Suche gehen?«

Das Zepter

Einst sprach ein König zu seiner Frau: »Du bist keine wahre Königin! Du bist zu ungesittet und gewöhnlich, um meine Gemahlin zu sein.«

Die Frau entgegnete: »Und du hältst dich nur für einen König! In Wahrheit bist du ein erbärmlicher Angeber!«
Diese Worte erzürnten den König so sehr, dass er sein goldenes Zepter nahm und der Königin damit auf die Stirn schlug.
In diesem Augenblick trat der Zeremonienmeister ein und sagte: »Majestät, dieses Zepter wurde von dem größten Künstler des Landes geschaffen. Eines Tages werdet ihr und die Königin vergessen sein, doch dieses Zepter wird von Generation zu Generation als kostbares Kunstwerk geschätzt und aufbewahrt werden. Und nun, da es vom Stirnblut der Königin gefärbt ist, wird es noch mehr Beachtung und Ehrerbietung finden.«

Der Pfad

In einem Dorf in den Bergen des Libanon lebte eine Frau mit ihrem Sohn, der ihr einziges Kind war. Dieser Sohn starb an Fieber, während der Arzt noch zugegen war.
Erschüttert flehte die Mutter den Arzt an: »Sag mir, was es war, das sein Leben anhielt und sein Lied verstummen ließ?
Der Arzt antwortete: »Es war das Fieber.«
»Was ist das Fieber?«, wollte die Mutter wissen.
»Ich kann es nicht erklären«, sagte der Arzt. »Es ist etwas unendlich Kleines, das wir mit unseren Augen nicht sehen können. Es dringt in den Körper ein und zerstört ihn.«
Am Abend kam der Priester, um die Mutter zu trösten. Sie weinte bitterlich und rief: »Warum musste ich meinen Sohn verlieren, meinen einzigen Sohn?«
»Mein Kind«, sagte der Priester, »das ist der Wille Gottes.«
»Wer ist Gott, und wo ist er?«, fragte die Frau. »Ich will ihn sehen, damit ich ihm mein Herz öffne und mein Herzblut

zu seinen Füßen ausgieße. Sag mir, wo ich ihn finden kann!«
»Gott ist unendlich groß«, sprach der Priester, »und wir können ihn mit unseren menschlichen Augen nicht wahrnehmen.«
Da rief die Frau: »Das unendliche Kleine hat meinen Sohn auf Geheiß des unendlich Großen getötet! Wer sind wir?«
In diesem Augenblick trat die Mutter der Frau mit dem Leichentuch für den Jüngling in den Raum. Sie hatte die Worte des Priesters und ihrer Tochter gehört. Sie legte das Leichentuch beiseite, nahm die Hand ihrer Tochter in ihre Hände und sagte: »Meine Tochter, wir selbst sind das unendliche Kleine und das unendlich Große, und wir sind der Pfad zwischen beiden.«

Der Wal und der Schmetterling

Eines Abends saßen ein Mann und eine Frau, die sich von früher kannten, zusammen in einer Postkutsche.
Der Mann war ein Dichter, und als er neben der Frau in der Kutsche saß, wollte er ihr mit Geschichten die Zeit vertreiben. Einige der Geschichten stammten aus seiner Feder. Während er noch erzählte, schlief die Dame ein. Als die Postkutsche plötzlich schlingerte, erwachte die Dame und sagte zu ihrem Begleiter: »Ich bewundere Ihre Geschichte von Jona und dem Wal!«
Der Dichter entgegnete: »Aber meine Dame, ich erzählte Ihnen eine Geschichte, die ich geschrieben habe. Sie handelte von einem Schmetterling und einer weißen Rose und von ihrer Beziehung zueinander.«

Ansteckender Friede

Ein blühender Zweig sagte zum Nachbarzweig: »Dies ist ein langweiliger, öder Tag!«

»Es ist wirklich ein öder, langweiliger Tag«, erwiderte sein Nachbar.

In diesem Augenblick flog ein Sperling auf einen der Zweige und bald darauf landete ein anderer auf dem Nachbarzweig.

»Meine Frau hat mich verlassen«, zwitscherte der eine Sperling.

Und der andere berichtete: »Auch meine Frau ist weggeflogen und wird nicht zurückkehren. Aber warum soll ich mir darüber Sorgen machen?«

Die beiden Sperlinge begannen sich zu zanken. Ihr Streit wurde immer heftiger, und sie verursachten einen schrecklichen Lärm. Plötzlich flogen zwei andere Spatzen auf sie zu und setzten sich schweigend neben die aufgebrachten, streitenden Sperlinge. Bald kehrten Ruhe und Frieden ein, und dann flogen die vier paarweise fort.

Da sagte der erste Zweig zu seinem Nachbarn: »Das war ja ein fürchterliches Gezeter!«

Der andere Zweig entgegnete: »Nenne es, wie du willst! Jedenfalls ist es jetzt friedlich und ruhig. Und wenn da oben in den Lüften Friede geschlossen wird, sollten auch wir in den Niederungen davon lernen. Willst du nicht mit Hilfe des Windes ein wenig näher rücken?«

»Warum nicht«, antwortete der erste Zweig, um des Friedens willen, und bevor der Frühling zu Ende geht.«

Und er ließ sich vom Wind zum Nachbarzweig tragen und umarmte ihn.

Der Schatten

An einem Tag im Monat Juni sagte das Gras zum Schatten einer Ulme: »Du bewegst dich ohne Unterlass hin und her und störst meinen Frieden.«

Der Schatten antwortete: »Nicht ich bin es, der sich bewegt. Schau nach oben! Da siehst du einen Baum, der sich im Wind zwischen Sonne und Erde hin und her bewegt.

Das Gras blickte empor und sah zum ersten Mal den Baum, und es dachte bei sich: »Sieh an, es gibt Gras, das viel größer ist als ich.«

Und es schwieg von nun an.

Siebzig Jahre alt

»Ich liebe dich!«, sagte ein junger Dichter zu einer Prinzessin.

»Ich liebe dich auch, mein Kind!«, erwiderte die Prinzessin.

»Aber ich bin nicht dein Kind. Ich bin ein Mann, und ich liebe dich.«

»Ich bin Mutter von Söhnen und Töchtern«, entgegnete die Prinzessin. »Meine Kinder haben bereits Söhne und Töchter, und einer der Söhne meines Sohnes ist älter als du.«

»Aber ich liebe dich«, wiederholte der Dichter.

Bald darauf starb die Prinzessin. Doch bevor ihr letzter Atemzug im Atem des Kosmos aufging, sagte sie in ihrem Herzen: »Mein Geliebter, mein einziger Sohn, mein junger Dichter, eines Tages werden wir uns wieder sehen, und ich werde nicht siebzig Jahre alt sein.«

Gottfindung

Zwei Männer gingen im Tal spazieren. Da deutete einer mit seinem Finger auf das Gebirge vor ihnen und fragte: »Siehst du diese Einsiedelei? Dort lebt ein Mann, der vor langer Zeit der Welt den Rücken gekehrt hat. Er sucht nur Gott und nichts anderes auf Erden.«

Der andere Mann sagte: »Er wird Gott nur finden, wenn er die Einsiedelei und ihre Einsamkeit verlässt und in diese Welt zurückkehrt, um unsere Freude und unser Leid zu teilen, wenn er bei Hochzeiten mit unseren Tänzern tanzt und mit uns an den Särgen unserer Verstorbenen weint.«

Der erste Mann war im Grund seines Herzens der gleichen Meinung, doch ungeachtet seiner Überzeugung sagte er: »Ich stimme mit allem überein, was du sagst, doch ich glaube, dass dieser Einsiedler ein guter Mensch ist. Und kann es nicht sein, dass ein guter Mensch in seiner Zurückgezogenheit mehr Gutes bewirkt als die scheinbare Rechtschaffenheit vieler Menschen?«

Der Fluss

Im Kadischa-Tal, durch das ein breiter Fluss strömt, unterhielten sich zwei Seitenarme des Flusses miteinander.

»Wie kamst du hierher, und wie war dein Weg«, fragte der eine.

»Mein Weg war sehr beschwerlich«, antwortete der andere. »Ein gebrochenes Mühlrad lag im Weg, und der Bauer, der mich aus meinem Bett auf die Felder zu leiten pflegte, ist gestorben. Ich musste dagegen kämpfen, im Schmutz derjenigen zu versickern, die den ganzen Tag faul in der Sonne liegen. Und wie war dein Weg, mein Bruder?«

Mein Weg war ganz anders als deiner«, war die Antwort. »Er führte den Berg hinab durch duftende Blumenfelder, vorbei an scheuen Weiden. Männer und Frauen tranken von meinem Wasser aus silbernen Schalen, und kleine Kinder plantschten mit ihren rosigen Füßchen an meinen Ufern. Um mich herum gab es nur Fröhlichkeit und Gesang. Wie schade, dass dein Weg nicht so erfreulich war wie der meine!«

In diesem Augenblick rief der breite Strom: »Herein, kommt herein, wir fließen bald ins Meer! Kommt herein und hört auf zu reden! Bleibt jetzt bei mir, denn wir münden bald ins Meer! Kommt herein, und bei mir werdet ihr eure Wanderwege vergessen, egal ob sie erfreulich oder beschwerlich waren! Kommt herein, ihr und ich, wir alle werden unsere Wege vergessen, wenn wir das Meer erreichen – das Herz unserer Mutter.«

Die zwei Jäger

An einem Tag im Mai trafen sich Freud und Leid an einem See. Sie setzten sich ans Ufer und unterhielten sich.

Die Freude sprach von der Schönheit auf Erden, von den täglichen Wundern des Lebens in Wald und Gebirge und von den Liedern, die morgens und abends erklingen.

Das Leid erklärte sich mit allem einverstanden, was die Freude sagte, denn es kannte den Zauber dieser Stunde. Und so sprach es beredt vom Mai in den Feldern und im Gebirge.

Freud und Leid sprachen lange und ausgiebig miteinander und sie stimmten in allem überein.

Da kamen auf der anderen Uferseite zwei Jäger vorüber. Einer von ihnen fragte: »Wer sind diese zwei Personen am anderen Ufer?«

»Sagtest du zwei?«, erwiderte der andere. »Ich sehe nur eine Person.«
»Nein, es sind zwei«, beharrte der erste auf seiner Feststellung.
»Ich kann nur eine Person sehen«, sprach der andere, »und es gibt nur ein Spiegelbild im Wasser.«
»Nein, es sind zwei Personen und auch zwei Spiegelbilder im Wasser«, widersprach der erste.
»Ich sehe nur eine Gestalt!«
»Und ich sehe ganz deutlich zwei Personen!«
Und bis zum heutigen Tag behauptet ein Jäger, sein Kollege sehe doppelt, während der andere versichert, dass sein Freund halb blind sei.

Der andere Wanderer

Einmal geschah es, dass ich unterwegs einen anderen Wanderer traf. Er war etwas merkwürdig und er sagte zu mir: »Oft scheint es mir, als bewegte ich mich inmitten von Zwergen auf dieser Erde. Da mein Kopf sie um siebzig Ellen überragt, kann ich höhere und freiere Gedanken denken. In Wahrheit wandele ich nicht zwischen den Menschen, sondern über ihnen, und alles, was sie von mir zu sehen bekommen, sind meine Fußstapfen auf ihren Feldern. Oft hörte ich sie über Größe und Form meiner Fußspuren reden.
Manche sagten: ›Das sind die Fußspuren eines Mammuts, das in längst vergangenen Zeiten über unsere Erde ging.‹
Andere behaupteten: ›Nein, das sind Spuren von Meteoren, die von weit entfernten Sternen kamen und hier einschlugen.‹
Doch du, mein Freund, weißt genau: Es sind nur die Spuren eines anderen Wanderers.«

Nachwort

Am 16. März 1931, drei Wochen vor seinem Tod, schreibt Khalil Gibran an Mary Haskell, die gewöhnlich die Korrekturen seiner englischen Werke liest: »Jetzt bereite ich ein anderes Buch vor mit dem Titel *Der Wanderer* ... Es ist ein Buch mit Gleichnissen. Mein Verleger will es im kommenden Oktober veröffentlichen ... Die Arbeit daran ist so gut wie abgeschlossen ... Ich möchte wissen, ob Du das Manuskript nicht mit Deinen sehenden Augen prüfen willst und Deine wissenden Hände darauf legen möchtest, bevor ich es dem Verlag geben muss. Möge Gott Dich lieben. K.« (Geliebte Mary 119)

Dies ist Gibrans letzter Brief an Mary, bevor sie das Telegramm mit der Nachricht seines Todes erhält. Am Karfreitag, den 3. April vollendet Gibran die Illustrationen für den *Wanderer.* Unterdessen korrigiert Mary den englischen Text. An Ostern schreibt sie ihm: »Glücklich mit der Lektüre des *Wanderers.* Ich werde ihn so schnell wie möglich zurücksenden.« Gewiss hat er diese Information noch erhalten, bevor er am Abend des 10. April im Sankt Vinzenz-Krankenhaus in New York verstirbt, während sein *Wanderer* noch unterwegs ist.

Dieses letzte Werk Gibrans wurde unter großen Schmerzen seiner fortschreitenden Krankheit geboren und erschien posthum im Jahr 1932. Es erschien ohne Marys Korrekturen, denn wie sein Biograph Robin Waterfield berichtet, hat Barbara Young alle Korrekturen wieder rückgängig gemacht, um das unveränderte Werk des Meisters herauszubringen. (Waterfield 275)

In Form von Gleichnissen behandelt das Werk, das ursprünglich den Titel *Der Derwisch* tragen sollte, all die großen Themen, die ihn sein Leben lang beschäftigt haben, wie Liebe, Natur und Schönheit, Freiheit und Unterdrückung, Körper und Seele, Mensch und Gott. Es beginnt mit dem Text »Der Wanderer« und endet mit der Geschichte »Der andere Wanderer«. Der andere Wanderer, der sich inmitten von Zwergen bewegt, die nur seine Fußstapfen sehen, ist eine Reminiszenz an Jesus, den Menschensohn, der seine Frohe Botschaft ebenfalls in Form von Gleichnissen verkündete. Im Derwisch-Wanderer, der nichts besitzt als einen Mantel und einen Stab, wird Gibran sich wohl selber gesehen haben. Vielleicht wird er auch geahnt haben, dass sein Leben dabei ist, wie ein Fluss ins unendliche Meer einzumünden, wie in der Geschichte »Der Fluss«: Zwei Seitenarme des Flusses im Kadischatal unterhalten sich über den Weg, den sie zurückgelegt haben; der eine hatte einen beschwerlichen Weg voller Hindernisse; der andere Weg führte durch duftende Blumenfelder. Ihre Unterhaltung wird unterbrochen durch den Strom, der ihnen zuruft: *»Herein, kommt herein, wir fließen bald ins Meer … ihr werdet eure Wanderwege vergessen, egal ob sie erfreulich oder beschwerlich waren … ihr und ich, wir alle werden unsere Wege vergessen, wenn wir das Meer erreichen – das Herz unserer Mutter.«* (326)

Der König und der Hirte

Personen:

DER HIRTE

DER KÖNIG

DER WESIR

Ort:

Grünes Weideland im Nordlibanon, das inmitten von Hügeln und im Schatten eines steinernen Löwen liegt

Zeit:

An einem Nachmittag der letzten Sommertage

Der Hirte sitzt im Schatten eines steinernen Löwen und schaut zufrieden auf seine Herde. In seiner Hand hält er eine Flöte, auf der er von Zeit zu Zeit spielt. Der König erscheint auf dem Rücken seines Pferdes und erblickt den Hirten. Er spricht ihn an.

KÖNIG Ich sehe dich zufrieden im Schatten dieses Felsens sitzen. Du scheinst starke Waffen zu haben!

HIRTE Und du bist glücklich auf dem Rücken deines Pferdes. Doch du siehst müde aus!

KÖNIG *sieht sich nach allen Seiten um* Weißt du, wer ich bin?

HIRTE Nein, weißt du denn, wer ich bin?

KÖNIG *lachend* Wenn du wüsstest, wer ich bin, würdest du vor lauter Furcht ohnmächtig!

HIRTE *nimmt eine Hand voll Erde* Und wenn du wüsstest, wer ich bin, würdest du vor Freude sterben!

KÖNIG Wie groß ist deine Unverschämtheit!

HIRTE Wie groß ist dein Unwissen!

KÖNIG Du solltest wissen, wer ich bin, damit du mir die gebührende Ehre erweist.

HIRTE Und du solltest wissen, wer ich bin, damit du vor Angst zitterst.

KÖNIG Wenn ich es wollte, könnte ich dich auf der Stelle mit meinem Schwert töten.

HIRTE Und wenn ich es wollte, könnte ich sieben Männer wie dich mit meinem Stab erschlagen.

KÖNIG *zögernd* Ich … Ich bin der König.

HIRTE Und ich, ich bin der Hirte dieser Herde.

KÖNIG Du bist ein Narr!

HIRTE Ich habe nicht gesagt, dass ich der König dieser Erde bin. Warum schiltst du mich einen Narren?

KÖNIG Weißt du nicht, dass ich der Herr über Leben und Tod bin?

HIRTE Dann bist du es also, der meine Großmutter getötet hat und der meiner Nachbarin, die noch keine 15 Jahre alt ist, ein Kind gemacht hat.

KÖNIG Ich habe weder deine Großmutter getötet, noch habe ich deiner Nachbarin ein Kind gemacht.

HIRTE Und warum behauptest du dann, der Herr über Leben und Tod zu sein?

KÖNIG Was würdest du machen, wenn du mich von meinem ganzen Heer umgeben sähest?

HIRTE Du siehst mich hier von meinen Schafen umgeben, und dennoch sehe ich dich nichts Vernünftiges tun.

KÖNIG Und was würdest du erst sagen, wenn du mich auf meinem Thron sehen könntest?

HIRTE Ich throne hier auf diesem Felsen, und bis jetzt habe ich kein gutes Wort von dir gehört.

KÖNIG *verdrossen* Wir sind von Gott, und zu Gott werden wir zurückkehren! Ist dir eigentlich klar, Mann, was das Wort ›König‹ bedeutet?

HIRTE Wir sind Gott. Und wir sind die Rückkehr und die Quelle! Und weißt du eigentlich, was die Worte ›Hirte‹ und ›Herde‹ bedeuten?

KÖNIG Kennst du die Bedeutung der Worte ›Oberbefehlshaber‹, ›General‹, ›Sultan‹?

HIRTE *missmutig* Und kennst du die Bedeutung der Worte ›Schafhirte‹, ›Viehtreiber‹, ›Oberhirte‹?

KÖNIG Kennst du die Bedeutung unserer Begriffe ›Land‹, ›Königreich‹, ›Regierung‹, ›Gesetz‹, ›Verbrechen‹ und ›Strafe‹?

HIRTE Und kennst du die Bedeutung unserer Begriffe ›Weideland‹, ›Täler‹, ›Ebenen‹, ›Tränken‹, ›Gehege‹?

KÖNIG Allmählich gewinne ich den Eindruck, dass du nicht der Gattung ›Mensch‹ angehörst.

HIRTE Du hast Recht. Ich gehöre dieser Gattung nicht an, wenn du zu ihr zählst.

In diesem Augenblick steigt der König von seinem Pferd und nähert sich dem Hirten mit drohender Gebärde.

KÖNIG Ich bin der König. Und der König ist der Vater eines jeden Untertanen seines Königreichs. Als Vater obliegt mir die Aufgabe, dich zu erziehen und deine Finsternis aufzuklären. Und ich werde dich nun mit Gewalt erziehen.

HIRTE Wie töricht du bist und wie anmaßend! Wenn du mich erziehen und aufklären könntest, warum hast du es dann nicht längst getan? Geh, und such jemanden, der dich erzieht und der deine Finsternis aufklärt! Dann komm zu mir zurück! Und wenn ich dich für fähig halte, einer meiner Hirten zu sein, dann werde ich dich zu den fruchtbaren Weiden und an die erfrischenden Wasserquellen bringen.

KÖNIG *geduldig* Du sollst wissen, dass die Erde in verschiedene Königreiche aufgeteilt ist; und jedes der Königreiche hat seine eigene Konstitution.

HIRTE *unterbricht ihn* Ja, und die Königreiche und ihre Konstitutionen sind Schöpfungen des Gehirns. Euer Gehirn ist schwach, und es teilt die Menschen auf in Klassen, in einen Teil, dem man Gefolgschaft leistet, und einen anderen Teil, der durch Forderungen und Erniedrigungen unterworfen wird und Gehorsam leisten muss.

KÖNIG Wisse, dass sich die Menschheit in zwei Gruppen aufteilen lässt, in Regierende und Regierte. Wem Gefolgschaft geleistet wird, der regiert, und wer folgt, zahlt Steuern.

HIRTE O Gott, schicke den Menschen Steuerzahler, die den Schwachsinn sprechen hören und die Hässlichkeit sich tanzend zur Schau stellen sehen!

KÖNIG Die Menschen zahlen ihre Steuern an ihnen überlegene Geister, damit diese ihre Angelegenheiten für sie regeln und ihnen den richtigen Weg zeigen.

HIRTE Also schuldest du mir die Hälfte von dem, was die Erde an Früchten trägt, weil ich dir – trotz deiner Unwissenheit – den richtigen Weg gezeigt habe.

KÖNIG Und wisse auch, dass jedes Königreich seine Gesetze hat. Einige davon sind offenbart – auf andere haben sich die Prinzen des Reiches und die Rechtsgelehrten geeinigt. Wer diese Gesetze einhält, wird geschützt; und wer sie bricht, wird bestraft und verfolgt.

HIRTE Mir scheint, dass deine offenbarten und nicht offenbarten Gesetze nichts als leeres Geschwätz sind. Die Engel haben sie längst außer Kraft gesetzt, doch ihr wisst es immer noch nicht. Wenn die Menschen es wüssten, hätten sie dich längst am Galgen aufgehängt oder dich lebenslänglich ins Gefängnis gesperrt.

KÖNIG Du musst wissen, mein unwissendes Kind, dass vor diesen Gesetzen der Philosoph und der Schafhirte gleich sind.

HIRTE Und du, mein mumifizierter Urgroßvater, du musst wissen, dass der König und der Mistkäfer vor der Sonne gleich sind.

KÖNIG *geduldig* Und jedes Königreich besitzt Soldaten und Generäle, die – wenn nötig – die Feinde des Königreichs überfallen und angreifen und die sich verteidigen, wenn sie selbst von einem benachbarten Königreich angegriffen werden.

HIRTE *lacht so lange, bis er auf dem Rücken liegt* Wenn die Soldaten meines Königs und das Heer des benachbarten Königreichs sich bekämpfen – ob zu Recht oder zu Unrecht –, so bin ich am besten darüber informiert, was mein König und seine Helfer machen, wo die Armee sich aufhält, und wo des Königs Platz ist.

KÖNIG Ich sage dir, dass die Speerspitze gegen den Feind gerichtet ist.

HIRTE Ja, das Schwert der unwissenden Mehrheit liegt auf dem Nacken des Individuums. Welche Feigheit! Habe ich nicht einmal gesagt, dass die Mehrheit und die Feigheit Zwillinge sind?

KÖNIG *entrüstet* Die unwissende Mehrheit – das Individuum? Was für Begriffe sind das, Mann? Was du da sagst, wird dich an einen Ort bringen, der dich zu anderen Worten anregt. Du wirst bereuen, was du gesagt hast, und du wirst bittere Tränen vergießen.

HIRTE Was ich bedauern werde, ist dein Geschwätz, und was ich beweinen werde, ist deine Torheit. Ich werde beklagen, dass der König dieses Landes eine lahme Ratte ist.

Der König zieht sein Schwert aus der Scheide. Der Hirte bleibt sitzen. Er hält seinen Stab fest und sagt lachend:

HIRTE Schlag nur zu, Grobian! Ich werde dich nicht angreifen. Und wer mich erschlägt, ist nicht besser als eine gekrönte Ratte.

KÖNIG *zögernd* Du bist ein Narr, und du hast uns zerstreut. Doch nun müssen wir aufbrechen!

HIRTE Und du bist ein alter Komödiant! Aber du hast uns nicht belustigt. Geh, und komm nicht wieder!

KÖNIG *lächelnd* Was machst du hier eigentlich außer deine Schafe zu weiden?

HIRTE Ich sehe, dass dir an einer Unterhaltung gelegen ist, nicht wahr? Ich tue hier nichts anderes, als in der Sonne zu sitzen und von Zeit zu Zeit einen Blick auf meine Schafe zu werfen. Und ich verhehle dir nicht, du Schwachkopf, dass jedes Schaf dieser Herde von Zeit zu Zeit seinen Kopf hebt, um festzustellen, ob ich da bin oder nicht. Das ist alles, was ich hier mache. Und du, sag mir, was du hier tust, wenn du so freimütig bist!

KÖNIG Sagte ich dir nicht schon, dass ich der König dieses Landes bin?

HIRTE Du besitzt ebenso wenig königliche Eigenschaften wie dieser Baum hier. Ich habe dich genau beobachtet und habe bei dir nichts als Unwissen entdeckt. *Er zeigt auf seine Herde.* Siehst du diesen Widder mit seinen großen Hörnern? Ich sage dir, dass er weder zu den stärksten noch zu den besten seiner Art gehört; doch er hat eine merkwürdige Angewohnheit: Jeden Morgen wendet er seinen Kopf zum Himmel und bewegt ihn hin und her. Und wenn er geht, folgen ihm alle Schafe und Widder, selbst diejenigen, die größer sind als er und die prächtigere Hörner besitzen als er. Aber sie führen die Herde nicht an, weil sie von edlerer Natur sind und es ablehnen, andere zu führen, denn ihrer Ansicht nach ist es würdelos, andere zu unterwerfen.

KÖNIG Niemand vergleicht den König mit einem Widder, es sei denn ein Tor, der nicht weiß, was er redet, und der sagt, was er nicht weiß. Einem solchen Tor muss man seine Worte verzeihen, weil er sich seiner Rede nicht bewusst ist. Seine Worte und seine Taten entlarven seine Absichten. Du weißt eben nicht, wie man mit Sultanen und Prinzen verkehrt. Und wir müssen dafür Verständnis haben und die nötige Geduld aufbringen.

HIRTE Als ich dich mit dem Widder meiner Herde verglich, mein Sohn, glaubte ich, milde zu sein, und dich über Gebühr zu rühmen. Aber was soll ich machen? Du gehörst zu denen, die zwischen Lob und Spott nicht zu unterscheiden wissen.

KÖNIG *sieht den Hirten lange an* Du bist nicht dumm, Mann! Du bist kein Schwachkopf, wie ich zuerst vermutete. Du erniedrigst uns absichtlich. Doch ich will meine Hände nicht mit deinem Blut beschmutzen. Du sollst von deinesgleichen getötet werden!

HIRTE *laut lachend* Von meinesgleichen! Von meinesgleichen! Weißt du nicht, du Tor, dass du meinesgleichen nicht finden wirst, selbst wenn du in allen Winkeln deines usurpierten Reiches nach meinesgleichen suchen ließest? Ich sage bewusst ›deines usurpierten Reiches‹, verstehst du mich?

KÖNIG *sein Gesicht verfinstert sich und seine Gesichtszüge spiegeln seine Angst; er zückt sein Schwert und ruft* Steh auf und verteidige dich! Ich werde dich umbringen!

HIRTE *nimmt seinen Hirtenstab, ohne sich von seinem Platz zu erheben* Mein Stab dient mir als Schwert, du Wüterich!

KÖNIG *versucht den Hirten mit seinem Schwert zu schlagen* Das ist für dich, verdammter Kerl!

Der Hirte wehrt den Schlag mit seinem Hirtenstab ab, und das mit einer Bewegung, die wie Magie wirkt, dabei schleudert er das Schwert aus der Hand des Königs und ruft:

HIRTE Geh und heb dein Schwert auf, und versuch nicht noch einmal, gegen meinen Stab zu kämpfen!

Der König entfernt sich, um sein Schwert aufzuheben, dann kehrt er langsam zum Hirten zurück.

KÖNIG Hast du nicht behauptet, dass ich mein Königreich usurpiert habe? Hast du das nicht eben behauptet? *Er schlägt ein zweites Mal mit seinem Schwert zu, und wieder wehrt der Hirte den Schlag mit seinem Stab ab; das Duell hat den Anschein eines Kampfes zwischen Katze und Maus.* Warum stehst du nicht auf, du Teufel? Gewiss bist du einer der höllischen Geister.

HIRTE Kämpfe ruhig mit mir, während ich sitze, mein Kleiner! Gibt es im Sitzen keine Manneskraft?

Der König schlägt ein drittes Mal mit seinem Schwert zu; der Hirte hält den Schlag mit seinem Stab ab und schleudert das Schwert des Königs weit weg.

HIRTE Geh, und heb dein Eisen auf, Majestät!

KÖNIG *hebt sein Schwert auf und kehrt furchtsam zurück, als sähe er im Hirten einen Zauberer* Ich werde dich töten, egal ob du ein Dschinn oder ein Mensch bist!

HIRTE *lacht* Du kannst keine Fliege töten. Du bist aus den Taschen von vorgestern hervorgezogen; während du stehst, sitze ich. Du greifst mich mit einem Schwert an, und ich verteidige mich mit einem Hirtenstab. Komm, schlag zu mit deinem Schwert, du tapferster aller Krieger!

Während der König vergeblich versucht, den Hirten mit seinem Schwert zu treffen, und der Hirte über ihn lacht, hört man eine Stimme

WESIR Hallo! Hallo!

Der König steckt sein Schwert in die Scheide; er stellt sich neben sein Pferd, um nicht den Eindruck zu erwecken, dass er sich mit Untergebenen duelliere. Da erscheint der Wesir des Königs auf der Bühne – mit Jagdwaffen ausgerüstet. Er hält überrascht inne, studiert eine Weile das Gesicht des Hirten; dann fällt er vor ihm auf die Knie.

WESIR O mein Prinz! Mein Prinz! Lebt Ihr noch?

HIRTE *schaut lächelnd auf den Wesir* Dies ist mein alter Freund, der für mich im Hause meines Großvaters die Rolle des Reitpferdes spielte. Er ließ mich auf seinen Rücken steigen und galoppierte mit mir wiehernd durch den Raum. Seht ihn euch jetzt an, wie er die Waffen des Königs trägt. Und warum auch nicht? Wir alle werden im Leben befördert; und wer macht sich darüber Gedanken? Ich habe nur meine Bedenken, was die Entwicklung jenes Mannes angeht, der sich selbst als König bezeichnet.

WESIR *zum Hirten* Mein Herr! Welch eine glückliche Fügung, dich wiederzusehen!

HIRTE Sprich nicht zu laut, sonst hört dich Seine Majestät, der König!

KÖNIG *zum Wesir* Wer ist dieser unverschämte Kerl, den du mit aller Ehrerbietung grüßt?

WESIR Er ist mein Gebieter Dahir as-Sa'adi, einer der drei Prinzen der Sa'adi-Familie. Sie allein sind übrig geblieben von den Blättern jenes alten Baumes. Sieh, mein kleiner König, wie er jetzt seine Schafherde weidet, während sein Bruder im Assi-Tal die Erde pflügt. Sein dritter Bruder hat am Abhang dieses Gebirges eine Weberei gegründet, in der Baumwolle und Leinen verarbeitet werden.

HIRTE *mit dem Kopf nickend* Aber wir bleiben Könige! Nun seid so gut und lasst mich allein! Und habt Nachsicht mit mir!

Nachwort

Das kurze Theaterstück *Der König und der Hirte* sollte ursprünglich Anfang 1931 in einer Sonderausgabe der literarischen Zeitschrift *As-Saeh* veröffentlicht werden. Doch einige Monate vor Gibrans Tod stellte die Zeitschrift ihr Erscheinen ein, und der Text blieb bei Mikhail Naimy, Gibrans Freund und Mitglied der von ihm gegründeten literarischen Gesellschaft *Al-Rabita al-Qalamlyya (Die Liga der Feder)*, der acht libanesische Schriftsteller angehörten, die sich regelmäßig in Gibrans New Yorker »Eremitage« (51, West Tenth Street) trafen und die es sich zur Aufgabe gemacht hatten, die arabische Literatur zu erneuern. Bei ihrer ersten Zusammenkunft am 28. April 1920 wird Gibran zum Präsidenten der Liga gewählt und Mischa (Mikhail Naimy) zum Berater. Als Devise ihrer Vereinigung wählten die Mitglieder folgenden Vers aus dem Hadith aus: »Wie wunderbar sind die Schätze unter dem Thron Allahs, die nur von den Dichtern gehoben werden können.«

Die Mitglieder nehmen sich vor, ihre Werke sowie die anderer arabischer Autoren zu übersetzen und zu veröffentlichen und Meisterwerke der Weltliteratur ins Arabische zu übertragen. Einmal im Jahr veröffentlichten sie einen Sonderband ihrer literarischen Zeitschrift *As-Saeh* mit Beiträgen ihrer Mitglieder. Diese Zeitschrift wurde zum Symbol der Renaissance der arabischen Literatur. Von 1920 an trafen sich die Mitglieder regelmäßig bis zum Tode Gibrans, der dieser Vereinigung ein Ende setzte. (Najjar 165)

Naimy veröffentlichte diesen Einakter im Jahre 1934 in seiner arabischen Biographie über seinen Freund. (Naimy 1979, 319-329) Diese Biographie löste in Gibrans Freundeskreis, vor allem bei Amin Rihani, kritische Reaktionen aus, da Naimy versucht hatte, den schon zu Lebzeiten als Halbgott gefeierten und verehrten Gibran zu entmystifizieren und ihm menschliche Züge zu verleihen.

Der Einakter greift ein Thema auf, das Gibran des Öfteren in seinen Werken variiert hat, nämlich die Diskrepanz zwischen Sein und Schein, zwischen äußerer Erscheinung und innerem Wert. Der mächtige König des Stückes erweist sich schließlich als machtloser und korrupter Emporkömmling und der einfache Hirte als Prinz eines alten Königsgeschlechts, das vom aktuellen König entmachtet wurde. In seinem Text »Die Schalen und der Kern« in *Erde und Seele* schreibt Gibran dazu: »*Wir Menschen lassen uns durch äußere Erscheinungsformen blenden … Das Leben vollzieht sich nicht an der Oberfläche, sondern im Verborgenen. Es kommt nicht auf die äußere Schale der Dinge an [Kleidung, Reichtum, Amt, Funktion], sondern auf den inneren Kern.*« (101, 104)

Im Vergleich zum König gilt Gibrans Sympathie (in diesem Stück) dem Hirten, der im Schatten eines Felsens inmitten seiner Herde auf einer grünen Wiese sitzt und seine Schafe weidet, während er von Zeit zu Zeit auf seiner Flöte spielt.

In seinem Text »Ihr habt euren Libanon und ich den meinen« in *Erde und Seele* vergleicht Gibran die Herrscher (»Söhne eures Libanon«) mit den Söhnen seines Libanon: »*Schaut her, damit ich euch die Söhne meines Libanon zeige: Es sind die Hirten, die ihre Herden von einem Tal ins andere führen, damit die Tiere sich vermehren und fett werden und euch Fleisch als Nahrung liefern und Wolle für euer Gewand.*« (137)

Bibliografie

Suheil B. Bushrui, Joe Jenkins: Khalil Gibran: Man and Poet. A New Biography. Oxford 1998

Anis Chahine : L'amour et la nature dans l'oeuvre de Khalil Gibran. Beirut 1979

Jean-Pierre Dahdah: Khalil Gibran. Eine Biographie. Zürich 1997

Khalil Gibran: Geliebte Mary. Briefe von Khalil Gibran an Mary Elizabeth Haskell. Zürich-Düsseldorf 2001

Khalil Gibran: Liebesbriefe an May Ziadeh. Zürich-Düsseldorf 2000

Khalil Gibran : Oeuvres complètes. Paris 2006

Jad Hatem : Iram aux Colonnes. Les Editions du Cerpo. Paris 1986

Alexandre Najjar : Khalil Gibran. L'auteur du Prophète. Paris 2002

Mikhail Naimy: Al-Majmu'at al-kamilat. 3. Band : Dar al-'ilm lil malayin. Beirut 1979

Mikhail Naimy : Khalil Gibran. His Life and Works. Beirut 1974

Robin Waterfield: Prophet. The life and times of Khalil Gibran. London 1998

Barbara Young: Khalil Gibran. Die Biografie. Grafing 1994

Gesamtverzeichnis *Sämtliche Werke*

Band 1
Die Musik
Gebrochene Flügel
Eine Träne und ein Lächeln
Lazarus und seine Geliebte
Der Blinde

Band 2
Rebellische Geister
Der Narr
Die Stürme
Zwischen Nacht und Morgen
Beginn der Revolution
Bunte Gesichter

Band 3
Die Nymphen der Täler
Der Reigen
Erde und Seele
Sand und Schaum
Der Wanderer
Der König und der Hirte

Band 4
Der Vorbote
Der Prophet
Jesus Menschensohn
Die Götter der Erde
Der Unsichtbare
Die Rückkehr des Propheten

Band 5
Briefe